Le Siècle

Vte PONSON DU TERRAIL

LA JEUNESSE DU ROI HENRI

LE BEAU GALAOR

PARIS
BUREAUX DU SIÈCLE
RUE CHAUCHAT, 14.

A. VIALON. DEL. J. GUILLAUME SC.

Vte Ponson du T[illegible]l

LA

JEUNESSE DU ROI HENRI

LE BEAU GALAOR

PREMIÈRE PARTIE.

LE BONHOMME PISTACHE

I

La nuit était noire et la Loire roulait limoneuse sous les sombres murailles du château d'Amboise.

Il faut l'avoir vu, ce fier château, perché sur un roc auquel on arrive par une route carrossable établie en spirale dans une tour dont les pieds baignent au sein du fleuve et dont les clochetons hardis se perdent dans les nuages, pour avoir une idée du siècle chevaleresque qui l'enfanta.

La petite ville se serre et se presse au-dessous de lui comme le troupeau se rassemble timide autour de son berger.

A neuf heures du soir, le couvre-feu sonnait par les rues, le cor retentissait en haut des plates-formes, et les ponts-levis se hissaient, les chaînes se tendaient, les herses tombaient des voûtes.

Le roi de France lui-même, s'il ne se fût nommé, n'aurait pu dès lors y pénétrer avant le lever du soleil.

Les châteaux et les villes ont leur destinée. Tantôt plongés dans le silence et l'oubli, tantôt animés, bruyants et retrouvant tout leur éclat, selon l'époque, selon le règne, selon la fortune ennemie ou la bonne fortune.

Pendant un demi-siècle, le château d'Amboise avait vu l'obscurité se faire autour de lui.

Madame Catherine de Médicis, qui autrefois y tenait sa cour, était morte, et pendant plus de dix ans les bons habitants de la petite ville d'Amboise avaient attendu vainement que le roi ou les princes y vinssent respirer cet air pur et embaumé de la Touraine que Louis le onzième aimait tant. Le roi, d'ailleurs, avait eu bien autre chose à faire, en vérité!

Le roi ne s'appelait plus Charles IX, ni Henri de Pologne; le roi se nommait Henri IV. Il avait conquis son royaume ville par ville, pied à pied, couchant sur la dure, vivant de peu. Aussi le jour où le royaume avait été à lui, bien à lui, au lieu de venir à Amboise, il s'était couché dans ce grand lit des Valois défunts qu'on voyait sous les lambris du Louvre.

Mais, un matin, la ville d'Amboise s'éveilla frémissante d'espérance et de joie.

On avait vu arriver des pages au galant justaucorps de velours bleu, des fauconniers vêtus de rouge, des gens d'armes aux armures étincelantes, et aussi des damoiselles qui montaient des palefrois blancs et des hérauts qui sonnaient du cor.

Et comme le populaire et les bourgeois, accourus au seuil de leur porte pour voir défiler ce brillant cortége qui montait au château en grande pompe, demandaient quel hôte illustre leur était rendu enfin, on leur avait répondu:

— C'est madame Marguerite, la reine, la fille bien-aimée de madame Catherine, qui s'en vient faire les vendanges au château d'Amboise et y tenir cour d'amour et de galanterie.

Pendant trois jours et trois nuits, des légions d'ouvriers avaient travaillé à restaurer le château et à le remettre en état; pendant trois nuits et trois jours la nouvelle de la prochaine arrivée de la reine avait couru comme une longue traînée de poudre partout le beau pays de Touraine.

Et chacun s'était mis en route pour venir la saluer, les uns avec une suite nombreuse de varlets et de bas officiers, les autres en compagnie de leurs dames, d'autres, qui n'avaient ni dames ni varlets, mais étaient bons gentilshommes, tout seuls, à cheval, avec leur dernière métairie convertie en pourpoint et en éperons d'or.

La petite ville, morne, silencieuse, presque déserte, s'était peuplée tout à coup comme par enchantement.

Chaque maison avait reçu un hôte; chaque hôtellerie s'était remplie.

La reine était arrivée le soir même, au coucher du soleil.

Mais les gens de sa suite avaient fait annoncer par la ville que Sa Majesté, se trouvant lasse du voyage, désirait prendre quelque repos et ne donnerait audience que le lendemain. Puis on avait fermé les portes, hissé les ponts-levis et tendu les chaînes.

Ce qui avait fait que tous ceux qui croyaient, ce soir-là, loger et souper au château, s'en étaient revenus humbles et déconfits dans la ville, et que beaucoup avaient couché dans la rue, faute de place dans les maisons.

L'hôtellerie du *Cheval-Blanc*, sise au bord de la Loire, sous les fenêtres du château, était une belle hôtellerie où tout gentilhomme tourangeau qui avait du foin dans ses bottes et des pistoles dans son escarcelle tenait à honneur de descendre.

Aussi, à dix heures du soir, ce jour-là, on n'y eût pas trouvé place pour un moinillon, et avait-il fallu encore dédoubler tous les lits pour ne point jeter dehors les plus grands seigneurs de la province.

Maître Pistache, l'hôtelier, avait rigoureusement fermé sa porte et recommandé à ses marmitons, à ses chambrières et ses varlets de n'ouvrir à personne, fût-ce un archevêque ou un cardinal. Et comme il avait donné son propre lit à un de ses nobles hôtes, il avait pris le parti de passer la nuit devant un bon feu, en un grand fauteuil de cuir, dans la grand'salle de l'auberge, encore toute pleine des débris d'un homérique souper.

Jusqu'à neuf heures, la ville avait été pleine de bruit et de rumeurs; puis le couvre-feu s'était fait entendre au beffroi du château; puis une pluie fine et serrée se dégageant d'un ciel nuageux avait achevé l'œuvre du couvre-feu.

Tout était rentré dans le silence, et maître Pistache, qui ne dormait pas, caressait dans les larges poches de son haut-de-chausses les pistoles quis'y étaient accumulées durant tout le jour, lorsque les sabots de plusieurs chevaux retentirent sur le pavé pointu de la berge où passait la route et vinrent s'arrêter à la porte de l'hôtellerie.

— Ohé, tavernier! — crièrent plusieurs voix impérieuses, — la bise est froide, la pluie glacée, et nous avons soif et faim. Hâte-toi d'ouvrir...

Maître Pistache haussa les épaules et se tint coi.

Les voix impatientes montèrent comme la tempête; Pistache ne répondit pas. Alors on cogna l'huis à coups de pommeau d'épée. Cette fois Pistache quitta son fauteuil. Mais il n'ouvrit que le judas grillé qui se trouvait dans la porte et répondit:

— J'en suis bien fâché, messeigneurs, mais je n'ai même pas une chaise à vous donner. Tout est plein chez moi.

— Ouvriras-tu, maraud? — dit une voix courroucée; — ne sais-tu donc pas qui nous sommes?

— Fussiez-vous des princes du sang, — réplique Pistache, — je n'ouvrirais pas. — Et il referma son judas. Les coups de pommeau d'épée pleuvaient sur l'huis dru comme grêle. — Frappez! frappez! — murmura Pistache d'un ton railleur, — la porte est solide, et, si vous n'allez chercher une coulevrine, je serai bien tranquille.

Les gens du dehors criaient et vociféraient. Pistache riait. Mais son rire s'arrêta net.

L'hôtelier distingua tout à coup au milieu du tumulte la même voix qui s'était déjà fait entendre:

— Si tu n'ouvres, — disait-elle, — nous allons mettre le feu à ta maison.

— Oh! oh! — pensa Pistache, qui se souvint qu'il avait à la porte deux belles rangées de javelles sèches, hautes de plusieurs pieds, qui flamberaient comme paille si on y mettait le feu. Et ouvrant de nouveau son judas:

— Retirez-vous, — dit-il, — je n'ai plus de place. — Mais au travers du judas il aperçut soudain une lueur rouge. C'était un des cavaliers, ils étaient au nombre de quatre, qui avait battu le briquet, allumé un morceau d'étoupe et s'apprêtait à la lancer au milieu des javelles. Maître Pistache jeta un cri, ouvrit précipitamment la porte, et sortit en s'écriant: — Quand je vous dis que je n'ai plus de place!

Et, comme il était robuste, il arracha l'étoupe enflammée des mains du cavalier.

Mais les trois autres, qui avaient mis pied à terre, se précipitèrent sur lui, le saisirent à bras-le-corps, et l'un d'eux s'écria:

— A l'eau! à l'eau! il faut le jeter dans la Loire.

Maître Pistache se vit perdu. Il n'échappait au feu que pour périr noyé.

— A moi! au secours! — hurla-t-il d'une voix étranglée.

Soudain le galop d'un cheval se fit entendre sur la chaussée, et un homme tomba comme la foudre, l'épée nue, au milieu des quatre gentilshommes, en s'écriant:

— Par la bonne ville de Nérac, ma nourrice, et aussi vrai que je m'appelle Galaor, que je suis bâtard, et par conséquent gentilhomme, je ne vous laisserai pas, mes drôles, accomplir en paix cette pitoyable besogne!

Et il se rua, l'épée haute, sur celui qui tenait le malheureux tavernier au collet.

La foudre qui passe en zigzag au travers des nuages déchirés, la vipère qui se tord en sifflant, ne donnent qu'une image imparfaite de la besogne à laquelle se livra alors l'épée du nouveau venu.

D'un coup d'estoc il jeta bas le cavalier aux mains duquel se débattait maître Pistache; d'un coup de taille il coupa la plume du feutre d'un second et l'oreille d'un troisième. On eût dit le diable en personne.

Cependant les quatre cavaliers, un moment abasourdis, s'apercevant qu'ils n'avaient qu'un seul adversaire, se reformèrent en bon ordre et voulurent lui tenir tête. Mais son épée sifflait, se tordait, fendait l'air, se multipliait; et son cheval, un petit basque qui jetait du feu et de la fumée par les naseaux, semblait si bien se plaire à la bataille qu'il secondait son maître en ruant, se cabrant à demi et frappant des pieds de devant.

Le sauveur de maître Pistache n'avait pas reçu une égratignure que ses quatre adversaires étaient dans le plus piteux état et que la peur s'emparait d'eux tous.

— Sauve qui peut! — cria l'un d'eux. — Ce n'est pas un homme.... c'est Belzébuth en personne!

Et ils prirent la fuite, enfonçant l'éperon aux flancs de leurs montures.

Alors le cavalier se trouva seul en face de maître Pistache. Celui-ci, encore tout tremblant du danger qu'il venait de courir, joignait les mains et disait:

— Ah! mon gentilhomme, vous m'avez sauvé!

— Je crois bien que oui, — répondit le cavalier en souriant.

Et il mit pied à terre.

— Comment vous témoigner jamais ma reconnaissance? — murmurait maître Pistache.

— Rien n'est plus facile, — répondit le jeune homme brave, car il n'avait pas vingt ans cet enragé batailleur qui venait de mettre en déroute quatre adversaires; — rien n'est plus facile, mon bonhomme.

— Ah! parlez, messire, monseigneur, peut-être?

— Non, messire tout court.

— Tout ce que j'ai... tout ce que je possède... — balbutiait le reconnaissant hôtelier.

— Garde tout cela, mon bonhomme, et buvons un coup, si tu as du vin.

— Si j'ai du vin! — exclama maître Pistache; — mais levez donc la tête, messire, et voyez, monseigneur!.. Vous êtes à la porte du *Cheval-Blanc*.

— C'est la première fois que je viens à Amboise, — répondit le jeune homme; — tu m'excuseras donc de ne pas avoir entendu parler de cette hôtellerie.

— Oh! — dit Pistache froissé dans son orgueil, — elle est pourtant bien connue dans tout le pays de la Touraine.

— D'accord; mais je viens de plus loin: je suis Gascon.

— Ah! ah! — fit Pistache à qui l'excuse parut suffisante. Et il s'empara du cheval encore tout frémissant du combat, et dit: — Entrez là, mon gentilhomme, et refermez la porte; je rentrerai par la cour. Je vais mettre votre cheval à l'écurie.

— Tu as donc de la place pour moi? — demanda le Gascon avec un sourire quelque peu railleur.

— Je jetterai un de mes hôtes par la fenêtre pour vous donner un lit, — répondit l'hôtelier reconnaissant.

Et il s'enfonça dans la ruelle qui longeait l'hôtellerie en partant de la berge du fleuve, et à l'extrémité de laquelle se trouvaient les écuries.

Quant à messire Galaor, il avait pris soin de dire lui-même son nom, il entra dans l'hôtellerie et referma la porte avec soin.

Un bon feu flambait dans l'âtre. Sur une table dressée dans la grande salle, il y avait une belle rangée de bouteilles, les unes vides, les autres demi-pleines. Galaor prit un gobelet, se versa une ample rasade et la vida d'un trait.

— Ouf! — dit-il, — l'affaire était chaude.

Puis il essuya sur le cuir de ses bottes son épée ensanglantée. Après quoi il se débarrassa de son manteau ruisselant de pluie et couvert de boue, et s'assit à califourchon sur un escabeau.

Maître Pistache revint.

— Messire, — dit-il, — votre cheval a de la bonne litière, de la paille fraîche et de l'avoine.

— Puisque tu as servi le cheval, occupe-toi du maître alors : j'ai faim...

Pistache s'empressa d'ouvrir un bahut, d'en retirer un morceau de venaison, un reste de poulet, du fromage et du pain, plaça le tout sur une petite table devant son hôte, auprès du feu. Puis il descendit à la cave et en revint avec un panier de vénérables bouteilles couvertes de toiles d'araignée.

— C'est du Rouvray qui a plus de vingt ans! — dit-il.

Le Gascon s'était mis à manger avec appétit.

Or l'appétit est contagieux. Pistache se sentit des tiraillements d'estomac, et il s'assit en face de son hôte.

— A la bonne heure! — dit Galaor, — je n'aime pas boire seul.

Et il trinqua avec l'hôtelier.

. . . .

Un maître flamand eût croqué les deux convives avec joie en quelques coups de crayon ou de pinceau, tant ils étaient dissemblables et s'accordaient cependant à merveille!

Pistache était le type du Tourangeau de belle tournure qui a passé la cinquantaine et eu le bonheur de perdre une femme acariâtre et grincheuse, fait doucement sa fortune sans se refuser ni bon vin ni bonne chère, entasse quelques écus sans trop d'avarice, prend le menton aux fillettes, tient tête, le verre en main, à un bon moine, et regarde couler sa vie du même air satisfait qu'il suit la Loire s'en allant d'Amboise à Tours, calme et tranquille, entre deux rives chargées de vignes.

Galaor était de taille moyenne, mince, brun, nerveux, la lèvre moqueuse et sensuelle à la fois, l'œil petillant, le geste hautain, le sourire aimable, le menton un peu pointu, le nez busqué, brave, comme on a pu le voir, à la manière des paladins, insouciant, expansif, contant ses affaires au premier venu, à telle enseigne que, son appétit calmé et sa soif éteinte, il posa ses coudes sur la table et dit :

— Çà, maître hôtelier, je n'ai nulle envie de dormir, et il est inutile de déranger personne chez toi. J'achèverai fort bien ma nuit ici. Causons un brin.

— Volontiers, — répondit Pistache lui versant à boire.

— Ton auberge est donc pleine?

— Elle regorge, messire.

— Il y a donc une foire, une fête, une cérémonie quelconque à Amboise?

— Comment! messire, vous ne savez pas?

— Quoi donc?

— La reine est arrivée.

— Madame Marguerite?

— Justement.

— Je l'ai vue dans mon enfance, — dit Galaor. — Mais il ne faut pas s'étonner que je n'en sache rien : il était minuit quand j'ai passé à Tours.

— Vous venez de Gascogne?

— Oui, de Nérac.

— Et vous allez?...

— A Paris... chercher fortune... comme tous les Gascons... depuis que la France a un roi de notre pays.

— Mais vous y trouverez facilement à vous y pousser, — dit courtoisement maître Pistache. — Quand on est joli garçon comme vous... pauvre comme vous...

— Sans parents, sans amis et sans nom, — dit Galaor avec une pointe de mélancolie.

— Vous avez perdu vos parents?

— Je ne les ai jamais connus.

— Seigneur Dieu!

— Une bonne femme, qui est morte l'an dernier, m'a trouvé exposé sur les marches de l'église de la cathédrale de Nérac.

— Oh! — dit maître Pistache, — c'est égal, quelque chose me dit que vous ferez fortune au premier jour.

— J'y compte bien, — répondit Galaor.

Et il avala un nouveau verre de vin. En ce moment, un bruit se fit sur la chaussée; puis on frappa à la porte.

— Ah! ma foi, tant pis! — dit Pistache, — je n'ouvre pas.

Galaor mit la main sur la coquille de sa rapière, prêt à défendre de nouveau son ami d'aventure.

Mais on ne frappait pas violemment ni à coups de pommeau d'épée.

Une voix jeune et fraîche se fit entendre à travers la porte et dit:

— De grâce, messieur l'hôtelier, ouvrez-moi!

— Une voix de femme! — dit Galaor.

— Qu'importe! — dit Pistache, — je n'ai plus de place.

— Mordioux! — exclama Galaor, — hôtelier, mon ami, tu vas ouvrir... Je t'ai secouru tout à l'heure, mais, aussi vrai que je dois être gentilhomme puisque je suis bâtard, je ferai à mon épée un fourreau neuf de ta peau si tu laisses plus longtemps une femme se morfondre à ta porte!

Et il [illegible] ouvrir lui-même et [illegible] une

créature céleste franchit le seuil de l'hôtellerie en disant :

— Brrr ! qu'il fait froid !...

— Après tout, — murmura maître Pistache, — je ne puis pas refuser à ce jeune homme ce qu'il me demande, car je lui dois une fière chandelle !

II

Bien que la nuit fût pluvieuse et noire, il était possible d'apercevoir la Loire, qui coulait à une trentaine de pas du seuil de l'hôtellerie, et sur la Loire une barque.

Cette barque avait sans doute amené la voyageuse, car on ne voyait sur la chaussée ni litière, ni cheval, ni carrosse, et il était peu supposable qu'une si mignonne créature fût venue à pied.

Deux hommes étaient debout dans la barque. Aussitôt que la porte de l'auberge fut ouverte, ces deux hommes poussèrent au large, et l'embarcation s'éloigna rapidement.

Le beau Galaor n'avait vu que la femme qui entrait ; mais l'œil perçant de maître Pistache avait aperçu la barque.

Or, cette femme qui descendait la Loire en pleine nuit, débarquait seule et venait frapper à la porte d'une auberge, était assez mystérieuse pour piquer au plus haut degré la curiosité d'un brave provincial comme l'hôtelier du *Cheval-Blanc*.

Si la curiosité était bannie du reste de la terre elle se retrouverait au bord de la Loire.

Le beau Galaor avait galamment offert la main à l'étrangère et l'avait conduite près du feu en lui disant :

— Venez vous réchauffer, noble damoiselle, et croyez que l'hôtellerie du *Cheval-Blanc* est tout entière à votre service.

— Merci, — répondit-elle, — je n'ai pas froid.

Néanmoins elle jeta le manteau ruisselant qu'elle avait sur ses épaules et se laissa installer par le galant Gascon dans le propre fauteuil de maître Pistache.

Celui-ci examinait sa nouvelle pratique des pieds à la tête, cherchant à se rendre compte de la personne à qui il avait affaire.

C'était une grande, svelte et mignonne créature tout à la fois, qui pouvait avoir seize ans. Ses cheveux blonds, ses yeux noirs formaient un hardi contraste.

On devinait une âme énergique sous cette enveloppe délicate, une volonté de fer sous ce front blanc veiné de bleu.

Son costume était celui des filles de bonne roche, et, à première vue, on eût pu croire que c'était quelque damoiselle d'un château voisin qui s'en venait, comme tout le monde, à Amboise voir de près madame Marguerite.

— Allons ! Pistache, — disait Galaor, — mademoiselle a faim sans doute.

— Non, — dit-elle, — aucunement. J'ai soupé à Blois au coucher du soleil.

— Ah ! Votre Seigneurie vient de Blois, ma noble damoiselle ? — fit Pistache, qui, voyant Galaor si galant, devint obséquieux.

— Je viens de Paris, — répondit-elle simplement, — mais je me suis arrêtée à Blois.

— Mordioux ! mademoiselle, — exclama le Gascon, regardant les fines chaussures de la jeune fille que tachetaient à peine çà et là quelques mouchetures de boue, — vous n'êtes pourtant pas venue de Paris à pied ?

— Non, certes, — dit-elle en souriant.

— Où donc avez-vous laissé vos varlets et vos équipages ?

Elle eut un rire franc et un regard limpide. :

— Mes équipages, — dit-elle, — consistaient en une barque montée par deux mariniers, que j'ai pris à Orléans ce matin. Nous sommes descendus au fil de l'eau.

— Mais la Loire est bien mauvaise, — dit Pistache.

— C'est vrai, — fit-elle simplement.

— Je ne sais pas même, — continua Pistache, — comment vous n'avez pas chaviré vingt fois.

— Je m'y attendais, — dit-elle avec calme ; — mais je nage bien. Dieu aidant, je ne me serais pas noyée.

Galaor la regardait et l'écoutait avec enthousiasme.

— Et vous vous arrêtez à Amboise ? — demanda le curieux Pistache.

— Oui.

— Sans doute Votre Seigneurie fait partie de la cour de madame la reine ?

A cette brusque question la jeune fille, jusque-là pleine de sérénité, eut un geste de défiance et regarda tour à tour Galaor et l'hôtelier. Pistache avait cette bonne et honnête figure un peu narquoise, mais pleine de loyauté, du Tourangeau. L'allure martiale de Galaor, sa jolie figure, sa galanterie, lui plurent, et le pli qui s'était formé sur son beau front disparut. Evidemment c'étaient là des gens à garder loyalement un secret.

— Est-ce bien vous, — dit-elle à l'hôtelier, — qui vous appelez Pistache ?

— Oui, mademoiselle.

— Il y a longtemps que vous êtes le maître de l'auberge du *Cheval-Blanc* ?

— Plus de vingt ans.

— Et vous vous souvenez du temps où madame Catherine, la feue reine, habitait le château d'Amboise ?

— Si je m'en souviens ! — dit Pistache. Et il ajouta en soupirant : — Ah ! c'était un bon temps... et puis j'étais jeune...

— Vous souvient-il aussi d'une camérière de madame Marguerite, qui s'appelait Nancy ?

— Si je me souviens de mamzelle Nancy ! — exclama Pistache ; — ah ! pouvez-vous me le demander ? c'était ici qu'elle avait ses rendez-vous avec un joli page du roi... qu'on appelait Raoul !...

— Je ne sais pas, — fit la jeune fille rougissante. Puis, baissant un peu la voix : — Mais ce que je sais bien, — continua-t-elle, — c'est que Nancy m'a dit de m'adresser à vous en toute confiance.

— Parlez, mademoiselle.

— Il faut que vous me rendiez un grand service...

— Nous sommes deux pour cela, — fit le beau Galaor avec empressement.

Elle lui jeta un doux regard et poursuivit ;

— Non pas à moi, mais à Nancy, non pas à Nancy, mais à madame Marguerite elle-même. — En même temps elle ouvrit l'aumônière de cuir qu'elle portait à sa ceinture et en retira un joli pli scellé d'un cachet rouge et d'un fil de soie bleue. — Vous voyez cette lettre ? — dit-elle.

— Oui, — dirent en chœur Pistache et Galaor.

— Eh bien ! il faut absolument que la reine ait pu la lire avant demain matin.

Pistache secoua la tête.

— Ce que vous me demandez là, mademoiselle, est impossible, — dit-il.

— Impossible ?

Et une vive émotion se peignit sur le visage de la jeune fille.

— Oui.

— Mais pourquoi ?

— Depuis huit heures du soir les ponts-levis sont hissés, les chaînes tendues, les herses sont tombées.

— Mais on ouvre à ceux qui se présentent à la porte du château?

— Non. Le roi lui-même n'entrerait pas. Monsieur de Pont-Ribaud, le gouverneur, serait homme à le recevoir à coups d'arquebuse.

— Mais si la reine ordonnait qu'on ouvrît?

— Monsieur de Pont-Ribaud n'obéirait pas.

— Mon Dieu! — dit la jeune fille, — il faut pourtant que madame Marguerite ait cette lettre sur-le-champ, et, qui mieux est, il ne faut pas qu'une seule personne de sa suite soupçonne qu'on la lui a fait tenir. Du moins c'est la consigne que m'a donnée Nancy. — Pistache secouait toujours la tête. — Il le faut! il le faut! — répétait la jeune fille avec une sorte de désespoir.

— Elle l'aura, — dit froidement Galaor.

Pistache fit un pas en arrière et regarda son hôte.

— Vous êtes fou! — dit-il.

— C'est toi, maraud, qui es fou! — répondit Galaor, — toi qui peux supposer un moment que ce que jolie fille veut Dieu ne le veut pas! — Et, s'adressant à la jeune fille : — Donnez-moi votre lettre, mademoiselle, — dit-il; — dussé-je escalader les murs du château, la reine l'aura avant une heure. — Et Galaor tendit le mollet, posa crânement son feutre sur l'oreille, reprit son manteau, rajusta son épée, et s'élança vers la porte en disant : — Allons, Galaor, mon ami, à la rescousse!

Galaor, une fois hors de l'auberge, suivit la ruelle qui se trouvait devant lui et qui montait au château.

. . . .

Le château avait quatre portes : deux principales et deux poternes.

Notre héros commença par les deux portes : celle qui était sous le donjon d'abord, ensuite celle de la tour qui aboutissait à la route carrossable pratiquée dans la tour. A chacune veillaient deux archers à l'extérieur et une douzaine d'autres à l'intérieur.

Comme il y avait beaucoup de monde à Amboise cette nuit-là, pas plus ceux qui gardaient les portes que ceux qui étaient en sentinelle devant les poternes ne se soucièrent de ce grand garçon enveloppé dans son manteau qui traînait bruyamment ses éperons sur le pavé et les regardait d'un air investigateur.

Galaor était brave jusqu'à la témérité; mais c'était un garçon d'esprit et de sens en même temps.

— Que veut ma belle inconnue? que je fasse tenir à la reine le billet qu'elle m'a remis. Bon! mais pour cela il faut pénétrer dans le château, et, quand j'aurai transpercé de mon épée une demi-douzaine d'archers, il en arrivera six autres qui appelleront au secours et qui me barreront le passage. Il est des occasions où la force ne sert de rien, et où la ruse est meilleure. Voyons à pénétrer dans le château par ruse.

Et, après cette sage réflexion, Galaor, qui avait exploré toute la partie sud du château, descendit vers le nord, c'est-à-dire vers le bord de la Loire.

Là il n'y avait qu'une poterne; et, comme la poterne était fermée, la sentinelle se trouvait en dedans.

Galaor passa et repassa devant cette poterne, qui avait une porte grillée, à travers laquelle on apercevait l'intérieur d'un sombre corridor à peine éclairé par une lanterne suspendue à la voûte.

En plongeant son regard à travers les barreaux, Galaor vit un archer debout qui se promenait de long en large, et une douzaine d'autres couchés à terre. En outre, la poterne était toute doublée en fer, et Hercule lui-même ne l'eût pas jetée bas d'un coup d'épaule.

. . . .

Galaor s'éloigna de quelques pas, ce qui lui permit d'embrasser d'un coup d'œil la façade nord du château.

Il vit ces noires murailles et cette terrasse où Catherine de Médicis venait respirer l'air du soir, et cette balustrade en fer forgé après laquelle s'étaient balancés les cadavres des *conjurés d'Amboise* pendus par ordre de la terrible reine.

Tout cela était muet et sinistre d'aspect, plongé dans l'obscurité et le silence, que seul troublait par moment le grincement des girouettes cédant à l'effort du vent de la nuit. Mais il n'est tempête si forte qui n'ait son moment de calme, ciel orageux qui n'ait son étoile.

Une lumière brillait tout au haut, à une petite croisée ogivale.

Galaor, qui cherchait toujours un moyen de pénétrer dans le château, aperçut cette lumière. Immobile au bord de la rivière, il se prit à la regarder. La lumière s'agita, la fenêtre s'ouvrit, une ombre y parut.

— Une femme! — murmura Galaor. C'était une femme, en effet, qui passait la tête et semblait explorer les abords du château. Galaor ne bougea pas. La femme se pencha, parut attacher quelque chose au bord de la fenêtre, puis recula doucement et disparut à l'intérieur du château. En même temps, Galaor crut voir une ombre s'agiter le long des murs du château et longer les murs en les rasant. Notre héros s'approcha. En même temps aussi l'ombre s'approchait pareillement, et Galaor vit un homme se dresser tout à coup devant lui. Cet homme n'avait point vu le Gascon sans doute, et, tout préoccupé de son but, il vint s'arrêter verticalement au-dessous de la fenêtre. Alors Galaor vit une corde à nœuds qui pendait jusqu'à terre. C'était là sans doute l'objet que la femme avait attaché au bord de la fenêtre. Et comme le nouveau venu prenait la corde à deux mains, Galaor lui frappa sur l'épaule. L'homme se retourna et poussa un cri. — Chut! — fit Galaor.

La nuit était noire, mais pas assez cependant pour que deux hommes qui se trouvaient face à face n'eussent la faculté de s'examiner.

Le feutre à plume, l'épée passant sous le manteau et les bottes éperonnées ne laissaient aucun doute sur la qualité de Galaor. Celle de l'homme qui avait saisi la corde était plus difficile à définir. Il n'avait pas d'épée, il portait une longue souquenille brune qui lui descendait au-dessous du genou; une toque pointue lui servait de coiffure.

Après avoir étouffé un cri d'effroi, il voulut prendre la fuite. Mais Galaor l'avait saisi au collet.

— Grâce! — dit cet homme.

— Je te fais grâce si je sais qui tu es.

— Un pauvre clerc, — répondit le jeune homme, car il était jeune et assez joli garçon. — Je suis le secrétaire de monsieur le bailli.

— Ah! ah! — fit Galaor; — et pourquoi rôdes-tu le soir par ici?

— Je prends l'air, — balbutia le clerc.

— Vrai?

— Aussi vrai que je m'appelle Jérôme Poinsot.

— Et pour prendre l'air tu as besoin de cette corde?

A cette question, faite d'un ton railleur, le clerc perdit la tête.

— Grâce, grâce monseigneur! — balbutia-t-il.

— Je te ferai grâce si tu me dis la vérité; sinon, aussi vrai qu'il fait un temps de chien, je te loge mon épée dans le corps jusqu'à la garde.

— Et si je vous dis la vérité, vous ne me ferez aucun mal?

— Aucun.

— Vous ne me dénoncerez pas?

— A qui?

— A monsieur de Pont-Ribaud.

— Non, mais parle...

— Eh bien, messire le gouverneur a une chambrière.

— Ah! ah!

— Une jolie fille, qu'on appelle Périne.

— Bon! je devine. C'est elle qui s'est mise à la fenêtre?

— Oui, messire.

— Périne t'aime, et tu l'aimes.

— Justement, — répondit le clerc.

— Sa chambrette est là-haut?

— Oui.

— Et, comme on n'entre pas la nuit au château d'Amboise par les portes, tu entres par les fenêtres?

— C'est vrai, — soupira le clerc.

— Et cette corde te sert d'escalier?

— Précisément.

Le clerc parlait en tremblotant, car Galaor avait su se faire un front sévère.

— Vraiment, — dit le Gascon, — elle se nomme Périne?

— Oui, messire.

— Et elle est jolie?

— Il n'y a pas sa pareille dans toute la ville.

— Voilà une chose que je vais vérifier, — dit froidement Galaor.

— Plaît-il? — fit le clerc stupéfié.

— Sans doute, — répliqua le Gascon. — Chacun son tour; c'est moi qui vais aller voir Périne, et si réellement elle est jolie, je t'en ferai mes compliments.

Et, ce disant, il mit la main sur la corde, à la grande et douloureuse stupéfaction du pauvre clerc.

III

Les grandes passions enfantent les grands courages.

Tout à l'heure, le pauvre clerc à la souquenille brune était tout tremblant devant Galaor, obéissant à cette terreur salutaire que les gens d'épée inspiraient aux gens de robe. Il avait demandé grâce; il se fût mis à genoux au besoin.

Mais Galaor parlait de monter chez Périne, et Périne était la bien-aimée du clerc. L'amour donna du courage au pauvre diable; le mouton se révolta, disposé à lutter avec le loup.

C'était du reste un garçon assez vigoureux, trapu, doublé, portant barbe brune.

Il se dégagea de l'étreinte de Galaor, et, serrant les poings, il lui dit avec colère:

— Vous ne monterez pas!

— Plaît-il? — fit Galaor.

— Vous ne monterez pas! — répéta le clerc.

— Pourquoi donc ça, mon bonhomme?

— Parce que je ne le veux pas.

— L'histoire est plaisante!

— J'aime Périne, — dit le clerc.

— Cela se comprend, si elle est aussi jolie que tu le

— Et, dussé-je vous étrangler...!

dis.

— Ah! ah! ah!

Galaor, qui était pareillement robuste, se dégagea, car le clerc avait osé lui prendre les poignets et les serrer.

En même temps, par un brusque mouvement, il porta la main à la coquille de son épée et dégaina.

— Oh! tuez-moi, — répéta le clerc exaspéré, — mais vous ne monterez pas... car avant de mourir j'appellerai à mon aide... on viendra... on vous empêchera de monter...

— Mais, imbécile! — dit Galaor, — écoute-moi donc, et tu verras que je n'en veux pas à ta maîtresse. — Et comme s'il avait voulu rassurer le clerc, il lâcha la corde. L'exaspération de Jérôme Poinsot se calma un peu. — Mais écoute-moi donc, butor! — reprit Galaor.

— Parlez...

— J'ai affaire là-haut... mais je n'ai nul souci de ta Périne.

— Si vous avez affaire au château, — dit le clerc, — pourquoi ne heurtez-vous pas à la porte?

— Dame! parce que... on ne m'ouvrirait pas...

— On vous ouvrira demain.

— Demain il sera trop tard. J'ai affaire cette nuit.

— Vous voyez donc bien, — murmura le clerc, — que vous avez là-haut besogne d'amour.

— C'est possible.

— Et comme toutes les dames et demoiselles de madame la reine ne valent pas Périne...

— Encore!

— Evidemment c'est à elle que vous en avez, — dit le clerc, dont la colère revenait.

— Ah! ma foi! — murmura Galaor, — je passerais une heure à essayer de convaincre cet entêté que je n'y parviendrais pas! Tant pis pour lui! — Et Galaor fit un bond vers le clerc, leva le bras droit et le laissa retomber armé de l'épée sur la tête du clerc. Le pommeau de l'arme, heurtant le crâne de Jérôme Poinsot, joua le rôle d'une massue. Le clerc tomba foudroyé, comme un bœuf sous la masse du boucher. — Bon! — se dit Galaor, — je connais ça. C'est le vieux lansquenet retiré à Nérac qui me l'a appris. On perd connaissance, mais on n'en meurt pas. — Et il repoussa du pied le corps de Jérôme qui paraissait privé de vie. Puis, remettant son épée au fourreau, il reprit la corde à deux mains. La pluie tombait toujours froide et drue, et les sentinelles n'avaient garde de quitter leurs logettes. Galaor se mit à grimper lestement. De temps en temps il levait la tête et fixait les yeux sur cette bienheureuse lumière qui lui servait de phare. Tout à coup la lumière fut masquée un moment, et la femme, Périne sans doute, se pencha en dehors. — Il fait trop noir pour qu'elle ne s'y trompe pas! — se dit Galaor. Et il continua à monter. Quand il ne fut plus qu'à vingt pieds de la fenêtre, la femme disparut, puis la lumière s'éteignit. — Bon! — murmura Galaor, — voilà une fille de précaution.

Et il atteignit l'entablement de la croisée.

Alors deux bras mignons le saisirent et [illegible] bouche fraîche et parfumée s'appuya sur son front.

En même temps une voix douce et un peu [illegible]blante lui dit:

— Comme tu es en retard aujourd'hui, mon bien-aimé! — Galaor sauta dans la chambre. Mais alors son épée heurta le mur et ses éperons résonnèrent sur les briques vernies du sol. La jeune fille jeta un cri: — Mon Dieu! ce n'est pas Jérôme!

En effet, jamais Jérôme n'avait porté ni épée ni éperons.

— Silence! ma belle enfant, — dit Galaor, qui à son tour prit la jeune fille éperdue dans ses bras, — ne craignez rien, je suis un galant homme.

— A moi! au secours!... — murmura Périne d'une voix étranglée.

Galaor lui mit la main sur la bouche pour étouffer ses cris.

— Voulez-vous donc vous perdre? — dit-il. Puis, afin de rassurer la pauvre petite qui tremblait dans ses bras, comme la colombe dans les serres du milan: — Si vous avez peur, — dit-il, — rallumez votre lampe et regardez-moi, vous verrez que je ne suis ni le diable, ni un assassin, ni un voleur.

Et il lui rendit la liberté.

Périne battit le briquet; mais son épouvante était si grande qu'elle s'y reprit à plusieurs fois avant de parvenir à en tirer des étincelles. Et, tout en se livrant à cette besogne, elle disait d'une voix affolée:

— Mon Dieu! mon Dieu! qu'avez-vous fait de Jérôme?

Enfin la lumière brilla, et ses premiers rayons tombèrent d'aplomb sur Galaor, qui avait ôté son feutre et se tenait debout et tête nue devant la jeune fille.

Rien ne ressemblait moins à un épouvantail que ce

joli et mutin visage d'adolescent à peine ombragé par une petite moustache noire. Aussi Périne se calma-t-elle comme par enchantement. Et, quand elle se fut calmée, elle se prit à sourire; et alors Galaor la regarda.

— Mordioux! — murmura-t-il, — voilà en effet une jolie fille, et Jérôme ne m'avait pas trompé.

— Jérôme! — dit-elle vivement, — vous l'avez vu? vous le connaissez?

— Je le quitte.

— Où est-il?

— En bas.

— Mais pourquoi, — dit-elle, se reprenant à trembler, — ne monte-t-il pas?

— Il attend que je sois redescendu.

Un soupçon affreux traversa l'esprit de la jeune fille.

— Ah! vous me trompez, — s'écria-t-elle, — vous l'avez tué!

Mais Galaor avait de la présence d'esprit.

— Si je l'avais tué, — dit-il, — il est probable que je me fusse servi de mon épée; et, dans ce cas, mon épée serait ensanglantée. Regardez donc!

Et il dégaina sa rapière, qui étincela propre et luisante à la clarté de la lampe.

— Et Jérôme vous a laissé monter? — dit-elle en se rassurant un peu de nouveau.

— La preuve c'est que me voilà.

— Mais pourquoi êtes-vous venu ici.

— Parce que je voulais d'abord m'assurer que Jérôme m'avait dit vrai et que vous étiez bien la plus jolie fille d'Amboise.

Elle rougit et baissa les yeux.

— Et... après?... — dit-elle.

— Après, — dit Galaor, — parce que j'ai affaire à vous.

Ce disant, il prit Périne par la taille et l'embrassa fort lestement.

Périne se débattit encore un peu, mais enfin elle se laissa embrasser d'assez bonne grâce. Puis, regardant Galaor, elle lui dit :

— Vrai, vous n'avez pas tué Jérôme?

— Je ne le crois pas, — répondit Galaor en souriant.

En parlant ainsi, il se tirait habilement d'affaire.

— Mais où est-il donc? — demanda Périne.

— En bas.

Périne se pencha de nouveau à la fenêtre, mais elle ne vit rien. La nuit était trop noire pour lui permettre d'apercevoir le malheureux clerc étendu sur le sol dans une complète immobilité.

— Il est donc parti? — fit-elle naïvement.

— Peut-être, — dit Galaor; — il ne pourra vous venir voir que lorque je serai parti.

— Mais enfin, — murmura la chambrière de plus en plus étonnée, — qui êtes vous donc, messire? D'où venez-vous, et pourquoi êtes-vous ici?

Non-seulement Périne était jolie, mais elle avait dans le regard, dans le son de voix, dans l'ensemble des traits, quelque chose de franc et de loyal qui séduisit notre héros.

— Ma petite, — dit-il, — vous êtes une jolie fille, et je suis persuadé que vous êtes aussi bonne que jolie.

— Pourquoi me dites-vous cela? — demanda-t-elle de plus en plus étonnée, car Galaor était devenu tout à fait sérieux.

— Parce que j'ai besoin de vous.

— De moi?

— Oui. Ecoutez. C'est par le plus grand des hasards que j'ai trouvé votre corde pendant au long des murs du château; par le même hasard que j'ai trouvé votre ami Jérôme qui allait monter...

— Bon! et vous l'en avez empêché?

— Sans doute, car j'avais un pressant besoin de pénétrer dans le château, si pressant même que j'étais en train de délibérer si je ne m'attaquerais pas à coups d'épée aux sentinelles de l'une des poternes.

Cette explication acheva de rassurer Périne sur les intentions de Galaor, ce qui ne l'empêcha point de soupirer un peu. Le cœur des femmes sera toujours une énigme. Peut-être Périne eût-elle préféré que Galaor lui dit : Je vous ai vue par la ville, et, comme vous êtes belle, je me suis mis la tête à l'envers pour vous, et c'est pour cela que me voilà. Mais quand elle eut soupiré, Périne regarda de nouveau Galaor et lui dit :

— Ainsi, vous aviez un besoin absolu de pénétrer au château?

— Oui.

— Cette nuit même?

— Demain il eût été trop tard.

— Ah! — dit-elle avec mélancolie, — je devine.

— Quoi donc, ma mie?

— Vous aimez quelqu'une de ces belles damoiselles qui sont arrivées ici avec madame la Roque.

— Je vous jure que je n'en connais aucune.

Périne respira.

— Alors, — dit-elle, — à qui donc en avez-vous?

— A la reine elle-même.

— Ah! — fit Périne.

Galaor ouvrit son pourpoint et en retira le message dont il s'était chargé.

— Voyez-vous, mon enfant, — dit-il, — il faut que je montre cette lettre à la reine cette nuit même.

— Mais la reine est couchée.

— C'est probable, mais il le faut.

— Ses femmes ne consentiront peut-être pas à l'éveiller.

— C'est que précisément, — dit Galaor, — il ne faut pas que personne me voie lui porter ce message.

— Vraiment! Mais que contient-il donc?

— Je ne sais pas.

— Et vous avez compté sur moi?

— Je me fie à vous entièrement.

— C'est que je ne suis, moi, que la chambrière de monsieur de Pont-Ribaud.

— Eh bien?

— Je n'ai pas accès dans les appartements de madame Marguerite.

— Oh! — dit Galaor, qui avait été bercé en Navarre, des histoires galantes de l'ancienne cour de France, — je gage bien qu'un château qui a été si longtemps habité par madame Catherine doit être plein de corridors mystérieux et de passages secrets. Où loge la reine?

— Elle a son oratoire dans cette tour que vous voyez d'ici en saillie sur la Loire. — Périne se mit une troisième fois à la fenêtre et dit : — Par madame la Vierge! je crois que la reine n'est pas couchée.

— Ah!

— Voyez cette lumière dans la tour.

— Elle vient de l'oratoire?

— Oui.

— Eh bien, trouvez-moi le moyen d'y pénétrer.

— Il y en a deux.

— Voyons le premier.

— Il consiste à monter par les grands appartements.

— Qui sont encombrés de pages, d'écuyers et de chambrières?

— Hélas! oui.

— Voyons le second.

— Le second consisterait à passer par un corridor creusé dans l'épaisseur des murs, et qui, partant du logis de monsieur de Pont-Ribaud, aboutit à l'oratoire. Mais il y a deux portes à ouvrir, et je n'en n'ai pas les clefs.

— Où sont-elles?

— Monsieur de Pont-Ribaud les a au cou.

— Et où est-il, monsieur de Pont-Ribaud?

— Il dort.

— Eh bien! allons les lui prendre. Puisque vous êtes

sa chambrière, vous devez pouvoir entrer chez lui à toute heure.

Et Galaor regarda Périne d'un air un peu moqueur.

Périne pensa-t-elle que Galaor avait deviné son secret, ou bien eut-elle un accès de franchise? Toujours est-il que, regardant Galaor, elle lui dit :

— Si jamais monsieur de Pont-Ribaud savait ce que je vais vous dire, il me tuerait.

— Il ne le saura pas, foi de Galaor!

— Ah! vous vous nommez Galaor?

— Pour vous servir, ma belle enfant.

— C'est un joli nom, — dit Périne, qui décidément trouvait le Gascon à son goût.

— Voyons ce petit secret, ma mie?

Périne baissa un peu la tête.

— Eh bien! — dit-elle, — monsieur de Pont-Ribaud, qui est vieux et laid, est amoureux de moi.

— Voyez-vous ça!

— Chaque soir, après souper, il me dit cent folies, et je n'ai que le temps de me sauver. Tous les soirs, il veut se mettre à ma poursuite; mais ses jambes le servent mal, et il a toutes les peines du monde à gagner son lit.

— Il est donc ivre?

— C'est-à-dire que j'ai soin de mêler du suc de pavot à son vin.

— Et, pendant qu'il dort, Jérôme vous vient conter de belles histoires...

— Oui, car les nuits sont bien longues en hiver.

— Eh bien! — dit Galaor, qui ôta prudemment ses éperons, — allons lui prendre les clefs qu'il a au cou.

— Mais s'il se réveille?

— Il ne s'éveillera pas, puisque vous lui avez fait prendre du pavot.

— Oh! j'ai peur... qui sait?...

— S'il s'éveille... — répéta Galaor, — eh bien, je le tuerai!

Périne attacha sur lui un regard où perçait un secret enthousiasme :

— Vous avez donc bien besoin de voir la reine? — dit-elle.

— J'ai juré qu'elle aurait cette lettre avant le jour. — Périne hésitait encore. — Et quand j'ai fait un serment, je le tiens!

— Ma foi! — murmura Périne, — un brave gentilhomme comme vous ne pourrait être désobéi. Venez avec moi. Mais, prenez garde, si monsieur de Pont-Ribaud s'éveille... je suis perdue!...

— Puisque je le tuerai, — dit Galaor. Périne ouvrit la porte de sa chambrette, souffla de nouveau sa lampe, et, prenant Galaor par la main, elle l'entraîna dans les ténèbres. Galaor, tenant dans la sienne la petite main de Périne, chemina quelques instants dans les ténèbres; puis son guide s'arrêta. — Où sommes-nous? — demanda Galaor.

— A la porte de la chambre de monsieur de Pont-Ribaud, — répondit-elle tout bas. Ce disant, elle tâtonna un moment, finit par rencontrer un loquet qu'elle souleva, et la porte tourna sans bruit sur ses gonds. Alors une clarté mate vint frapper Galaor au visage. En même temps son pied, au lieu des dalles et des briques vernies des corridors, foula un épais tapis. Il se trouvait au seuil de la chambre à coucher, apercevait un lit dans le fond, sur le lit un homme qui dormait tout vêtu, et auprès du lit un guéridon supportant une veilleuse, laquelle projetait ce demi-jour qui permettait de distinguer les objets environnants. Un sourire vint aux lèvres de Périne, bien qu'elle fût un peu pâle et un peu tremblante : — Vous le voyez, — dit-elle, — il n'a pas eu le temps de quitter ses chausses et son pourpoint.

Et elle s'avança sur la pointe du pied jusque auprès du lit.

Galaor dégaina sans bruit son épée, prêt à frapper monsieur de Pont-Ribaud s'il s'éveillait et se portait à quelque acte de violence sur Périne. Mais monsieur de Pont-Ribaud ronflait comme le bourdon d'une cathédrale.

C'était un homme de quarante à soixante ans, obèse et petit, autant que put en juger Galaor, à la barbe grise, aux cheveux blancs, et dont la vilaine figure conservait, même pendant le sommeil, une grande expression de dureté.

— Oh! la laide trogne! — murmura Galaor.

Périne se tourna vers lui, et son sourire et son regard semblèrent dire : N'est-ce pas que je suis bien excusable d'aimer Jérôme? Puis, fidèle à sa promesse, la belle fille qu'elle était, elle se pencha sur le gouverneur et détacha lestement, de ses doigts effilés et mignons, les deux petites clefs qu'il portait suspendues au cou par un ruban de soie.

Monsieur de Pont-Ribaud continua à souffler.

— Partons vite maintenant, — dit-elle. Galaor et Périne battirent en retraite, fermèrent la porte avec précaution et se trouvèrent dans l'obscurité. — Prenez ma main, — dit la jeune fille de nouveau, — et suivez-moi.

Elle l'emmena ainsi par où ils étaient venus, et Galaor ne put s'empêcher de dire :

— Mais nous rebroussons chemin, il me semble.

— Oui, jusqu'à la porte de la galerie. — En effet, au bout de quelques pas, Périne s'arrêta encore. Alors elle battit le briquet est alluma une petite chandelle de cire qu'elle tira de sa poche. Galaor se trouva en face d'une porte cintrée si basse que, pour la franchir, il fallait qu'un homme de moyenne taille baissât la tête. Périne introduisit dans la serrure l'une des deux clefs dérobées au gouverneur endormi, et la porte s'ouvrit, démasquant une galerie si étroite qu'une seule personne y pouvait passer, et encore en se baissant, car la voûte n'était pas plus élevée que le cintre de la porte. Puis, donnant la seconde clef à Galaor, ainsi que la bougie, elle lui dit : — Allez toujours tout droit devant vous.

— Bon!

— Vous vous trouverez une autre porte que vous ouvrirez avec cette clef et vous trouverez dans l'oratoire.

— Comment, — dit Galaor, — vous ne venez pas avec moi?

— Non.

— Pourquoi?

— Parce que je suis au service de monsieur de Pont-Ribaud.

— Eh bien!

— Et que la reine exècre monsieur de Pont-Ribaud et tout ce qui l'entoure.

— Ah! çà! — fit le Gascon, que ces derniers mots intriguèrent au plus haut point, — quelle raison peut donc avoir la reine de haïr le gouverneur du château d'Amboise?

Périne hésita un moment.

— Après ça, — dit-elle, — puisque vous vous êtes fié à moi, je puis bien me fier à vous.

— Parlez.

— La reine est arrivée ici hier.

— Fort bien.

— Elle a eu une longue conversation avec le gouverneur, et il a été dit entre eux des choses que tout le monde ignore au château, excepté moi.

— Monsieur de Pont-Ribaud vous a tout confié?

— Non, — dit Périne avec un fin sourire, — mais j'ai écouté aux portes.

— Vraiment! Eh bien! qu'est-ce que vous avez entendu?

— Que monsieur de Pont-Ribaud avait des ordres du roi.

— Et ces ordres?

— La reine est prisonnière. — Galaor fit un pas en arrière, tant cette nouvelle était étonnante, pour ne pas dire invraisemblable. — Maintenant, — ajouta Périne, — vous comprenez pourquoi il est urgent que vous reveniez au plus vite pour me rendre les clefs, afin que je les remette au cou de monsieur de Pont-Ribaud avant qu'il ne s'éveille.

— Je vais et je reviens, — dit Galaor.

Et, armé de la bougie et de la clef, il s'engagea dans l'étroite galerie, qui tournait légèrement sur elle-même, suivant la forme cylindrique de la tour.

A l'extrémité, il trouva une nouvelle porte. Mais, avant de se servir de la clef, il éprouva le besoin de regarder par le trou de la serrure.

Il aperçut alors, de l'autre côté de la porte, l'oratoire de madame Marguerite.

C'était une petite salle de forme ovale, dont les murs étaient tendus d'une étoffe bleue semée de fleurs de lis d'or. Au milieu se trouvait une table qui supportait une lampe à abat-jour. Devant cette table, une femme était assise, occupée à écrire, et tournant le dos à la porte. Galaor eut un petit battement de cœur : ce qu'il faisait là était bien hardi, et un pauvre soldat de fortune pénétrant en pleine nuit dans l'oratoire d'une reine de France, cela ne s'était peut-être jamais vu.

Il éteignit sa bougie et mit la clef dans la serrure.

Au bruit, la femme assise se leva et se retourna vivement. C'était bien madame Marguerite. La porte s'ouvrit, Galaor entra. La reine étouffa un cri. Galaor mit un doigt sur ses lèvres.

— Madame, — dit-il à voix basse, — j'ai manqué me rompre le cou en escaladant les murs du château, et j'ai joué ma vie une demi-douzaine de fois depuis une heure, à la seule fin de pénétrer jusqu'à Votre Majesté pour lui remettre cette lettre.

La clarté de la lampe, modérée par l'abat-jour, se projetait sur le bas du corps de Galaor, laissant son visage dans l'ombre.

— Une lettre! — balbutia la reine tout émue, — de qui donc la tenez-vous?

— D'une jeune fille qui est arrivée de Paris cette nuit, et qui la tient elle-même d'une dame appelée Nancy.

— Nancy! — s'écria madame Marguerite, — ah! donnez vite! — Et elle s'empara du message que Galaor lui tendait, sans même lever les yeux sur le messager. Elle en brisa le cachet, lut avec une émotion visible, puis, comme la lettre ne contenait que quelques lignes, arrivée à la dernière elle se tourna vers Galaor : — Qui donc êtes-vous, monsieur, — dit-elle, — qui avez joué votre vie pour moi?

En même temps elle lui donna sa main à baiser.

— Madame, — dit Galaor ému, — je suis un pauvre garçon qui s'en allait chercher fortune à Paris, et qui, passant par Amboise, a eu le bonheur de servir Votre Majesté.

Et, ce disant, il se pencha sur la belle main de la reine et il l'effleura de ses lèvres.

Alors son visage se trouva inondé des rayons de la lampe, et la reine jeta un nouveau cri :

— Ah! mon Dieu! — dit-elle, — mon Dieu, quelle ressemblance! — Galaor, stupéfait, fit un pas en arrière, et, à son tour, il regarda madame Marguerite. La reine avait pris la lampe et elle en dirigeait les rayons sur le visage de Galaor, répétant : — Ah! c'est étrange! étrange! — Galaor, lui, se demandait si par hasard la reine n'était pas subitement atteinte de folie, et que signifiaient ses paroles. — Mais qui donc êtes-vous? — demanda-t-elle.

— Madame, on m'appelle Galaor, et je ne me sais pas d'autre nom...

— Mais... votre mère!

— Je ne l'ai jamais connue.

— Au moins savez-vous...

— Je ne sais rien, — reprit-il avec mélancolie. — Une vieille femme m'a recueilli tout enfant sur les marches de la cathédrale de Nérac, où l'on m'avait exposé.

— Et vous ne savez rien de vos parents?

— Absolument rien.

— Vous n'avez en votre possession aucun indice qui pourrait vous aider à les retrouver?

— Aucun.

— Ni un médaillon, ni un bout de ruban, ni un chiffre mystérieux?

— Rien.

Et Galaor soupira.

La reine le regardait toujours.

— Excusez-moi, mon enfant, — dit-elle enfin, — mais vous ressemblez d'une façon si frappante à un gentilhomme gascon que j'ai connu autrefois, que je me suis tout d'un coup trouvée rajeunie de quinze années.

— Ah! — fit Galaor dont la voix devint toute tremblante, — Votre Majesté a connu un gentilhomme auquel je ressemble?

— Oui. Alors la reine enleva l'abat-jour de la lampe, et les murs de l'oratoire se trouvèrent éclairés subitement. Entre les deux croisées il y avait un portrait d'homme, un gentilhomme de vingt ans, portant un pourpoint de velours bleu, avec une collerette de guipure. Le peintre l'avait représenté avec toute sa barbe, une belle barbe noire taillée en pointe. L'œil bleu, le nez busqué, la lèvre à demi railleuse, ce portrait semblait être, moins le costume, celui du beau Galaor. — Regardez, — dit madame Marguerite.

En même temps, elle lui indiquait, au-dessous du portrait, une petite glace biseautée.

Galaor jeta deux cris, l'un en regardant le portrait, l'autre en s'apercevant lui-même.

— Mon Dieu! — fit-il, — mon Dieu! qui est donc ce gentilhomme? Est-ce mon frère?

— Je ne crois pas, — dit Marguerite, — car ce portrait est peint depuis plus de vingt ans; il y en a quinze qu'il est ici, dans cet oratoire. Si vous aviez quelque chose de commun avec lui, ce serait votre père et non votre frère.

— Mon père!

Et Galaor prononça ce mot avec une sorte d'extase.

Marguerite secoua la tête.

— Mais, — dit-elle, — la nature se plaît souvent à de pareils jeux, et peut-être sommes-nous l'un et l'autre le jouet d'une illusion : peut-être n'avez-vous absolument rien de commun avec celui dont vous voyez l'image.

— Oh! madame, — murmura Galaor en s'agenouillant devant la reine, — ne me direz-vous point quel est le gentilhomme dont voilà le portrait?

La reine tressaillit à cette question.

— Non, — dit elle, — pas aujourd'hui... mais... demain... — Et comme Galaor allait la supplier de nouveau : — Ne m'interrogez pas, — dit-elle, — je vous le défends. — Galaor courba la tête. La reine reprit : — Où est la jeune fille qui vous a remis la lettre?

— A l'auberge du *Cheval-Blanc*.

— La reverrez-vous cette nuit?

— Elle attend mon retour avec impatience.

Marguerite entr'ouvrit son corsage et en retira une clef, une petite clef d'or merveilleusement ouvragée et qui n'avait pas un pouce de longueur. Puis, regardant Galaor :

— Ecoutez-moi bien, — dit-elle, — de façon à reporter fidèlement mes paroles à cette jeune fille.

— J'attends, — dit le Gascon.

— Il faut que, lorsque le jour viendra, cette jeune fille ait quitté Amboise.

— Oui, madame.

— Qu'elle se remette en route pour Paris, et qu'elle marche jour et nuit jusqu'à ce qu'elle ait rejoint Nancy et qu'elle lui ait remis cette clef. Quant à vous, peut-être aurai-je demain un autre message à vous confier. — Galaor s'inclina et prit la petite clef que lui tendait la reine. Marguerite parut réfléchir encore, en dépit de la vive émotion qui s'était emparée d'elle depuis qu'elle avait pris connaissance du billet de Nancy, depuis surtout qu'elle avait constaté cette ressemblance surprenante entre Galaor et le portrait. — Ecoutez, — dit-elle enfin, — présentez-vous demain au château, à l'heure de la messe, et un masque sur le visage; si l'on vous interroge là-dessus, dites que vous avez fait un vœu. — L'étonnement de Galaor allait croissant. — Il le faut, — dit la reine d'un ton impérieux. Galaor s'inclina. — Et tenez-vous prêt, — poursuivit madame Marguerite, — à vous charger d'un autre message que je vous confierai demain. — Elle lui tendit la main, ajoutant : — Partez, partez vite! — Mais, comme il allait franchir le seuil de l'oratoire, la reine le rappela. — Comment avez-vous pu entrer par là? — dit-elle.

— Je me suis servi de la clef de monsieur de Pont-Ribaud.

— Et cette clef?

— Je l'ai prise à son cou pendant qu'il dormait.

— Un jour viendra, — dit la reine, — où je vous récompenserai de votre dévouement. Allez!

Galaor s'en alla, referma soigneusement la porte, ralluma sa bougie et trouva Périne à l'autre bout de la galerie.

La pauvre petite avait compté les minutes avec anxiété.

— Enfin! — dit-elle, — vous voilà donc?

Galaor, tout préoccupé qu'il l'était, l'embrassa. Puis ils pénétrèrent de nouveau dans la chambre de monsieur de Pont-Ribaud.

Le digne gouverneur ne s'était point éveillé, et ses ronflements sonores annonçaient qu'il avait encore de longues heures de sommeil devant lui.

Périne lui remit les deux clefs au cou; puis elle emmena Galaor dans sa chambrette. Et comme il entrait elle soupira bien fort.

Galaor la regarda et soupira pareillement.

— Ah! — dit-il, — si je n'étais pressé!... — Périne ne songeait plus guère à Jérôme; et Galaor, si la reine ne lui eût donné un message, eût fort bien pu s'oublier dans la compagnie de Périne. Mais un raisonnement plein de justesse, qui lui passa par l'esprit, vint à son secours : — Pourquoi suis-je ici? — se dit-il, — et pourquoi ai-je grimpé après cette corde qui pend après la fenêtre? Pour les beaux yeux et le doux sourire de la jolie damoiselle qui est en bas, à l'auberge du *Cheval-Blanc?* Donc c'est elle et non Périne qui a droit à mon amour; donc il faut partir...

Ce qui ne l'empêcha pas d'embrasser fort tendrement la jolie fillette de monsieur de Pont-Ribaud; après quoi il se laissa glisser au long de la corde et toucha fort heureusement le sol, juste au moment où le clerc Jérôme Poinsot commençait à revenir de l'évanouissement que lui avait procuré le coup de pommeau d'épée du beau Galaor.

. . . .

Galaor se pencha sur Jérôme Poinsot. Après avoir poussé un soupir, le clerc venait d'ouvrir un œil.

— Hé! compagnon, — dit le Gascon en le prenant à bras-le-corps, — avons-nous bien dormi? — Il le souleva et le mit sur ses pieds. Jérôme avait en effet l'air d'un homme qui s'éveille d'un lourd sommeil. — Périne t'attend, — dit Galaor.

Ce nom fit tressaillir le clerc des pieds à la tête.

— Périne! — dit-il.

— Oui, Périne : as-tu donc perdu la mémoire?

Cette question acheva de brouiller les souvenirs du clerc. Il reconnut Galaor :

— Ah! misérable! — dit-il en serrant les poings.

Galaor se mit à rire :

— Mon bel ami, — dit-il en posant familièrement sa main sur l'épaule du clerc, — si tu veux écouter dix secondes, au lieu de me traiter ensuite de misérable tu me tendras la main.

— Que voulez-vous dire? — balbutia le clerc.

— Tu aimes Périne?...

— Je l'aimais du moins.

Et le pauvre clerc eut un sanglot dans la voix.

— Pourquoi ne l'aimerais-tu donc plus?

— Parce que c'est une infâme?

— Elle?

— Une ribaude!...

— Allons donc!

— Et, — dit Jérôme s'exaltant par degrés, — je ne suis pas plus la dupe de ses artifices que des vôtres. Vous ne vous êtes pas trouvé là par hasard, et, si vous m'avez assommé pour grimper ensuite après cette corde, c'est que Périne vous avait donné rendez-vous. — Galaor partit d'un éclat de rire, un éclat de rire si franc et si moqueur que la conviction du pauvre clerc en fut ébranlée. — Ouais! — dit-il, — oserez-vous bien soutenir...?

— Je soutiens la vérité, mon garçon, et je t'en vais donner une preuve éclatante.

— Voyons.

— J'admets un moment, — reprit Galaor, qui était logicien à ses heures, — j'admets que Périne m'ait donné rendez-vous. — Jérôme fit la grimace. — Que ce ne soit plus toi, mais moi qu'elle aime. — Jérôme soupira. — Périne est assez belle pour qu'on en soit toqué, si elle veut bien le permettre. — Une larme brilla dans les yeux du clerc. — Si on est toqué, on est jaloux, — poursuivit Galaor. Jérôme serra de nouveau les poings. — Et si l'on est jaloux, on ne se conduit pas comme je vais me conduire avec toi, — acheva Galaor. Ce disant, il reprit Jérôme par le bras et le conduisit auprès de la corde qui pendait toujours au long du mur. — Ecoute, maintenant, — dit-il. — Périne t'attend, elle m'a chargé de te dire qu'elle t'aimait toujours.

Galaor n'était peut-être pas bien sûr que Périne lui eût dit cela; mais il tenait à consoler l'amoureux et infortuné Jérôme.

— Mais pourquoi donc m'avez-vous assommé tout à l'heure? — s'écria ce dernier, qui, lui aussi, avait une certaine logique.

— Parce que tu me disputais la corde.

— Pourquoi vouliez-vous monter?

— Par ce que j'avais affaire dans le château.

— Et non avec Périne? — demanda le clerc dont la voix tremblait.

— Je te le jure!

— Ainsi vous... ne l'aimez pas?

— Non...

— Vous n'êtes pas mon rival?

— A Dieu ne plaise!

— Vous ne l'avez pas embrassée?

— Ah! mais si, — dit Galaor. — J'embrasse toutes les filles quand elles sont jolies, mais en tout bien tout honneur, et ça ne tire pas à conséquence.

— Ainsi vous voulez bien que je monte?

— Sans doute.

— Vous ne me tendez pas un piège?

— Prends ma main, — dit Galaor, — et dis-toi bien qu'elle est loyale.

Cet accent de franchise acheva de convaincre Jérôme Poinsot.

— Puisqu'il en est ainsi, — dit-il, — excusez-moi d'avoir douté de vous.

— Je te pardonne.

— Et prenez ma main, vous aussi, — ajouta le clerc avec effusion. Galaor serra la main de Jérôme, qui dit encore : — Et maintenant c'est entre nous à la vie à la mort, et, si vous avez besoin de moi jamais...

— J'en ai besoin tout de suite, — dit Galaor; — indique-moi donc le chemin le plus court pour m'en aller à l'auberge du *Cheval-Blanc*, car j'ai tant tourné et retourné autour du château que je suis un peu désorienté.

— Suivez la rivière, c'est le plus court.

— Merci.

Et Jérôme et Galaor se donnèrent une poignée de main et se séparèrent.

Jérôme, se cramponnant après la corde, se mit à grimper vers le nid de ses amours.

Galaor se dirigea vers l'auberge du *Cheval-Blanc*, l'esprit préoccupé de la mission que lui avait donnée la reine.

Comme on était en automne, les nuits étaient déjà longues. Il était trois heures du matin à peine, et le jour était loin encore.

Galaor, grâce aux indications de Jérôme Poinsot, retrouva l'auberge du *Cheval-Blanc*. Un filet de lumière passait sous la porte.

Galaor frappa. Ce fut la jeune fille qui vint lui ouvrir.

Quant à maître Pistache, le joyeux et gros hôtelier, il s'était irrévérencieusement endormi dans un fauteuil, sans plus se soucier de la belle demoiselle qu'un moine se soucie d'un verre d'eau.

— Et bien? — dit la jeune fille avec anxiété.

— Et bien! je suis entré au château.

— Vrai?

— J'ai vu la reine.

— Vrai? — fit-elle avec un élan de joie.

— En voici la preuve, — répondit Galaor. Et il tira de son sein la petite clef d'or que la reine lui avait confiée

— Voici les ordres de madame Marguerite, — dit-il. — Il faut, mademoiselle, que vous quittiez Amboise sur-le-champ, que vous voyagiez nuit et jour jusqu'à Paris...

— Et que je remette cette clef à Nancy?

— Oui.

— Je suis prête à repartir, — dit la jeune fille, — mais comment?

— N'êtes-vous point venue dans une barque?

— Sans doute.

— Où est la barque?

— Elle s'en est retournée à Blois. Là seulement je trouverai un compagnon de route et des chevaux.

— Et bien! — dit Galaor, — je vais seller et brider mon cheval, je vous prendrai et vous conduirai jusqu'à Blois. Combien de lieues?

— Huit.

— J'aurai le temps d'être de retour pour l'heure du rendez-vous.

— Quel rendez-vous?

— Celui que m'a donné la reine.

Et Galaor secoua Pistache, qui ronflait comme le bourdon d'une église.

Pistache se frotta les yeux.

— Ah! — dit-il en reconnaissant Galaor, — je le pensais bien quand vous êtes parti. Vous n'avez pas pu entrer au château.

— Tu te trompes. J'en reviens.

— Vous revenez du château?

— Puisque je te le dis.

— On vous a laissé entrer?

— Par une fenêtre, oui, — dit Galaor en riant. — Allons, maître hôtelier, va me seller mon cheval.

— Vous partez? — murmura Pistache abasourdi.

— Pour le service de la reine! — répondit fièrement Galaor.

IV

Maître Pistache aurait bien voulu savoir comment Galaor était parvenu à pénétrer dans le château. Mais Galaor n'était pas d'humeur à satisfaire sa curiosité.

Il contemplait avec une sorte d'extase la belle demoiselle, et force fut à l'hôtelier de seller et brider le cheval sans rien apprendre de son sauveur.

— Mon bonhomme, — lui dit Galaor, — je vais à Blois; mais je serai de retour ici dans la matinée et alors, en vidant une bouteille, je te raconterai tout ce que tu voudras.

Pistache, sur cette promesse, se rendit à l'écurie, laissant la demoiselle et Galaor en tête-à-tête dans la cuisine de l'auberge.

— Ah! messire, — disait la jeune fille avec émotion, — comment pourrai-je jamais reconnaître le service que vous me rendez?

— Voulez-vous me récompenser tout de suite? — fit le beau Galaor.

— Si je le veux!

— Alors... tenez... — Et le galant Gascon prit la main de la jeune fille et la porta à ses lèvres, disant: — Me voilà payé!

Elle rougit un peu, mais ne se montra point irritée.

— Votre nom, messire? — dit-elle.

— Galaor.

— Un joli nom!

— Et court, faute de mieux, — fit-il en riant. — Mais, qui sait? j'aurai peut-être bientôt l'occasion de l'allonger. — Puis, comme s'il eût voulu éviter toute autre explication, il se hâta d'ajouter: — Et vous, mademoiselle, quel est votre nom?

— Idoline, — répondit-elle. Et elle compléta ce renseignement par un petit bout de biographie. — Je me nomme Idoline, — répéta-t-elle; — je suis la fille d'un pauvre gentilhomme du pays bourguignon, et je suis entrée comme chambrière chez la reine; mais la reine m'a laissée au service de madame Nancy.

— Un singulier nom celui-là! — dit Galaor.

— Madame Nancy, — dit encore Idoline, — est l'ancienne dame d'atours de madame Marguerite. Elle s'était mariée dans sa jeunesse à un page du roi Charles neuvième, nommé Raoul. Messire Raoul a été tué, pendant le siége de Paris, aux côtés de notre bon roi Henri.

— Ce qui fait que madame Nancy est veuve, — dit Galaor.

— Hélas! oui.

— Inconsolable?

— Oh! — dit la jeune fille avec un sourire, — on ne sait jamais bien ces choses-là.

Maître Pistache revint à la porte, tirant par la bride le cheval de Galaor; il mit ainsi momentanément un terme aux confidences de la blonde Idoline, car elle était blonde la jolie fille, et ses yeux avaient la couleur d'un ciel d'Orient, tandis que ses cheveux rappelaient les épis dorés qui tombent en juillet sous la faucille du moissonneur.

Le cheval, qui cependant avait fait déjà une longue route, piaffait d'impatience. Il avait suffi pour le ragaillardir d'un peu de litière fraîche, d'une poignée de luzerne et d'une pochette d'avoine. C'était, du reste, une monture digne de son maître, un petit cheval gris de fer, avec les oreilles noires et la crinière argentée, nerveux, un peu court, l'œil en feu, les naseaux ouverts et aspirant l'air par bouffées; les jambes minces et sèches, le sabot petit, le paturon un peu haut, un vrai cheval des montagnes de la Navarre, les veines emplies de ce noble sang arabe que les Sarrasins avaient importé de ce côté-ci des Pyrénées.

Galaor se mit en selle.

Alors maître Pistache, qui avait quelque teinture de galanterie, ploya le genou, et la jolie demoiselle, s'en servant comme d'un marchepied, sauta lestement en croupe derrière Galaor, et le cheval partit au galop, arrachant une gerbe d'étincelles aux cailloux pointus qui ferraient la chaussée de la Loire.

Amboise est sur la rive gauche, et Blois sur la rive droite. Il n'y avait pas de pont alors; mais un bac de distance en distance.

Sur l'affirmation d'Idoline qu'on trouverait un bac en face de Blois, Galaor lança son cheval sur la rive gauche, suivant une manière de chemin de halage qui longeait le fleuve. Le petit cheval, du reste, passait partout, se souciait peu du mauvais chemin, sautait les ruisseaux et faisait merveille.

Malgré la rapidité de sa course, Galaor et sa compagne s'étaient remis à causer.

Galaor n'était point fâché de se mettre au courant de Paris et du Louvre, de la cour et de la ville. Idoline était *jaseuse* comme une chambrière de haute volée. Elle savait une histoire sur chaque seigneur; elle avait reçu les confidences amoureuses de telle ou telle grande dame. Galaor, qui sentait ses bras mignons arrondis autour de sa ceinture, prenait un plaisir extrême à ce gentil caquetage, et se disait :

— Il est vraiment bien fâcheux que la reine me veuille parler, car, au lieu de retourner à Amboise, je m'en serais bien allé jusqu'à Paris. — Et le petit cheval galopait galopait toujours, et Galaor trouvait qu'il allait trop vite, et n'allait faire qu'une bouchée des huit lieues qui séparaient Amboise de Blois. Mais tout à coup le cheval s'arrêta net. Galaor lui donna un coup d'éperon, le cheval ne bougea. — Oh! oh! qu'est-ce que cela? — fit le Gascon.

La lune, qui s'était montrée un moment, s'était de nouveau dérobée derrière de grands nuages noirs, et la nuit était sombre.

Cependant il sembla à Galaor qu'une ligne plus noire encore que le ciel fermait brusquement la route. On eût dit une muraille de fer ou de bronze. En même temps une voix rude cria :

— Halte!

Et Galaor vit se dresser devant lui une douzaine de canons de mousquet.

La muraille n'était autre qu'une douzaine de gens à cheval, serrés les uns contre les autres, qui barraient le chemin.

— Place! — cria à son tour Galaor; et il dégaina sa rapière. Mais il sentit autour de sa poitrine les petits bras d'Idoline toute palpitante d'effroi, et, pour la première fois de sa vie, le damné Gascon écouta une certaine voix qu'on appelle la prudence. Aussi, au lieu de violenter son cheval, qui flairait le danger, il cria de nouveau : — Place, messeigneurs! Depuis quand les routes sont-elles interceptées dans le beau pays de France? Si vous êtes des malandrins ou des voleurs, mon escarcelle est à votre disposition; mais je vous avertis que vous vous serez dérangés pour peu de chose. — En même temps Galaor disait tout bas à Idoline : — Dégagez-vous de la selle, laissez-vous couler à terre, et vous allez voir, ma mie, comme je vais vous charger cette canaille à grands coups de rapière.

Mais la voix qui avait crié Halte! répondit :

— Nous ne sommes pas des voleurs, nous sommes des archers au service de messire l'évêque de Blois, et nous avons mission d'arrêter un cavalier qui voyage avec une jeune fille en croupe.

— Diable! — pensa Galaor, — qu'est-ce que tout cela veut donc dire? — La prudence, qui déjà avait conseillé Galaor, ne lui fit pas défaut cette fois encore. — J'aurai toujours le temps, — se dit-il, — de tomber sur tous ces gens-là à coups de rapière. Voyons en attendant ce qu'ils veulent. — Tandis qu'il faisait cette réflexion, Idoline avait suivi son conseil. Elle s'était laissée glisser doucement à terre et se tenait immobile derrière le cheval de Galaor. — Messeigneurs, — cria celui-ci, — je crois qu'il serait bon de nous expliquer.

— Volontiers, — répondit la même voix.

— Ainsi, vous n'êtes pas des voleurs?

— Non.

— Ni des gens du roi?

— Pas davantage.

— A qui obéissez-vous?

— Au vidame de Cornechaut, lequel est, comme vous savez, lieutenant de messire l'évêque de Blois.

— Je ne le savais pas; mais je suis enchanté de l'apprendre, — répondit Galaor d'un ton moqueur. Puis, après un silence : — Ainsi, que me voulez-vous?

— Rien, si vous n'êtes pas celui que nous cherchons.

— Qui cherchez-vous?

— Un cavalier qui voyage avec une femme en croupe.

— Son nom?

— Nous ne le savons pas.

— Celui de la femme au moins?

— Nous l'ignorons également.

Galaor commençait à perdre patience; cependant il fit cette réflexion pleine de sens :

— Il n'y a pas deux heures que j'ai quitté Blois, et, il y a trois heures, je ne savais pas que j'aurais le bonheur de porter en croupe la jolie demoiselle Idoline. Or donc il est peu probable, eu égard à la vitesse de mon cheval, qu'on fasse courir après nous de Blois, d'autant mieux que, s'il en était ainsi, on galoperait derrière nous au lieu de nous barrer le chemin. Par conséquent, il est possible que ces braves gens aient mission d'arrêter une femme et un cavalier, mais ce n'est pas nous. Mieux vaut donc perdre cinq minutes à nous expliquer que deux heures à se battre. — Et Galaor reprit tout haut : — Messeigneurs, je ne suis pas celui que vous cherchez, bien certainement.

— Voilà ce que le vidame vérifiera, — répondit la voix.

— Le vidame?

— Sans doute, puisque c'est lui qui nous a placés ici avec mission de ne laisser passer personne jusqu'à ce que nous eussions rencontré un cavalier suivi d'une dame. Or une dame vous accompagne, et nous vous sommons de nous suivre.

— Bah! — fit Galaor, — comme vous y allez, mes maîtres! Et où donc est le vidame?

— A l'auberge de la *Croix-d'Or*, à une lieue d'ici.

— Sur la route de Blois?

— Oui, messire.

Galaor se pencha vers Idoline, qui pendant cette conversation s'était rassurée peu à peu et s'était rapprochée de lui.

— Je crois, — dit-il, — puisque c'est notre chemin, que nous ferons bien de ne pas contrarier ces braves gens.

— Et si le vidame veut nous retenir.

— Bah! — dit Galaor, — alors cela se passera entre lui et moi; vous verrez, fussions-nous en enfer, avec une légion de démons à nos trousses au lieu de ces soldats pour rire, que je saurai bien nous frayer un passage. — Et Galaor, se penchant, passa son bras autour de la taille souple et flexible de la jeune fille, l'enleva et la replaça sur sa selle. Puis il dit à celui qui paraissait être le chef des soldats de l'évêque : — Comme nous ne sommes pas du tout ceux que vous cherchez, que d'ailleurs nous allons à Blois et que l'auberge de la *Croix-d'Or* se trouve sur notre chemin, nous consentons à vous accompagner.

— Fort bien, — dit la voix.

— Mais à une condition, — dit Galaor.

— Laquelle?

— C'est que vous mettrez vos chevaux au galop, car nous sommes un peu pressés, mademoiselle et moi. — Et il rangea son petit bidet navarrais près du gros percheron du lieutenant de messire le vidame de l'évêque de Blois, disant encore : — Et d'où viennent ceux que vous cherchez?

— D'Angers ou de Tours; je ne sais pas au juste.

— Bon! — pensa Galaor, — ce n'est décidément pas nous; mais je ne suis pas fâché du prétexte, car nous nous arrêterons dans une auberge et je pourrai boire un coup : je meurs de soif! — Et il rendit la main au petit bidet, qui prit la tête du cortége. Dans le lointain, à travers les arbres, brillait une lumière annonçant une habitation. — Qu'est-ce que cela? — demanda Galaor à celui dont il consentait à être momentanément le prisonnier.

— C'est la *Croix-d'Or*, — lui répondit cet homme.

— Bon! — pensa notre héros, — dans dix minutes messire le vidame me fera ses excuses le verre à la main!

L'auberge de la *Croix-d'Or* était isolée au bord de la Loire qui battait la façade du nord, à ce point que les barques des mariniers venaient souvent s'arrêter sous les fenêtres.

Le cabaretier n'avait qu'à mettre du vin dans un panier et le panier au bout d'une corde, et le tout descendait dans l'embarcation sans que ceux qui la montaient eussent besoin de mettre pied à terre pour se rafraîchir.

Le chemin de halage passait devant la porte d'entrée qui se trouvait au sud.

Lorsque Galaor et les gens de l'évêque arrivèrent, le cabaret flamboyait par toutes les croisées, comme s'il y eût eu un festin.

Un grand feu brûlait dans la cuisine; une légion de marmitons entouraient les fourneaux. Une broche chargée de volailles homériques tournait lentement, et, assis devant elle, un homme suivait d'un œil amoureux les progrès de la cuisson.

C'était le vidame. Jamais moine bon vivant n'avait eu la mine plus pantagruélique et le regard plus émoustillé. C'était un gros homme au front étroit, aux cheveux grisonnants, à la lèvre charnue, aux petites mains grassouillettes.

Lorsque son lieutenant entra, il tourna la tête indolemment et dit :

— Et bien! les as-tu trouvés, Morion?

Morion était le nom de l'homme à la rude voix que nous avons vu parlementer avec Galaor.

— J'ai arrêté un cavalier, — répondit Morion.

— Ah!

— Et une demoiselle.

— Où sont-ils?

— Les voilà.

Et Morion, s'effaçant, démasqua Galaor et sa compagne.

— Est-ce vous qui êtes messire de Cornehaut? — demanda le Gascon.

— Certainement, c'est moi, — répondit le vidame.

— Alors, — dit Galaor d'un ton hautain, — vous devez voir que je ne suis pas celui que vous cherchez, et croyez bien que vos soudards ne m'eussent pas empêché de continuer ma route si l'on ne m'avait dit qu'il y avait ici d'excellent vin et si je n'avais eu grand'soif.

Bien que Galaor eût le sourcil froncé, la mine impatiente et qu'il eût posé crânement sa main gauche sur la coquille de sa rapière, le vidame ne se fâcha point et cela pour deux raisons :

La première, c'est qu'un homme qui est mi-parti clerc doit plus de patience et d'aménité qu'un homme qui est entièrement d'épée.

La seconde, c'est que derrière Galaor il avait aperçu la belle Idoline, modeste, les yeux baissés, un peu tremblante.

— Hé! mon jeune gentilhomme, — dit-il, — vous avez le geste vif et la parole prompte.

— Excusez-moi, — dit Galaor un peu déconcerté par ce ton aimable; — je suis du Midi.

— Ah! ah!

— Vous devriez le voir à mon langage.

— En effet, — dit le vidame, — vous avez l'accent gascon, et je crois, en effet que mes hommes se sont trompés.

Galaor fit un pas en arrière.

— Comment! vous le croyez? — fit-il.

— Est-ce que vous n'êtes pas celui que j'ai mission d'arrêter.

— Mais vous ne le connaissez donc pas, vous aussi! — s'écria Galaor.

— Non, mon jeune ami, — répondit le vidame, qui était toujours souriant et doucereux.

— Alors cherchez quelqu'un qui le connaisse, car je suis pressé, voyez-vous, — reprit Galaor; — aussi vrai que je suis gentilhomme et que mademoiselle, que que vous voyez là, est une des damoiselles d'atours de madame la reine de France.

— Ah! vraiment, — fit le vidame. Puis il fit un signe à Morion, qui se tenait à quelques pas de distance, le feutre à la main, dans la plus respectueuse des attitudes : — Emmène tes hommes dans la salle voisine, — dit-il, — et laisse-nous causer en paix, cette damoiselle, ce gentilhomme et moi. — En même temps il appela le cabaretier, assis gravement derrière son comptoir d'étain et suivant de l'œil le mouvement de ses marmitons. Les soldats, sur l'ordre de Morion, se retirèrent. Le cabaretier accourut. — Fais dresser la table au plus vite, — ordonna le vidame, — j'invite à souper ces deux étrangers. Monte-nous ton meilleur vin et sers-nous ce que tu as de plus délicat.

Le cabaretier s'inclina et s'en alla bousculer ses marmitons.

Galaor regardait Idoline. Idoline paraissait de plus en plus inquiète. Elle lui dit tout bas :

— Il faut pourtant que je continue mon voyage.

— Et moi, — dit Galaor, — il faut que je sois demain au château d'Amboise. Mais, rassurez-vous; si dans une heure nous ne sommes pas hors d'ici, je mets le feu à la maison,

Le vidame, qui regardait la jeune fille d'un œil à la fois paterne et plein de complaisance, reprit :

— Je vous invite à souper, mes enfants, et je vais envoyer un message à mon digne ami le prieur de Fontvielle, afin qu'il vienne ici au plus vite et que vous ne perdiez pas de temps, puisque vous êtes pressés.

— Qu'avez-vous donc besoin du prieur de Fontvielle? — demanda Galaor.

— Voici l'histoire, — reprit le vidame : — Fontvielle est un couvent de moines, à une demi-lieue d'ici.

— Bon!

— Dirigé par un abbé mitré qui est mon ami et qui, s'appelle dom Isidor.

— Après? — dit Galaor qui perdait patience.

— Dom Isidore a une nièce, laquelle est filleule de messire l'évêque de Blois: une nièce que je n'ai jamais vue, car sans cela je pourrais vous dire tout de suite si c'est ou non mademoiselle. — Et le vidame salua galamment Idoline. Tandis qu'il parlait, on dressait la table, et ce spectacle apaisait un peu Galaor. — Or, — poursuivit le vidame, — la nièce de dom Isidore, qui a de grands biens et habite un vieux manoir aux environs d'Angers, s'est éprise d'un soudard sans sou ni maille, qui l'a enlevée.

— Ce qui fait que vous supposez que je suis le soudard, — dit Galaor; — merci bien!

— Je ne suppose rien, — dit le vidame; — mais j'obéis aux ordres que m'a donnés messire l'évêque, qui a une grande considération pour dom Isidore. — Et le vidame appela Morion et lui commanda d'aller quérir en toute hâte l'abbé de Fontvielle. Puis il dit à Galaor : — Allons, à table! mon gentilhomme. Vous m'allez faire raison avec du vin qui est presque centenaire; n'est-ce pas, hôtelier?

— Oui, monseigneur, — repondit le cabaretier. — On ne le tire que pour les gens de qualité.

— Et les jolies femmes, — dit le vidame, qui enveloppa Idoline d'un doux regard et fit clapper ses lèvres charnues.

Le vidame versait à boire à Galaor et ne cessait de regarder la belle Idoline, qui se trouvait fort mal à l'aise de cette admiration. Mais Galaor, tout en buvant, ne perdait pas des yeux le vidame. Et tout à coup, frappant de son poing sur la table :

— Ah çà! — dit-il, — savez-vous que, tout clerc que vous êtes, mon cher seigneur, vous me déplaisez fort?

— Moi! — exclama le vidame.

— Oui, vous.

— Et pourquoi donc, mon doux maître?

— Parce que chacun doit faire son métier.

— Comment l'entendez-vous?

— Les gens de votre robe ne sont point dans l'usage de lorgner les dames, et je vous prie...

— Ta! ta! ta! — fit le vidame d'un ton paterne, — ne vous alarmez point ainsi, jeune homme; je suis un pauvre vieillard.

— Vieillard ou non, — dit Galaor, — si vous levez encore les yeux sur cette damoiselle, je vous loge ma rapière en plein corps.

Et, repoussant brusquement la table, il dégaina lestement.

— A moi! — cria le vidame, qui lui aussi sauta sur son épée.

Au cri de son chef, Morion accourut suivi de quatre ou cinq de ses hommes. Tous avaient l'épée haute.

Mais Galaor, après avoir placé Idoline derrière lui, afin de lui faire un rempart de son corps, avait mis la table entre lui et ses adversaires. Et il se mit à décrire un si terrible moulinet que le vidame et ses hommes reculèrent.

— Approchez donc, donneur d'eau bénite! — disait-il; — si vous voulez savoir ce que pèse l'épée d'un gentilhomme de Gascogne, approchez donc!

Morion, plus hardi que les autres, se rua sur lui, mais il reçut un si furieux coup d'épée sur la tête qu'il s'en alla rouler tout sanglant à dix pas de là.

— Sus! sus! — criait le vidame furieux. Galaor accomplissait toujours son terrible moulinet. Six épées menaçaient sa poitrine, mais la sienne les écartait toutes, et de temps en temps il se donnait la satisfaction de saisir une bouteille de la main gauche et de la jeter à la tête d'un de ses adversaires. Déjà quatre serviteurs du vidame étaient hors de combat sans que Galaor eût reçu la moindre égratignure, déjà le vidame avait eu lui-même à la tête une légère blessure provenant d'un éclat de bouteille brisée, lorsque, au comble de la rage, il s'écria : — A vos mousquets! et tuez-moi ce misérable comme un chien!

Mais, au moment où l'on allait lui obéir, il se fit un grand bruit à la porte de l'hôtellerie, et un homme entra criant :

— Paix, mes amis, paix! qu'est-ce donc que tout ce vacarme?

A la voix de cet homme, à sa vue, les canons des mousquets s'abaissèrent, et le vidame lui-même fut pris d'une sorte de terreur respectueuse.

Ce n'était pourtant qu'un pauvre moine qui faisait ainsi son apparition.

Un moine en robe grise, en sandales; mais une croix d'or brillait sur sa poitrine et un anneau à son doigt.

— Dom Isidore! — murmura le vidame en essuyant le sang qui lui inondait le visage.

L'abbé étendit les deux mains et dit :

— Remettez vos épées au fourreau, jetez vos armes, et craignez d'offenser Dieu. — Les soldats reculèrent. Alors dom Isidore regarda fièrement le vidame et lui dit : Que s'est-il donc passé?

— C'est ce jeune homme qui... — balbutia le vidame, — ce jeune homme qui voulait s'échapper...

— Où est la jeune fille que vous avez arrêtée? — demanda dom Isidore sans regarder Galaor.

— Me voici, — dit Idoline qui s'était tenue toute tremblante durant le combat dans le coin le plus obscur de la salle.

L'abbé la regarda et s'écria :

— Ce n'est pas ma nièce!

— Et moi, — fit Galaor, — suis-je celui que vous cherchez?

Et il s'avança vers l'abbé et se trouva en pleine lumière.

Mais soudain l'abbé jeta un cri :

— O mon Dieu ! — dit-il.

— Si mademoiselle n'est pas votre nièce, — dit Galaor, — je ne puis pas être celui à qui vous avez affaire.

— Ah! monseigneur! — dit l'abbé.

Et il s'inclina jusqu'à terre devant Galaor stupéfait. Puis, se tournant vers le vidame :

— Comment! misérable, vous avez arrêté monseigneur?

— Monseigneur! — exclama le vidame.

— Oui, — dit l'abbé.

— Pour qui donc me prend-il? — se disait Galaor de de plus en plus stupéfait.

Mais l'abbé, qui était un homme d'âge et d'expérience, s'empressa de renouveler ses excuses à Galaor.

— Ah! monseigneur, — disait-il, — jamais je ne me pardonnerai l'avanie qui vous a été faite et dont je suis la cause innocente.

— Mais pourquoi m'appelez-vous donc monseigneur, et non messire? — demanda Galaor.

— Parce que je sais qui vous êtes.

— Bah!

— Et les princes... ont droit à tous mes respects.

— Comment! je suis prince?...

— Mille pardons, monseigneur, — dit l'abbé ; — je vois que Votre Altesse désire garder l'incognito : aussi me garderai-je bien de prononcer son nom. Mais Votre Altesse daigne me pardonner.

— Oh! de grand cœur! — dit Galaor en riant.

Et il tendit la main à l'abbé. Mais dom Isidore, au lieu de la serrer, la baisa avec respect. Puis il dit encore :

— Votre Altesse a été arrêtée dans son voyage; qu'elle daigne se remettre en route, et, si son cheval est fatigué, je la supplie de prendre ma mule, qui est une bonne et solide monture.

Galaor regardait Idoline, qui, revenue de son effroi avait fini par sourire.

— J'accepte votre mule, mon révérend, — dit-il, — non pour moi, mais pour cette damoiselle, qui appartient à madame la reine.

— Seigneur Dieu! — exclama l'abbé, — une fille d'honneur de la reine, un prince! les avoir arrêtés... mettre mon couvent en guerre ouverte avec le roi... quelle imprudence!... — Et il foudroya du regard le malheureux vidame. Galaor eut beau protester contre le titre de prince que l'abbé lui donnait, dom Isidore n'en voulut pas démordre. Bon gré, mal gré, il fallut que le moine lui tint l'étrier et lui dit : — Monseigneur, au nom du ciel, pardonnez-moi!

Idoline était montée lestement sur la mule, et le bon

abbé lui demanda la permission de lui donner sa bénédiction.

— Mordieux! — dit Galaor, tandis qu'ils s'élançaient tous deux sur la route de Blois, — je donnerais les cent pistoles qui me restent en poche, et qui constituent tout mon avoir, pour savoir quel est le prince à qui je ressemble ainsi?

— Attendez donc qu'il fasse jour, — répondit la jolie damoiselle, — je vous regarderai bien attentivement, je pourrai peut-être vous dire cela, moi qui connais tous les princes du monde!

Les premières clartés de l'aube empourpraient l'horizon lorsque Galaor sur son cheval navarrais, et la belle Idoline sur la mule de dom Isidore, virent poindre dans le lointain les clochers de Blois, et son château dominant la ville, et ses maisons blanches étagées les unes au-dessus des autres et descendant jusqu'au fleuve.

Ils avaient devisé et caqueté tout le long du chemin, les chers damoiseaux, et l'amour avait peut-être galopé plus vite que leurs montures.

— Maintenant, — dit Galaor se tournant à demi sur sa selle, — maintenant qu'il fait jour, dites-moi donc à qui je ressemble?

Idoline le regarda attentivement.

— Oh! oh! — dit-elle.

— Eh bien?

Elle eut un malicieux sourire.

— Si j'avais vingt ans de plus, — dit-elle, — ce qui du reste serait dommage... je serais bien plus sûre de mon fait.

— Comment cela?

— Vous êtes en brun, en jeune et en maigre, le portrait vivant d'un homme que je connais.

— Ah!

— Dont les cheveux sont grisonnants, la barbe aussi... et qui a pris un léger embonpoint avec la quarantaine.

— Et vous pensez que ce pourrait bien être mon père?

— Dame!

— Et cet homme... est-ce un grand seigneur?

— Oui.

— Un prince?

— Peut-être.

— Chère Idoline, — fit Galaor d'un ton suppliant, — pourquoi ne me diriez-vous pas son nom?

Elle souriait toujours :

— Écoutez, — dit-elle, — et suivez bien mon raisonnement.

— Voyons?

— Vous avez vu la reine, cette nuit?

— Oui.

— Vous a-t-elle regardé?

— Sans doute.

— Et n'a-t-elle témoigné aucune surprise?

— Au contraire, elle a poussé un cri en me voyant.

— Ah! fort bien.

— Et elle m'a montré un portrait d'homme qui était dans son oratoire.

— Bon!

— Et ce portrait avait l'air d'être le mien.

— Eh bien! la reine a dû vous dire qui représentait ce portrait.

— Non.

— Pourquoi?

— La reine m'a dit : Venez demain je vous le dirai.

— Ah! elle vous a dit cela?

— Oui. Mais vous...

— Moi, — dit Idoline avec un certain sourire, — j'appartiens à la reine.

— Qu'est-ce que cela fait?

— Et je ne veux pas lui enlever le plaisir de vous apprendre elle-même à qui vous ressemblez.

— Idoline?

Elle le menaça du doigt et lui dit :

— Prétendiez-vous pas tout à l'heure que vous m'aimiez?

— Oh! certes.

— Et ne pensez-vous pas comme moi que la première vertu de ceux qui aiment est l'obéissance?

— Sans doute.

— Eh bien! obéissez-moi et ne me questionnez pas.

— Vous êtes cruelle.

— Si vous insistez, je douterai de votre amour.

— Idoline!

— Et nous ne nous reverrons jamais.

— Oh! — s'écria Galaor, — s'il en est ainsi, j'aime mieux ne jamais rien savoir de mon origine.

— Vous saurez tout, puisque la reine s'est chargée de tout vous dire.

— Ainsi, je vous reverrai?

— Oui, à Paris, puisque vous y venez.

— Mais où?

— Oh! rien n'est plus facile que de me trouver, — répondit la jeune fille.

— Comment?

— Vous irez tout droit au Louvre.

— Et je demanderai à voir madame Nancy?

— Précisément, je suis toujours auprès d'elle.

Tandis qu'ils devisaient ainsi, ils étaient parvenus en face même de la ville de Blois; car, on s'en souvient, ils avaient continué à remonter la rive gauche de la Loire.

Ils étaient maintenant auprès de la maison du passeur et, se faisant un porte-voix de ses deux mains, Galaor le héla.

Le passeur, qui était couché, sauta à bas de son lit, se mit à la fenêtre, et, voyant des gens qui lui semblaient de qualité, il se hâta de descendre.

— Nous allons nous reposer ici, — dit Idoline.

— Comment! je ne vais pas avec vous jusqu'à Blois?

— Non, c'est inutile.

— Mais, à Blois... comment ferez-vous?

— Oh! soyez tranquille, j'ai un écuyer qui m'attend à l'auberge des *Trois-Écus*. — Le passeur était descendu dans son bateau, tandis qu'Idoline mettait lestement pied à terre. — Adieu! — dit-elle en tendant à Galaor sa petite main gantée.

— Et la mule, qu'en vais-je faire? — demanda le jeune homme qui cherchait à prolonger les adieux.

— Donnez-lui un coup de houssine, elle saura bien retrouver le chemin de son couvent. — Et Idoline entra dans la barque après s'être laissé prendre un baiser par l'amoureux Galaor. — Adieu, — lui dit-elle; — au revoir du moins!

Le passeur détacha l'amarre du bateau, gagna le large, emportant Idoline, qui, debout à l'arrière, agitait son mouchoir en signe d'adieu.

Immobile sur la rive, Galaor la suivit des yeux jusqu'à ce que le bateau eût traversé le fleuve.

Alors il vit la jeune fille s'élancer sur la berge, se retourner une dernière fois, puis s'enfoncer dans les ruelles tortueuses de la vieille ville qui descendent jusque au bord de la Loire.

Galaor poussa un soupir.

— Je crois décidément, — murmura-t-il, — que, cette fois, je suis amoureux pour tout de bon! — Il fixa la bride de la mule au pommeau de la selle, appliqua ensuite à l'animal un vigoureux coup de houssine, et la mule partit au grand trot. Alors, se remettant en selle : — A Amboise maintenant, — dit-il, — car il faut que je sache quel est le grand seigneur qui a eu l'esprit d'être mon père!

Et le petit cheval navarrais repartit rapide comme le vent des montagnes dont il avait brouté l'herbe parfumée.

V

Reportons-nous maintenant au moment où Galaor avait quitté la reine, et rentrons, s'il vous plaît, dans le château d'Amboise.

La noblesse tourangelle s'était un peu illusionnée en croyant que ses beaux jours d'Amboise allaient revenir avec madame Marguerite.

La dernière des Valois n'était point arrivée le cœur content et l'âme en liesse, loin de là.

Nous l'avons dit, le premier jour elle n'avait voulu recevoir personne et ne s'était entretenue longuement qu'avec monsieur de Pont-Ribaud.

Ce seigneur était un vieux calviniste, qui s'était converti en même temps que son maître le roi Henri, quatrième du nom, et avait d'autant moins de peine à cela qu'il n'avait jamais cru à grand'chose. Assez bon gentilhomme, mais soudard fieffé, brutal, acariâtre, il avait inspiré à son maître cette belle parole :

« Quand je veux être désagréable à quelqu'un, je lui donne Pont-Ribaud pour compagnon. »

Six mois auparavant, le roi avait, paraît-il, voulu être désagréable à sa bonne ville d'Amboise, car il avait nommé Pont-Ribaud gouverneur.

Mais le roi s'était peut-être moins occupé des habitants de la ville que des hôtes futurs du château, comme on le pourra voir. Ce qui n'empêchait pas que les gens d'Amboise trouvaient monsieur de Pont-Ribaud fort déplaisant.

Dès le premier jour, il avait pris des mesures qui avaient fait murmurer le populaire. Il avait interdit la promenade sur les remparts et les plates-formes du château, ce qui ne s'était jamais vu.

Une seule personne avait trouvé grâce devant ce bourru, c'était Périne. Et l'on a vu comment elle reconnaissait cette faveur spéciale, tant il est vrai qu'on est toujours châtié par ceux qu'on aime.

Or donc, en arrivant, la reine avait eu un long entretien avec monsieur de Pont-Ribaud, lequel, le matin précédent, avait reçu du reste un message du roi.

Quel avait été l'objet de cet entretien? Nul ne l'avait su. Seulement les gens de la suite de la reine avaient constaté avec étonnement que madame Marguerite avait les yeux rouges, tandis que, sous sa moustache hérissée, cet affreux Pont-Ribaud avait un sourire de méchante satisfaction.

Le lendemain matin, on s'était étonné que la reine ne fît pas sa promenade à cheval selon son habitude.

Le soir, on avait été encore plus étonné de voir qu'elle soupait seule dans son oratoire.

Qu'est-ce que tout cela voulait dire?

Un page qui écoutait aux portes avait bien prétendu avoir saisi quelques mots de l'entretien de la reine et du gouverneur, mais il avait affirmé une chose si monstrueuse qu'on s'était récrié et que personne ne l'avait voulu croire.

Cela se passait précisément dans la salle des gardes, cette nuit-là même où Galaor pénétrait dans le château par la fenêtre de Périne.

Le page, qui était de service avec deux camérières et quatre gardes, s'était assis à califourchon sur un escabeau et on faisait cercle autour de lui.

— Mon petit Manuel, — disait une des camérières, — vous qui arrivez de Paris, vous devez être au courant des choses de la politique, et certainement vous nous direz le mot de l'énigme.

— Mais je vous l'ai dit tout à l'heure, — répondit le page Manuel, qui était un joli garçon de seize ans, spirituel, leste et bien découplé, — la reine est prisonnière.

— Quelle plaisanterie! — dirent les gardes en haussant les épaules.

— Prisonnière de qui? — demanda une des camérières.

— De monsieur de Pont-Ribaud, pardienne!

— Une reine prisonnière de ce rustre!

— Le rustre ne fait rien à la chose, — dit gravement le page.

— Comment cela?

— Il obéit au roi.

— Mais quelle raison le roi a-t-il de tenir la reine prisonnière?

Manuel eut un petit sourire présomptueux et répondit :

— Vous avez raison, mes chères petites, vous ne savez absolument rien des choses de la politique.

— Et même, — fit la seconde camérière, — nous ne les comprenons pas.

— C'est bien simple pourtant.

— En vérité!

— Vous allez le voir, si vous m'écoutez bien attentivement.

— Nous sommes tout oreilles.

Et le cercle se rétrécit à l'entour du page, qui avait du reste un merveilleux aplomb.

— Depuis combien de temps le roi a-t-il épousé la reine?

— J'étais au mariage et je m'en souviens, — dit un des gardes en tordant sa moustache grise. — Le roi n'était alors qu'un pauvre petit prince de Navarre, et si on avait dit à la reine mère, madame Catherine, que ce garçon serait le roi de France un jour, elle eût ri de bien bon cœur; et madame Marguerite ne croyait pas elle aussi, être jamais autre chose que reine de Navarre.

— Bon! mais combien y a-t-il de temps?

— Vingt ans environ.

— Le roi a été fort amoureux de la reine, n'est-ce pas?

— Oui, mais cela n'a guère duré, — dit le garde.

— Et la reine?

Le vieux soldat eut un fin sourire.

— Voyant que le roi l'abandonnait si souvent, — dit-il, — la reine a cherché quelquefois à se distraire.

— Parfait! Alors suivez-moi bien, — continua le page.

— Voyons?

— Le roi a une maîtresse qu'il aime fort...

— Oui, madame Gabrielle.

— Précisément. Et il en a plusieurs enfants, dont un fils qu'il idolâtre.

— Bon.

— Et qui, à son idée, ferait quelque jour un joli petit roi de France.

On se récria de nouveau.

— Mais vraiment, mon mignon, — dit une des camérières, — on fait un roi de France d'un prince légitime et non d'un bâtard.

— Mais on peut faire quelquefois d'un bâtard un prince légitime, — répliqua Manuel.

— Comment cela?

— Oh! d'une façon bien simple : en épousant la mère.

— Voilà justement qui est impossible.

— Vous croyez?

— Madame Marguerite est pleine de vie, de santé; elle n'a guère que trente-sept ans, et elle n'est pas décidée, je crois, à mourir pour que madame la duchesse de Beaufort, c'est-à-dire madame Gabrielle, devienne reine de France.

Manuel regarda ses auditeurs d'un petit air de mépris.

— Vous êtes de pauvres cerveaux, — dit-il, — et on voit bien que vous ne savez rien de la politique.

— Ouais? — firent les chambrières.

— Plaît-il? — dirent les gardes.

— On ne peut pas avoir deux femmes, — reprit celui qui se souvenait du mariage du prince de Navarre.

— Mais on peut en répudier une, — dit froidement le page Manuel. Alors un frisson courut parmi les gardes et les chambrières, qui tous et toutes eussent donné leur sang pour madame Marguerite de Valois, la *belle des belles*, comme l'avait appelée le vieux Brantôme. Le page Manuel continua : — Le roi, après avoir été parpaillot, est devenu bon catholique.

— C'est précisément pour cela qu'il devrait...

— Ah! si vous ne m'écoutez pas, — dit le page, — vous ne comprendrez jamais.

— Bon! nous t'écoutons.

— Le roi, vous dis-je, quand il était parpaillot, c'est-à-dire de la religion, car il y a trois façons de désigner les huguenots, que Dieu confonde! était bon tout au plus à jeter aux fagots.

— Manuel! — fit la chambrière.

— Ce n'est pas mon opinion que j'exprime, c'est celle du pape.

— Ah! c'est différent.

— Si on était venu dire au pape que le feu céleste était tombé sur le parpaillot, il en eût éprouvé une grande joie.

— Le pape était dans son droit, — observa naïvement un des gardes.

— Mais le roi s'est converti.

— Et le pape aime le roi.

— Naturellement.

— Tout cela n'a aucun rapport avec madame Marguerite.

— Au contraire.

— Comment cela?

— Je suppose que le roi trouve un vice de forme dans son mariage, comme par exemple que les unions entre huguenots et catholiques sont défendues.

— Eh bien?

— Le pape, sur la prière de son bon ami le roi, maintenant le fils aîné de l'Eglise, casse le mariage.

— Mais ce mariage a vingt ans de date.

— Soit.

— Et maintenant le roi est catholique tout comme madame Marguerite.

— Oui, — dit Manuel, — en apparence, vous avez raison. Mais, en réalité...

— Nous avons tort peut-être? — dit le vieux garde d'un ton railleur.

— Oui, et je vais vous le prouver.

— Ah! par exemple!

— La preuve que le mariage était nul, qu'il n'a jamais eu l'appobation divine, c'est qu'il a été stérile; c'est que madame Marguerite n'a pas eu d'enfants et que le trône est sans héritier.

— Ce Manuel, — dit la chambrière, — est d'une logique désolante.

— Soit, mais ma logique existe.

— Mais enfin, — dit le vieux soldat, qui se souvenait des Valois ses anciens maîtres, — on ne dépossède pas ainsi une fille de France, la petite-fille du roi François, la sœur de trois rois.

— Dame! — répondit Manuel, — c'est cette idée-là qui embarrasse quelque peu notre bon maître le roi Henri.

— Ah!

— Il se dit que, lorsqu'il épousa madame Marguerite sœur du roi de France, c'était un bien grand honneur pour lui.

— Dame!

— Et qu'il aurait mauvaise grâce à la répudier de vive force comme faisaient les patriciens de Rome.

— Mais comme ce petit Manuel est avancé! — dit la chambrière.

— Alors, — continua le page, — le roi pense que si madame Marguerite, en vue de la prospérité du royaume, qui ne saurait avoir pour roi un prince sans enfants, consentait à l'annulation de son mariage, de bonne grâce, spontanément; que si même elle écrivait au pape... alors personne ne pourrait plus le taxer d'ingratitude envers la dernière princesse de la maison des Valois.

— Oui, — fit le vieux soldat; — mais il faut que la reine consente... et jamais...

— C'est pour cela, — dit encore Manuel, — que la reine est venue à Amboise... Le roi le lui a conseillé... et monsieur de Pont-Ribaud, qui est un homme de grand sens...

— Manuel, mon ami, — dit la chambrière, — je crois que tu t'embrouilles.

— Comment cela?

— Tu ne nous as pas dit encore comment, selon toi, la reine est prisonnière.

— C'est bien simple pourtant. Le roi, qui aime être obéi, mais qui n'a jamais l'air de commander, aura dit à madame Marguerite : « Votre mère et tout ceux de votre race, ma mie, ont toujours eu coutume d'honorer de leur présence la ville d'Amboise. Or voici plus de dix ans que ni vous, ni moi, ni aucun prince de notre maison, n'y avons mis les pieds, et les bons habitants de notre cité fidèle se plaignent fort. Allez donc faire les vendanges à Amboise, et tâchez de nous mettre en cave du bon vin. » La reine est partie, comme vous l'avez pu voir.

— Sans doute, puisqu'elle est ici.

— En même temps, — continua Manuel, — le roi aura écrit à monsieur de Pont-Ribaud en lui disant : « Nous ne sommes pas d'accord, la reine et moi, et c'est à vous que je m'adresse pour nous départager. La reine croit toujours avoir vingt ans, bien qu'elle en ait trente-sept. La reine ne ménage pas sa santé. Elle passe sa vie en fêtes, bals, festins et promenades, ce qui lui est très-nuisible. Je compte donc sur vous, mon cher Pont-Ribaud, pour lui faire comprendre qu'elle doit prendre à Amboise un repos nécessaire, ne point sortir du château, car l'air de la plaine est humide et fiévreux, ne point donner de fêtes, parce que les longues veilles ne lui valent rien, et vivre enfin comme une recluse jusqu'à ce qu'elle ait retrouvé la santé la plus florissante. »

— Tu crois que le roi a écrit cela

— J'en suis convaincu, et Pont-Ribaud, ce rustre qui est fin comme un renard, aura traduit la lettre du roi de cette façon : « La reine est votre prisonnière, et vous m'en répondez. »

— Mais, — observa encore le vieux garde, qui suivait pas à pas Manuel dans son raisonnement, espérant le trouver en défaut, — si le roi met ainsi la reine aux arrêts, ce n'est pas le moyen de l'adoucir et de l'amener peu à peu à écrire au pape pour lui demander l'annulation de son mariage.

— Voilà ce qui vous trompe.

— Bah!

— Vous en conviendrez vous-même tout à l'heure, — reprit Manuel; — tandis que le roi s'amusait, la reine prenait quelques distractions.

— Peuh! qu'est-ce que cela pouvait faire au roi?

— Absolument rien alors.

— Et... maintenant?

— Maintenant, il voudrait bien avoir quelques preuves des distractions de la reine, comme, par exemple, certaine correspondance que madame Marguerite a échangée avec le vicomte de Turenne.

— Chut! — fit le vieux garde.

— La correspondance est brûlée, — dit la chambrière.

— Je le crois, — dit Manuel.

— Mais le roi ne le croit pas.

— Non.

— Et s'il avait cette correspondance...?

— Ma foi! il pourrait bien l'envoyer au pape pour le décider, dans le cas où madame Marguerite ferait des difficultés pour écrire elle-même à Sa Sainteté.

— Tout cela, — reprit la chambrière, — ne nous explique pas pourquoi la reine est prisonnière.

— Au contraire, cela vous l'explique parfaitement.

— Comment?

— La correspondance que le roi cherche est peut-être au Louvre.

— Bon!

— Ou en Auvergne, dans ce manoir que la reine affectionne. Si madame Marguerite, étant au Louvre, avait eu vent des intentions du roi, elle aurait brûlé les lettres si elle les avait eues sous la main, ou elle serait partie pour l'Auvergne.

— Tandis qu'à présent les gens du roi peuvent chercher en liberté.

— C'est cela même.

Manuel allait sans doute continuer son petit cours de politique à l'usage des gardes et des chambrières, mais le bruit sec et métallique d'un timbre l'en empêcha.

— C'est la reine qui a besoin de moi, — dit la chambrière en se levant.

— La reine n'est donc pas couchée?

— Non, puisque c'est le timbre de l'oratoire que vous venez d'entendre.

Galaor venait de partir lorsque la reine avait frappé sur un timbre pour appeler une de ses chambrières.

Pâle, émue, madame Marguerite lisait et relisait la lettre de Nancy.

Voici la lettre :

« MADAME MA REINE,

» L'orage qui s'amoncelait lentement pendant les » dernières heures de votre séjour au Louvre est sur » le point d'éclater.

» La duchesse de Beaufort devient de plus en plus » exigeante, et ne parle rien moins que de s'asseoir à » votre place sur le trône de France.

» Le roi en a la tête à l'envers, et, sous prétexte qu'il » ne peut laisser la couronne sans héritier, il veut lé» gitimer le petit César en épousant sa mère.

» Cependant, au fond, il y a plus de faiblesse que » d'empressement dans cette conduite du roi.

» Il subit un joug qu'il essaye en vain de secouer.

» D'un autre côté, vos ennemis, et ils sont nombreux, » se composant pour la plupart des huguenots convertis » mais pleins de rancunes et qui ne vous pardonnent pas » les persécutions de la maison de Valois, vos ennemis » se sont mis en campagne.

» Ils ont remis en la mémoire du roi une foule de » vieilles histoires dont il riait jadis et qui, maintenant, » le font froncer le sourcil. On lui a affirmé que vous » deviez avoir en votre possession une certaine quantité » de lettres du vicomte de Turenne, lequel a été envoyé » aux armées et se trouve sur la frontière de Savoie.

» Ces lettres, dit-on, prouvent non-seulement l'amour » que vous avez pour lui, amour dont le roi se souciait » peu, comme vous savez, jadis, mais encore on ne » sait quelles propositions faites par vous au roi d'Es» pagne, et qui eussent pu compromettre le bien du » royaume.

» Je ne sais pas, madame ma reine, si ces lettres ren» ferment en effet certaines choses touchant la poli» tique, mais je sais que ces lettres existent, que Votre » Majesté les a serrées dans un coffre d'acier scellé » dans le mur du *couloir des Soupirs*, et qu'elle en porte » la clef suspendue à son cou.

» Or le couloir des Soupirs, que madame Catherine, » la reine mère, avait fait pratiquer dans l'épaisseur » du mur qui regarde la Seine, et qui lui permettait de » se rendre de ses appartements à la logette d'où elle » entendait parfaitement sans être vue ni entendue » tout ce qui se passait chez le roi, le couloir des Sou» pirs, dis-je, avait été muré, et personne, excepté » peut-être Votre Majesté et moi, n'en soupçonnait l'ex» istence.

» On n'y pouvait plus pénétrer qu'en décollant, à » l'aide d'un ressort caché dans la boiserie, un panneau » de votre oratoire, celui de madame Catherine précé» demment.

» Eh bien! ce matin même, des ouvriers qui répa» raient je ne sais quoi dans le Louvre ont mis le cou» loir à découvert.

» Un coup de marteau a jeté bas le panneau, et le roi, » prévenu, est arrivé en toute hâte.

» J'étais là, comme par hasard, tremblant bien fort, » car je savais où est le coffret.

» — Hé! — s'est écrié le roi, — voici un nouveau » mystère découvert. Si cette bonne madame Cathe» rine, ma belle-mère, avait vécu vingt ans de plus, » elle aurait fini par creuser le Louvre en tout sens, » comme les vers font d'une vieille poutre pourrie.

» Puis il a pris un flambeau et s'est aventuré dans le » couloir. En marchant, il frappait les murs de son » poing fermé. Tout à coup il a jeté un cri suivi de » son juron favori : — Ventre-saint-gris! — Il s'était » meurtri le poing sur une surface anguleuse. C'était » une des serrures du coffret scellé dans le mur. Je le » suivais pas à pas; il s'est retourné vers moi. — Hé! — » m'a-t-il dit, — serait-ce le coffre aux lettres de ma» dame Marguerite, par hasard?

» Je me suis senti froid au cœur, mais mon visage » est demeuré impassible :

» — Je crois bien, — ai-je répondu, — que jamais » madame Marguerite n'a eu connaissance, ni de ce » passage secret, ni de ce coffre.

» — Tu crois?

» — Oh! certes.

» — C'est égal, puisque le Louvre est à moi main» tenant, j'ai bien le droit de savoir ce qu'il renferme, » — m'a-t-il dit. Alors il a ordonné qu'on lui allât » querir Aventure Bonhomel, qui est, comme vous sa» vez, le célèbre serrurier de la rue de l'Arbre-Sec. » Aventure est arrivé. — Il faut m'ouvrir ce coffre, — » lui a commandé le roi.

» Aventure a examiné la serrure, les ferrures qui » retenaient le coffre au mur et l'encastraient dans la » pierre.

» Puis, se tournant vers le roi :

» — Sire, — a-t-il dit, — il n'est ni rossignol ni fausse » clef qui puisse venir à bout de cette serrure. Je con» nais ce travail; c'est une serrure milanaise, et ce coffre » doit avoir été placé là par madame Catherine, la feue » reine.

» — Je le crois comme toi, — a répondu le roi.

» — Pour l'ouvrir, il faut faire une clef, dont je crois, » du reste, avoir le modèle en cire; car, lorsqu'on a » brûlé la maison du parfumeur florentin René, j'ai » trouvé chez lui une foule de clefs dont j'ai pris l'em» preinte.

» — Si on brisait le coffre, — dit encore le roi.

» — Ce serait long, sire; c'est de l'acier trempé, et sur » lequel s'émousseraient longtemps les outils les plus » durs et les marteaux les plus lourds. Ensuite il le » faudrait tirer du mur, et ce n'est encore pas une mince » besogne. Enfin briser ce coffre serait un sacrilége.

» — Pourquoi donc?

» — Mais, sire, — dit Aventure en promenant sur la » surface merveilleusement ouvragée de la porte de » fer le flambeau qu'il tenait à la main, — voyez ce » travail!... c'est une merveille... l'œuvre peut être du » grand Benvenuto.

» — Mais enfin, comment l'ouvrir? — dit le roi avec » impatience.

» — Avec la clef que je fabriquerai.

» — Et pour la fabriquer te faut-il longtemps?

» — Trois jours, sire, quatre peut-être.

» — C'est bien, — dit le roi. — Va te mettre à la besogne. — Puis, se tournant vers moi de nouveau : — » Je vais poser deux de mes gens, jour et nuit, dans ce » couloir, et de cette façon ce que ce coffret contient ne » s'envolera pas.

» Et vous pensez bien, madame ma reine, que je n'ai » pas perdu une seconde.

» J'ai mis Idoline à cheval. Idoline est une fine mouche; elle a le courage d'un homme et la hardiesse d'un » page. Elle saura bien vous faire parvenir ce message » à Amboise, où, je le crains, Votre Majesté est prisonnière.

» Il faut absolument qu'elle soit de retour dans trois » jours, avant qu'Aventure ait fini sa clef, et qu'elle me » rapporte la vôtre.

» Je saurai bien me débarrasser un moment des deux » sentinelles, j'ouvrirai le coffret et je ferai disparaître » les lettres.

» Adieu, madame ma reine et maîtresse; adieu, je » baise vos mains et suis toujours

» Votre NANCY. »

— Chère Nancy! — murmura Marguerite qui relisait cette lettre pour la troisième fois, — toujours dévouée et fidèle! — Puis elle eut un éclair dans les yeux et se leva. Debout, le front haut, la tête rejetée en arrière, belle comme aux premiers jours de sa jeunesse, la fille des Valois eut un accès d'indignation et d'orgueil. — C'est pourtant moi, — dit-elle, — qui ai mis le roi de Navarre sur ce trône de France dont il veut me chasser maintenant! O rois mes aïeux! ô rois mes frères! ne tressaillerez-vous pas d'indignation dans vos tombes!

Et elle jeta un regard de défi à ce portrait que tout à l'heure Galaor contemplait et qui paraissait être sa propre image.

. . . .

Ce fut en ce moment que la chambrière entra. Cette chambrière, qui avait, comme on l'a vu, donné constamment la réplique à Manuel le page, était une jolie fille de vingt-quatre à vingt-cinq ans, de bonne noblesse et d'origine bourguignonne. Elle était la filleule du maréchal de Biron, qui l'avait placée auprès de la reine. On l'appelait Madeleine.

C'était la seule femme de toute sa suite sur laquelle la reine pût compter entièrement.

Tout le reste n'était que pages bavards, caqueteuses petites filles, varlets et gentilshommes qui tenaient bien plus à la faveur du roi qu'à l'amitié de la reine.

— Madelon, — dit madame Marguerite, en se tournant vers la camérière, — en qui pouvons-nous avoir confiance dans le château?

— A tout le monde et à personne, madame.

— Que veux-tu dire?

— Madame, — reprit la camérière, — le page Manuel prétend une chose énorme. Si cette chose-là est vraie, ne nous fions à personne.

— Et si elle est fausse?

— Ordonnez, vous serez obéie.

— Que prétend donc le page Manuel? — demanda Marguerite. La camérière hésita. — Parle, — dit Marguerite, — je le veux.

— Madame...

— Je l'ordonne!

— Eh bien! — fit Madeleine en baissant la tête, — Manuel prétend que Votre Majesté n'est pas la maîtresse absolue de ses actions au château d'Amboise.

— C'est vrai.

— Qu'elle ne peut sortir à son gré.

— Hélas! — soupira la reine.

— Qu'enfin... Votre Majesté est prisonnière.

Un nouvel éclair passa dans les yeux de Marguerite :

— Oui, — dit-elle, — je suis prisonnière, moi fille, sœur et femme des rois; moi Marguerite de France, je suis à la merci d'un soudard. — Et regardant Madeleine : — Qui donc me délivrera?

— Ah! madame, — murmura la jeune fille, — si mon parrain savait cela!

— Ton parrain?

— Oui, monsieur de Biron, qui tient le gouvernement de Bourgogne, et s'y trouve presque aussi puissant que le roi.

La jeune fille, en prononçant le nom de Biron, faisait vibrer au fond de l'âme de Marguerite une espérance longtemps caressée.

En effet Marguerite savait la haine jalouse que Biron, ardent ami du roi jadis, portait à toutes les favorites de son maître,

Biron haïssait Gabrielle, Biron exécrait Sully, et la reine disait : « Si j'avais Biron pour moi, il me ramènerait le roi et mes ennemis seraient terrassés. »

Elle se souvenait même en ce moment d'une parole échappée au maréchal six mois auparavant, alors qu'il venait prendre congé d'elle, pour s'en aller prendre possession de son gouvernement de Bourgogne.

L'orage s'amoncelait déjà lentement sur la tête de la reine, et la duchesse de Beaufort était au faîte de la puissance.

— Madame, — avait dit Biron tout bas, — si mon cher maître, à qui sa Gabrielle tourne la tête, vous faisait quelque injure, pardonnez-lui, mais quittez le Louvre et venez-vous-en à Dijon. Je vous jure que le roi vous y viendra querir avec toutes les excuses imaginables.

Madelon continua avec enthousiasme :

— Ah! madame, — dit-elle, — si vous saviez comme le maréchal vous est dévoué!

— Tu crois?

Madelon baissa la tête :

— Mieux que cela peut-être, — dit-elle, — je crois que... il vous aime.

Un sourire vint aux lèvres de Marguerite.

— Pauvre Biron, — dit-elle, — il oublie que je ne suis plus qu'une vieille femme. J'ai trente-sept ans, Madelon.

— Ah! madame, — dit la jeune fille avec une admiration naïve, — je ne crois pas qu'il y ait dans tout le royaume, ni même de par le monde, femme aussi belle que vous.

— Flatteuse! — dit la reine avec mélancolie. Puis elle prit son front dans ses deux mains et se mit à rêver. Enfin, relevant la tête : — Oui, — dit-elle, — tu as peut-être raison, mon enfant, Biron serait mon allié.

— J'en suis certaine, madame.

— Mais Biron est l'ami du roi.

— Oui, certes.

— Biron est fidèle.

— Le maréchal est fidèle, mais avec le roi il a son franc parler.

— Ce qui ne l'empêchera point de me laisser ici, — soupira Marguerite. Puis, après un nouveau silence : — Ah! si je pouvais sortir de ce château, prendre la fuite, arriver jusqu'à Dijon... alors, peut-être, Biron écrirait au roi : « Si vous voulez madame Marguerite, venez la prendre; » et le roi changerait de sentiment à mon égard.

— Certainement, — dit la camérière avec conviction.

— Hélas! — continua Marguerite, — il y a loin d'Amboise à Dijon.

— On peut faire le trajet en huit ou dix jours.

— Mais je suis prisonnière et Pont-Ribaud veille sur moi comme un dragon commis à la garde d'un trésor.

Madelon soupira.

— Si encore on pouvait faire parvenir un message au maréchal? — dit-elle.

— Le maréchal ne me viendrait pas délivrer, — dit la reine; — non, mieux vaudrait l'aller trouver... — Puis la reine eut un accès d'impatience et de colère : — Comment, — dit-elle, — de tous les gens qui m'entourent, pas un ne me serait dévoué, excepté toi?

— Oh! je répondrais bien du petit Manuel.

— Un enfant! — dit la reine.

— Et de deux ou trois gardes qui ont servi le feu roi.

— Que peuvent quatre hommes, si braves et si résolus qu'ils soient, — dit Marguerite, — contre les trois compagnies de lansquenets que commande ce rustre de Pont-Ribaud? Ils se feraient tuer jusqu'au dernier avant de m'avoir ouvert un passage... — La reine s'interrompit brusquement, puis, se frappant le front : — Je perds la tête, — dit-elle, — j'oubliais...

— Quoi? — demanda Madelon.

— Le jeune homme qui m'a apporté cette lettre.

Et elle montrait la lettre de Nancy.

— Un message?

— Oui.

— Qui donc l'a apporté.

— Un gentilhomme inconnu.

— Quand?

— Il y a un quart d'heure qu'il est sorti d'ici.

Madelon ouvrit de grands yeux.

— Mais, madame, — dit-elle, — je n'ai pas quitté les salles d'attente et je n'ai vu personne.

— Il n'a point passé par les antichambres.

— Par où donc est-il venu?

— Par cette porte.

Et la reine désignait la porte basse de la galerie.

— Mais cette porte est fermée.

— Oui.

— Et monsieur de Pont-Ribaud en a la clef.

— Ce qui n'a pas empêché le jeune homme d'entrer, — dit la reine. Puis elle s'écria avec un accent de conviction profonde : — Oh! je le sens, c'est lui qui me délivrera.

VI

Cependant notre héros, que nous avons un peu perdu de vue, après avoir vu disparaître dans l'éloignement la robe blanche de la gentille Idoline, s'était remis en route pour Amboise.

Et, tandis que le petit cheval navarrais galopait, Galaor se disait :

— Quand j'ai quitté cette bonne ville de Nérac, je ne croyais pas faire si rapidement mon chemin en route. Je ne suis pas encore arrivé à Paris, et voici que déjà je suis l'ami d'une jolie fille qui est fort bien en cour, et qu'il m'a été donné de rendre un service à la reine. Je gage qu'à Paris je sauverai la vie au roi; j'ai assez de chance pour cela. — Et il ajouta en riant : — Galaor, mon ami, quand on a une pareille chance, on a le bâton de maréchal dans les fontes de sa selle.

Le soleil brillait à l'horizon depuis longtemps quand le pavé pointu de la chaussée d'Amboise résonna sous le dur sabot du petit cheval navarrais.

Le château était littéralement assiégé par une foule de gentilshommes, de dames et de cavaliers qui se pressaient à toutes les portes.

Galaor s'approcha, il entendit un des officiers de monsieur de Pont-Ribaud qui disait :

— La reine est venue à Amboise pour se reposer et pour y tenir sa cour. Ne vous attendez ni à des fêtes ni à des festins. On entrera deux par deux, pas davantage, et quand on aura salué la reine on s'en ira.

Le bon peuple tourangeau murmurait que c'était une bénédiction.

Si la reine était malade, ne pouvait-elle se soigner au Louvre, au lieu de s'en venir à Amboise déranger tout le monde, pour occasionner à tout le monde une déception?

Galaor entendit toutes les récriminations, et, le nez dans son manteau, il passa son chemin et s'en alla tout droit à l'hôtellerie du *Cheval-Blanc*.

Maître Pistache accourut prendre la bride, Galaor mit pied à terre.

— Comment! — dit le bon hôtelier, — vous voilà déjà de retour?

— Oui, certes.

— Mais vous n'êtes pas allé jusqu'à Blois?

— Mais si fait. J'en reviens.

— Vous avez un fier cheval, en ce cas, — dit Pistache, qui passa sa main sur la croupe de l'animal, à peine mouillé d'un peu de sueur.

Pistache emmena le cheval à l'écurie.

Au lieu d'entrer tout droit dans la salle de l'auberge, Galaor suivit Pistache, et, lui posant mystérieusement la main sur l'épaule :

— As-tu un masque? — dit-il.

— Un masque!

— Oui.

— Pourquoi faire?

— Pour m'en aller au château.

— Mais... messire...

— C'est la reine qui le veut ainsi.

— C'est donc bien vrai que, cette nuit, vous avez vu la reine?

— Sans doute.

— Est-ce qu'elle est réellement malade, comme on le dit?

— Peuh! — fit Galaor, qui ne voulut pas se prononcer et répéta sa question : — As-tu un masque?

— J'en ai dix pour un à votre service, — répondit Pistache. — Aujourd'hui, ça n'est plus la mode; mais, au temps de madame Catherine, tout le monde en portrait, et j'en avais toujours quelques-uns de rechange pour les gens qui descendaient chez moi.

— Eh bien! va m'en chercher un, et hâte-toi; je t'attends ici.

— Comment?

— Oui, — dit Galaor, — j'ai fait un serment à madame Marguerite.

— Ah!

— Je lui ai juré que personne à Amboise ne verrait mon visage.

— Mais pourquoi ce serment? — demanda le curieux Pistache, qui ne trouvait vraiment rien d'extraordinaire dans le visage de monsieur Galaor.

— C'est ce que je t'expliquerai plus tard.

— Mais quand?

— Lorsque je reviendrai du château.

Galaor avait un accent d'autorité que subissait Pistache.

L'hôtelier obéit, laissa Galaor dans l'écurie, et revint au bout de quelques minutes un large loup de velours noir à la main.

Galaor le posa sur son visage, rajusta le ceinturon de son épée, inclina un peu son feutre sur l'oreille gauche, se drapa dans son manteau et sortit.

— Drôle d'homme! — murmura Pistache en le voyant remonter la petite ruelle qui conduisait au château.

A mesure que la matinée avançait, la foule de visiteurs devenait de plus en plus considérable. On voulait voir la reine. Mais les reîtres et les lansquenets garnissaient les portes et répétaient que la reine ne pouvait, vu son état de souffrance, donner que très-peu d'audiences.

Galaor, qui avait déjà entendu ces paroles, résolut de les mettre à profit. Il fendit la foule en criant :

— Place! place! — A l'aspect de cet homme masqué, ce qui ne se voyait plus depuis le dernier règne, la foule s'écarta d'abord par curiosité pure. — Place! — répétait Galaor en jouant des coudes.

Mais une sorte de colosse, tout vêtu de drap d'or, un gentilhomme de la haute Touraine, qui eût assommé un bœuf d'un coup de poing, ne s'écarta point comme les autres, et dit :

— Chacun son tour, mon jeune coq.

— Si vous parlez pour vous et pour les autres, vous aurez raison, — dit Galaor, — mais, en ce qui me concerne, vous aurez tort.

— En vérité! — ricana le gros gentilhomme.

— Sans doute, — dit Galaor, — et je vais vous le prouver.

— Ah bah!

— Pourquoi la reine ne laisse-t-elle pas entrer tout le monde à la fois? — reprit Galaor, — c'est parce qu'elle est malade.

— Oui.

— Eh bien, je viens la guérir.

— Vous!

— Je suis un médecin espagnol qui ai fait un vœu, — poursuivit Galaor, — celui de ne laisser voir mon visage qu'après avoir guéri madame Marguerite, et, Dieu aidant je la guérirai, et alors vous aurez des fêtes, des bals, des tournois.

— La guérirez-vous promptement? — demanda une dame.

— D'ici à ce soir.

— Vive le médecin espagnol! — cria la foule.

— S'il en est ainsi, passez, — dit le gros gentilhomme.

Les lansquenets eux-mêmes, qui n'étaient point dans les secrets de monsieur de Pont-Ribaud et croyaient fermement à la maladie de la reine, s'effacèrent devant Galaor. Et Galaor entra aux applaudissements de la foule, qui criait :

— Vive le médecin espagnol!

Dans la première cour intérieure, Galaor rencontra une jeune fille. C'était la chambrière que nous avons entrevue déjà dans la salle des pages et chez madame Marguerite.

Elle vint à Galaor et lui dit mystérieusement :

— C'est vous qui avez pénétré cette nuit dans le château avec un message pour madame la reine?

— Oui, ma belle enfant,

— Alors, suivez-moi.

Et elle le prit par la main et l'entraîna vers un petit escalier qui s'ouvrait au-dessous de la chapelle du roi Charles VIII.

Le château était plein de monde. Les salles, les antichambres, les escaliers, les corridors et les cours regorgeaient de seigneurs, de dames, de pages, de varlets et de chambrières.

Guidé par sa conductrice, qui était, ma foi! fort jolie, Galaor passa au travers de toute cette cohue, qui ne fut pas médiocrement étonnée de le voir masqué.

Mais les rumeurs du dehors avaient pénétré au dedans, et l'on disait partout :

— C'est le médecin espagnol qui doit guérir la reine!

Or la reine ne paraissait pas; elle s'obstinait à rester dans ses appartements, et ceux qui étaient parvenus à franchir les ponts-levis et les grilles du château en étaient pour leur peine.

Galaor traversa ainsi plusieurs salles; mais la chambrière ouvrit une porte qui donnait sur un petit corridor secret celui-là, et, quand Galaor fut entré, elle referma cette porte.

— Maintenant, vous pouvez ôter votre masque.

— Je ne demande pas mieux, — répondit le Gascon; — je commençais à étouffer.

Galaor ôta son masque et poursuivit son chemin à travers ce corridor étroit, voûté, et à peine éclairé par de rares meurtrières percées dans l'épaisseur du mur de distance en distance. Puis la chambrière poussa une nouvelle porte, et Galaor se trouva au seuil, non plus de l'oratoire, mais de la chambre royale.

Madame Marguerite, en robe de velours noir, était assise dans un de ces grands fauteuils appelés chaires, à dossier de cuir et à clous d'or. Les armes de France étaient peintes au dossier, et les bras figuraient deux salamandres, les chers emblèmes du feu roi François Ier.

La reine n'avait nullement l'air malade. Tout au contraire, elle était belle encore à ce point qu'on eût juré qu'elle n'avait pas trente ans, et ce beau sourire qui avait tant réjoui le vieux Brantôme sur ses derniers jours épanouissait ses lèvres, plus rouges que les cerises de juin. Elle tendit sa main à baiser à Galaor et lui dit :

— Venez ici, messire le paladin, et dites-moi comment vous avez rempli votre mission.

— Madame, — répondit Galaor, — je suis sorti du château, cette nuit, par où je suis entré; je me suis rendu à l'auberge du *Cheval-Blanc*, j'ai trouvé mademoiselle Idoline et je lui ai remis la clef d'or.

— Et elle est partie?

— Oui, je l'ai accompagnée.

— Jusqu'où donc?

— Jusqu'à Blois.

— Vous avez eu le temps d'aller jusqu'à Blois et de revenir? — fit la reine étonnée.

— Madame, — dit le Gascon en souriant, — quand mon cheval a su qu'il était au service de la reine de France, il lui a poussé des ailes.

— Vous êtes plein d'esprit, — fit la reine.

— Non-seulement j'ai eu le temps, — poursuivit Galaor, — d'aller à Blois et d'en revenir, mais j'ai encore eu celui d'être prisonnier du vidame de Cornehaut.

— Qu'est-ce que cela? — exclama la reine, — qui donc est affublé d'un pareil nom?

— C'est le lieutenant de messire l'évêque de Blois.

— Ah! bon. Et il vous a fait prisonnier?

— Oui, madame, moi et Idoline.

Et Galaor raconta avec une bonne humeur parfaite son aventure de l'hôtellerie de la *Croix-d'Or*, et comme il avait été délivré par dom Isidor, qui l'avait pris pour un prince.

Ce dernier détail fit sourire madame Marguerite, qui ajouta :

— Et Idoline ne vous a-t-elle rien dit, elle?

— Non madame; elle a répondu que mieux valait laisser à Votre Majesté le soin de m'apprendre ce qui m'intéresse.

— Elle a eu raison.

— Aussi suis-je venu, — dit Galaor, qui parraissait pressé de savoir à quoi s'en tenir.

— Patience, — dit la reine, — tout vient à point à qui sait attendre. — Galaor s'inclina. — Maintenant, — dit madame Marguerite, — écoutez-moi : vous êtes Gascon?

— Oui, madame.

— Naturellement vous êtes brave?

— Peuh! — fit modestement Galaor.

— Et vous devez être ingénieux.

— Quelquefois.

— Telle que vous me voyez, — dit la reine, — moi Marguerite de Valois, reine de France, je suis... prisonnière. — Galaor stupéfait fit un pas en arrière. — Oui, — continua la reine avec amertume, — telle que vous me voyez, je suis prisonnière de cet affreux Pont-Ribaud.

— Est-ce possible?

— C'est la vérité.

— Madame, — dit le chevaleresque Galaor, — j'en sais assez; je vais lui aller passer ma rapière à travers le corps.

Et il fit un pas vers la porte. La reine l'arrêta d'un geste.

— Vous êtes un étourdi, — dit-elle. — Ecoutez-moi donc! — Galaor revint auprès de madame Marguerite et attendit. Alors la reine poursuivit : — Si je suis la prisonnière de monsieur de Pont-Ribaud, c'est que le roi lui a donné l'ordre de me retenir.

— Le roi?

— Oui. J'ai des ennemis à la cour du Louvre, des calomniateurs! — poursuivit Marguerite, avec un accent de dédain.

— Les misérables! — dit Galaor posant sa main frémissante sur la garde de son épée.

— Le roi s'est affolé de la duchesse de Beaufort, et je suis en disgrace, mon cher sire. Mais si je pouvais voir le roi... si je pouvais avoir une heure de tête à tête avec lui... tout changerait.

— Oh! j'en suis bien sûr, moi, — dit Galaor, qui s'avouait en ce moment que jamais femme n'avait été si belle que madame Marguerite.

— Malheureusement, — acheva Marguerite, — le roi est fidèle... il ne veut point venir à Amboise et redoute de se trouver en ma présence. De mon côté, je ne puis l'aller trouver, puisque je suis prisonnière.

— Je délivrerai Votre Majesté.

— Vous tout seul?

— Moi tout seul, — dit fièrement Galaor.

— Et comment?

— Je ne sais pas, mais je trouverai.

— Il faudrait pouvoir m'enlever d'ici, — continua Marguerite.

— Je vous enlèverai, madame.

— Quand?

— Cette nuit.

— Et vous m'accompagnerez où je veux aller?

— Partout!

— Vous êtes un preux chevalier! — dit la reine, — seulement écoutez bien.

— J'écoute, madame.

— Il faut que je puisse fuir du château et mettre entre Amboise et moi quinze ou vingt lieues avant que monsieur de Pont-Ribaud sache la vérité.

— Je vous jure que ce sera fait, — dit Galaor. La reine quitta son siége. Puis, prenant à son tour Galaor par la main, elle lui dit : — Venez je vais tenir ma promesse. — Elle ouvrit une porte qui donnait dans son oratoire. Le portrait du gentilhomme qui ressemblait si fort à Galaor était toujours là, appendu au mur. — Savez-vous quel est ce seigneur? — dit Marguerite.

— Non, — dit Galaor.

— Ce seigneur, qui pourrait bien être votre père?

— Non, — répéta le jeune homme ému.

— Eh bien! — dit Marguerite d'une voix solennelle, — c'est le roi Henri de Navarre et de France, quatrième du nom! — Galaor poussa un cri et recula ébloui. L'émotion de Galaor avait été si forte qu'il demeura pendant quelques minutes muet, immobile, en contemplation devant ce portrait. Pendant ce temps, la reine murmurait en regardant la jolie chambrière : — Il est impossible que le hasard seul opère de telles ressemblances. Oui, ce doit être un fils de mon royal et galant époux, que toutes les filles de la Navarre ont adoré.

Enfin Galaor redevint maître de lui. Et, se tournant vers la reine :

— Madame, — dit-il, — je ne sais si le hasard se joue de moi, ou si j'ai réellement dans les veines du sang de roi, mais je le saurai demain, je vous le jure.

— Et comment le saurez-vous? — demanda Marguerite.

— Je le saurai, parce que demain je vous aurai arrachée d'ici et que je galoperai aux côtés de la litière qui emportera ma souveraine libre et respectée.

Marguerite lui tendit la main :

— Le roi Henri, — dit-elle, — parlait fièrement comme vous, dans sa jeunesse, et vous avez jusqu'à sa voix.

— Galaor s'inclina frémissant. — Maintenant, — poursuivit Marguerite, — vous savez ce que j'attends de vous.

— Oui, madame.

— Allez, et que Dieu vous aide! — Et d'un geste Marguerite fit comprendre à Galaor qu'il pouvait se retirer. Le jeune homme reprit son feutre et son manteau, rajusta le ceinturon de son épée et fit un pas de retraite. La reine lui dit encore : — Remettez votre masque en sortant. Il est inutile que de vieux soldats qui ont connu le roi Henri dans sa jeunesse soient frappés comme moi de cette étrange ressemblance.

La chambrière qui avait assisté à l'entretien se leva à son tour pour reconduire Galaor.

Celui-ci sortit de chez la reine, la tête haute, le cœur bondissant. Jamais son cœur n'avait battu d'une si noble émotion. Jamais le sang mystérieux qui coulait dans ses veines n'avait plus fièrement bouillonné. Et quand il eut remis son masque et, tandis que la chambrière l'entraînait de nouveau par ce corridor étroit et sombre qu'il avait déjà suivi, il lui dit :

— Connaissez-vous un joli proverbe de mon pays, ma toute belle?

— Voyons, — fit la chambrière.

— Aide-toi, le ciel t'aidera.

— Il est plein de sagesse, messire.

— N'est-ce pas? Eh bien je le vais mettre en pratique.

— Ah! — fit la chambrière.

— Vous pensez bien, — reprit Galaor, — que, si lourde que puisse être mon épée, elle viendrait difficilement à bout des deux cents lansquenets de monsieur de Pont-Ribaud.

— Cela est certain, — fit la chambrière.

— Je ne compte donc pas absolument et uniquement sur mon épée

— Oh! naturellement.

— Je compte encore, et beaucoup, sur l'esprit que le bon Dieu envoya aux Gascons le jour de leur naissance, ne pouvant, la plupart du temps, leur donner ni terres, ni châteaux, ni écus. — La chambrière se mit à rire. — Suivez bien mon raisonnement, — poursuivit Galaor, qui, arrivé au bout du corridor, s'arrêta.

— Je vous écoute, messire.

— Quelle est la mission de monsieur de Pont-Ribaud?

— De garder la reine prisonnière.

— Et la nôtre?

— De la délivrer.

— C'est bien cela. Seulement la mission de Pont-Ribaud est plus facile à accomplir que la nôtre, en apparence du moins.

— Parce que deux cents lansquenets lui obéissent.

— Justement, et que, jusqu'à présent, nous ne sommes que deux, nous.

— C'est, ma foi vrai! — dit la chambrière.

— Alors, — poursuivit Galaor, — il nous faut chercher des auxiliaires.

— Mais où?

— Oh! soyez tranquille, — dit le Gascon, — je ne songe pas à embaucher ses lansquenets.

— La reine a peu de gentilshommes autour d'elle.

— Ce n'est pas encore sur eux que je compte, ma belle amie.

— Sur qui donc?

— Vous allez voir. Monsieur de Pont-Ribaud est vieux et laid, n'est-ce pas?

— Il est affreux!

— Mais il a une bien jolie chambrière, en revanche.

— Peuh! — dit la camérière, avec une petite moue dédaigneuse, — c'est une fille d'auberge.

— Je ne dis pas non, mais elle nous sera quelque peu utile.

— Comment cela?

— Ah dame! c'est mon secret, pour le moment du moins.

— Eh bien? — demanda la camérière.

— Eh bien! — reprit Galaor, — j'aurais absolument besoin de parler à la chambrière de cet affreux Pont-Ribaud.

— Quand?

— Mais le plus tôt sera le meilleur. — La camérière parut réfléchir. — Ecoutez, — poursuivit Galaor, — n'avez-vous pas près d'ici votre chambrette?

— Oui, à l'étage au-dessus.

— Et ne pourrais-je y entrer sans être vu?

— En prenant un escalier que nous allons trouver en sortant de ce corridor.

— Parfait.

— Mais pourquoi voulez-vous venir en mon logis? — demanda la camérière.

— Pour y attendre Périne, que vous m'irez chercher.

— Ah! c'est juste, — dit la camérière, — elle se nomme Périne.

— Oui, ma mie, et vous?

— Solange, — répondit la jeune fille.

— Encore un joli nom! Eh bien! mademoiselle Solange, faites ce que je vous demande.

— Venez, — dit Solange, sur qui Galaor commençait à prendre un véritable ascendant.

Au lieu de pousser la porte qui mettait le corridor en communication avec la grande salle que Galaor avait traversée tout à l'heure, Solange pressa un ressort perdu dans la boiserie. Et la boiserie, cédant en partie et tournant sur des gonds invisibles, mit à découvert un nouveau passage secret, et au bout de ce passage un petit escalier en coquille.

— Nous ne rencontrerons personne? — demanda Galaor.

— Personne.

— Alors je ne vous compromettrai pas?

Solange eut un joli rire qui mit à nu ses belles dents et qui semblait dire : Je ne serais pas fâchée du contraire. Puis tous deux gravirent l'escalier, atteignirent un nouveau corridor sur lequel donnaient plusieurs portes.

Solange tira une clef de sa poche, en ouvrit une, et poussa Galaor dans sa chambre en lui disant :

— Attendez-moi; avant dix minutes, je vous ramènerai la donzelle pour qui cet horrible Pont-Ribaud ose se mourir d'amour!

Et elle s'esquiva en faisant retentir par le corridor un éclat de rire moqueur.

Galaor ne fut pas fâché d'être seul l'espace de quelques minutes. Ce qu'il venait d'apprendre l'avait quelque peu bouleversé. L'homme à qui il ressemblait trait pour trait n'était autre que le roi de France ou de Navarre. Or, quand on ressemble si parfaitement à un homme, il est plus que probable qu'on tient à lui par le sang. Donc Galaor était fils de roi.

Ceci s'expliquait d'autant mieux qu'il avait été trouvé sur les dalles d'une église, abandonné par sa mère.

Cette mère, quelle était-elle?

Galaor, qui n'avait jamais trop songé à ces choses-là, se mit à y penser sérieusement, tandis que la jolie camérière de la reine Marguerite allait querir la chambrière de monsieur de Pont-Ribaud.

Il se dit que, du moment où il pouvait bien être un bâtard du roi, il n'y avait pas de raison pour que le roi ne le fît duc et connétable, et Galaor sentit une bouffée d'ambition lui monter à la tête. Mais c'était un garçon de sens et qui raisonnait juste.

— Le roi, mon père, — se dit-il, — doit avoir des enfants un peu partout, car il est le prince le plus galant du monde. Il peut fort bien m'envoyer promener, par la raison unique, mais excellente, que je n'ai aucune preuve de ma naissance. Si je pouvais retrouver ma mère! Mais, pour retrouver ma mère, il faudrait une preuve de reconnaissance quelconque, et je n'ai absolument rien... — Et Galaor, dont la raison se heurtait à ce manque absolu de preuves, se dit : — Après tout, le meilleur est de faire soi-même son petit chemin. Qui compte sur des parents illustres pour se pousser dans le monde renie la fortune qui lui sourirait volontiers et refuse les bénéfices du hasard. Or, hier j'ignorais que je ressemblais au roi. Pauvre cavalier d'aventure, je m'en allais à Paris chercher fortune; je m'arrête à Amboise, une jolie fille me tourne la tête. Pour l'amour de ses beaux yeux, je risque de me casser le cou, et j'arrive jusqu'à madame Marguerite, la reine de France. La reine a besoin de mes services. Eh bien! Galaor, mon ami, voici que la fortune entre-bâille la porte, il s'agit d'entrer!

Comme on le voit, notre héros eût pu philosopher longtemps ainsi et calmer son émotion par une série de beaux raisonnements, qui pouvaient, s'enchevêtrant les uns dans les autres, ne jamais finir. Mais il n'en eut pas le temps. La porte de la chambre se rouvrit et la camérière reparut suivie de Périne.

Périne, qui n'était après tout que la chambrière de monsieur de Pont-Ribaud, dont le père était épicier à Tours, était loin de se croire l'égale d'une camérière de la reine, laquelle, certainement, devait être une fille de noblesse. Elle avait donc éprouvé une certaine émotion en se voyant aborder par Solange, qui, la prenant familièrement par le bras, lui avait dit :

— Venez donc ici, ma petite, j'ai deux mots à vous dire. — La chambrière avait jeté un rapide regard autour d'elle pour s'assurer que monsieur de Pont-Ribaud n'était pas là, tant elle redoutait que le terrible gouverneur ne la vît en familiarité avec les gens de la reine. Puis elle suivit Solange en une galerie où il n'y avait qu'un vieux reître en sentinelle, lequel, en qualité d'Allemand, ne savait pas un mot de français. Puis elle avait attendu que Solange lui fît ses confidences. — Ma petite, — avait dit Solange à Périne, — je suis la meilleure amie que la reine ait à Amboise.

— Ah! — répondit Périne.

— La reine n'a pas de secrets pour moi.

— Vraiment?

— La preuve en est qu'elle m'a confié que ce matin un gentilhomme du nom de Galaor...

Périne tressaillit :

— Vous le connaissez? — dit-elle.

— Non-seulement je le connais, mais je vous viens trouver de sa part.

— Où est-il donc?

— Au château.

— Chez la reine?

— Non, dans ma chambre.

Périne se mordit un peu les lèvres et fronça de dépit ses noirs sourcils. Mais ce ne fut qu'un nuage.

— Ah! — reprit-elle, — vous me venez trouver de sa part, mamzelle?

— Oui.

— Que me veut-il donc?

— Il veut vous voir sur-le-champ.

— Bon! et il m'attend... dans votre chambre...?

Solange, qui était une fine mouche et une fille d'esprit, se mit à rire :

— Oh! — dit-elle, — il est dans ma chambre, c'est vrai, mais c'est en tout bien tout honneur... Rassurez-vous... j'ai un amoureux... un page... et, si beau que soit messire Galaor, je suis, moi, d'une fidélité à l'épreuve... — En même temps, elle regarda Périne d'un petit air moqueur, ajoutant : — Vous le trouvez donc à votre goût, messire Galaor? — Périne rougit et baissa les yeux. — Vous plaît-il mieux que ce cher Jérôme? — continua la railleuse camérière. Périne devint écarlate. — — Vous voyez bien, — dit Solange, riant de plus belle, — que Galaor a tout dit à la reine et que la reine n'a pas de secrets pour moi. Allons, venez, ma mie; Galaor nous attend.

Et les deux jeunes filles, Solange riant toujours et Périne confuse, s'en allèrent par les corridors les plus déserts jusque à celui dans lequel donnait la chambre de la camérière, où, comme nous l'avons dit, elles arrivèrent à propos pour arracher Galaor à ses méditations.

— Çà, ma toute belle, — dit le Gascon en prenant dans ses mains la petite main de Périne, — il faut que nous causions sérieusement, et mademoiselle n'est pas de trop dans notre entretien.

Il regardait Solange en disant cela.

— Ah! — fit Périne.

— Mademoiselle est, comme moi, dévouée à la reine, — poursuivit Galaor.

— Comme moi aussi, — dit Périne, — car la reine n'aime pas monsieur de Pont-Ribaud.

— Et vous aimez quiconque hait cet affreux homme, n'est-ce pas?

— Oui, — dit naïvement Périne.

— Eh bien! la reine a besoin de moi.

— Fort bien! — dit Périne.

— Elle a besoin de mamzelle Solange, et mamzelle Solange et moi avons besoin de vous.

— Parlez, je suis prête — dit Périne, qui baissait toujours les yeux devant Galaor.

— Je vais m'en aller du château comme j'y suis venu, — dit Galaor, — c'est-à-dire par la porte. Mais j'ai besoin d'y revenir.

— Quand?

— Cette nuit.

— Alors, — dit Perine rougissante, — vous désirez que je vous tende la corde...

— Oui, la corde de Jérôme. — Périne se mordit les lèvres. — Et, — ajouta Galaor, — j'ai besoin cette fois que Jérôme reste tranquille dans son lit. — Périne rougit de plus belle, mais Solange devina que ce n'était pas de dépit. — Écoutez-moi bien, — reprit Galaor. Et il tenait toujours la main de la jolie chambrière. Périne attendit que Galaor lui fit savoir ses volontés. Galaor reprit : — Un bélître comme Jérôme doit être perpétuellement à vos pieds.

— Oh! certes! — fit Périne, qui eut un sourire de dédaigneuse pitié à l'adresse du pauvre clerc.

— Vos caprices doivent être des ordres pour lui.

— Très-certainement.

— Et si vous ne voulez pas qu'il vienne cette nuit, il ne viendra pas?

— Non-seulement il ne viendra pas, mais il fera ce que je lui ordonnerai, — répondit la camérière.

— Me servirait-il, au besoin?

— Certainement, si je le lui commande.

— Eh bien! — dit Galaor, — vous allez lui écrire un billet.

— Bon!

— Un billet que je lui porterai.

— Ah! — fit Périne, qui se mordit les lèvres pour ne pas rire.

On écrivait beaucoup à l'entour de la reine, depuis que madame Marguerite avait commencé ses Mémoires. Il n'était page, dame d'atours ou camérière, qui ne se plût à tourner galamment un billet doux et n'eût pour cela tout ce qu'il fallait.

Solange ouvrit un bahut, en retira des plumes, une écritoire, du parchemin si mince et si bien préparé qu'on eût dit du papier, un fil de soie et de la cire.

Périne, qui n'avait pas vécu à la cour de France, n'était pas, à beaucoup près, aussi lettrée que mademoiselle Solange. Néanmoins, elle savait écrire. Son père, l'épicier de Tours, avait d'abord songé à l'installer derrière son comptoir, au lieu de la faire chambrière, et il l'avait mise dans un couvent pendant une couple d'années.

Périne prit donc la plume et attendit.

— Il s'agit de lui dire, — fit Galaor, — que vous êtes lasse du service de Pont-Ribaud, lequel est jaloux et vous empêche de voir librement votre cher Jérôme... — Périne eut un nouveau sourire railleur. — Que par ainsi, — continua Galaor, — vous avez résolu d'entrer au service de la reine, qui veut bien de vous, mais à la condition que Jérôme fera tout ce qu'un certain Galaor, écuyer de madame Marguerite, lui demandera. Que si ledit Jérôme agit ainsi, madame Marguerite non-seulement le récompensera richement, mais que, encore, elle permettra à Périne, sa nouvelle chambrière, d'épouser Jérôme.

— Est-ce tout?

— C'est tout.

Les filles de Touraine ont toutes un peu de l'esprit de notre grand maître Rabelais, et elles savent accommoder une lettre d'amour comme pas une.

Périne écrivit donc la lettre suivante :

« Mon bel ami Jérôme,

» Il ne convient guère à la fille de mon père de vivre » plus longtemps en cette situation bizarre d'être con» trainte de verser chaque soir du jus de pavot dans le » gobelet de Pont-Ribaud, et de recevoir au bout d'une » corde un certain bélître du nom de Jérôme.

» La fille de mon père se croit appelée à de plus gran» des destinées, à telle enseigne que, l'ayant remarquée » et trouvée à son goût de tout points, la reine l'a voulu » attacher à sa personne. Mais madame la reine ne » veut pas qu'une de ses chambrières mène la vie scan» daleuse de recevoir chaque soir un amoureux dans » son logis, et elle m'a ordonné de me marier promp» tement.

» A quoi la fille de mon père, qui est un peu naïve, » comme tu l'as pu voir, a répondu qu'elle aimait cet » imbécile de Jérôme et qu'elle ne voulait épouser autre » que lui.

» Là-dessus, madame Marguerite, qui est la bonté » même, a demandé ce que c'était que Jérôme, et si elle » le pouvait prendre également à son service.

» Mais elle n'a nul besoin d'un clerc auprès d'elle, et » elle pense que tu feras bien de t'attacher à la fortune » de messire Galaor, un seigneur qu'elle a en grande » estime et parfaite amitié, et je te viens donner le » même conseil.

» Le seigneur Galaor te remettra ce billet. Jérôme, » mon ami, si tu veux ne point déguerpir de mon cœur, » tu écouteras ce que te dira le seigneur Galaor, tu » feras ce qu'il te commandera, tu lui obéiras comme » à moi-même.

» Sinon, tu peux te chercher une autre Périne et » crois bien que je n'irai pas loin pour trouver un Jé» rôme beaucoup plus plaisant, gentil et parfait que toi.

» PÉRINE. »

Galaor lisait par-dessus l'épaule de la jeune fille, à mesure qu'elle écrivait.

— Voilà qui est fort bien, — fit-il.

Et il plia lui-même la lettre et l'entoura d'un fil de soie, qu'il fixa ensuite avec un peu de cire, sur laquelle il apposa en guise de scel le chaton de la bague qu'il avait au doigt.

— C'est tout ce que vous avez à me demander, — fit Périne.

— Oh! non, — dit Galaor.

— Voyons?

— A quelle heure soupe Pont-Ribaud?

— A huit heures.

— Bon! Et vous lui verserez du jus de pavot dans son gobelet?

— Oui.

— Il faudra doubler la dose ce soir.

— Bien, — répondit Périne.

— Ensuite, au lieu de m'attendre pour lui prendre les clefs qu'il a au cou, il faut les lui prendre vous-même.

— A quelle heure viendrez-vous donc, vous, monsieur?

— Entre neuf et dix heures de relevée.

— La corde pendra au long du mur.

Galaor regarda Solange.

— Ma mie, —dit-il, — n'avez-vous pas dit tout à l'heure que vous aviez un amoureux?

— Sans doute, — répondit Solange, — il n'y a que les filles laides qui n'en ont pas.

— Et... cet amoureux?

— Est un page appelé Manuel.

— Vous aime-t-il?

— C'est probable, — dit Solange un peu blessée de l'impertinence de cette question.

— Est-il brave?

— Comme vous.

— Parfait, — dit Galaor, — nous voici déjà quatre contre deux cents lansquenets. C'est peu... mais on verra. — Puis, après une minute de réflexion : — En place d'écrire comme Périne, ne pourriez-vous parler à votre beau page et lui tenir à peu près le même langage.

— Vous voulez qu'il vous obéisse?

— Dame! — fit naïvement Galaor, — dans toutes les expéditions bien conduites, il y a un chef.

— C'est juste.

— Eh bien! voyez le page Manuel et me l'envoyez...

— Où cela?

— Dans une heure, à l'auberge du *Cheval-Blanc*.

— Il y sera, — dit Solange.

— Maintenant, à ce soir! — ajouta Galaor, — je n'ai plus rien à faire au château.

Et Galaor se leva, mit un baiser sur le cou blanc de Périne et voulut en faire autant pour Solange, mais la camérière lui glissa lestement des mains en lui disant :

— Ah! mais je suis fidèle, moi!

Galaor rajusta son masque et Solange le reconduisit à travers les salles et les corridors du château jusqu'à la grand'porte, qu'une foule avide et curieuse assiégeait toujours.

— Messeigneurs et mesdames, — dit Galaor, que la foule persistait à prendre pour un médecin espagnol, — la reine est guérie.

— Vive la reine!

— Vive le médecin espagnol! — cria la foule.

— Et vous danserez ce soir, — ajouta Galaor devant qui on s'écartait respectueusement, et qui s'esquiva, puis, tout courant, s'en retourna au *Cheval-Blanc*, où maître Pistache l'attendait avec un redoublement de curiosité.

VII

Comme tout le monde se pressait aux abords du château, l'auberge du *Cheval-Blanc*, pleine la nuit précédente, était maintenant à peu près déserte.

Mais maître Pistache avait ses poches gonflées de pistoles, et il se tenait au seuil de sa porte, majestueux et satisfait comme un homme qui trouve que l'univers a été spécialement créé pour son usage particulier.

Quand il vit reparaître Galaor, son fameux masque sur le visage, il alla au-devant de lui, son bonnet à la main et lui dit :

— Eh bien, avez-vous pu entrer?

— Très-certainement, je suis entré.

— Vraiment?

— Je vais te donner une bonne nouvelle. On danse ce soir au château.

— Est-ce possible!

— C'est très-vrai.

— Mais la reine était malade?

— Je l'ai guérie.

— C'est donc vrai que vous êtes médecin?

Galaor cligna de l'œil.

— Es-tu un homme discret? — fit-il.

— Certainement, — répondit Pistache ; — vous pouvez vous en enquérir, on me connaît de Blois jusqu'à Tours, et il s'est passé bien des choses chez moi, il s'y est donné bien des rendez-vous galants, mais jamais je n'ai trahi personne.

— Alors, — dit Galaor, — il est probable que tu ne me trahiras pas, d'autant mieux que tu te trahirais toi-même.

— Comment cela?

— Il est des choses qu'il ne fait pas bon dire en plein air, — reprit Galaor, — d'autant plus que le vent est assez fort aujourd'hui et qu'il emporte les paroles au loin. Ensuite, j'ai soif, et je boirais bien un verre de vin de Vouvray; enfin, j'ai passé la nuit partie sur une chaise, partie à cheval, et je ne serais pas fâché de me débotter et de m'allonger une heure sur un bon lit. Donc, Pistache, mon bonhomme, conduis-moi en ta chambre, va querir deux bouteilles à ta cave, monte deux gobelets, et nous causerons.

. . . .

Pistache exécuta de point en point les ordres de Galaor.

Il le conduisit dans sa propre chambre, déboucha deux vénérables flacons couverts de poussière et de toiles d'araignée, et lorsqu'ils eurent le verre en main Galaor dit à Pistache :

— Tu as dû faire de bonnes aubaines depuis deux jours?

— Certes, oui, — dit Pistache en souriant.

— Ton escarcelle est-elle pleine?

— Non, — dit l'hôtelier, — car à mesure qu'elle s'emplit son ventre se distend.

— C'est-à-dire que l'appétit te vient en mangeant.

— C'est cela, messire.

— Et tu t'arrangerais bien que toute cette foule séjournât à Amboise durant un ou deux mois?

— Oh! certes, — fit Pistache, dont l'œil s'émerillonna de convoitise.

— Cela dépend de toi, ou à peu près.

— Comment donc?

—On ne dansera pas ce soir au château.

— Mais vous me disiez...

— Ni ce soir, ni demain... ni les jours suivants...

— Mais pourtant...

— Mais il dépend de toi, — continua Galaor, — qu'on croie que l'on dansera.

— Que puis-je faire pour cela?

— Tu verras. Mais d'abord laisse-moi te dire pourquoi on ne dansera pas.

— Voyons?

— La reine est en deuil.

— De qui donc?

— D'un petit prince de Savoie, cousin du feu roi Henri III.

— Bon.

— La reine, qui n'avait jamais vu ce cousin, lequel du reste, en son vivant, n'a guère fait de bruit dans le monde, la reine voudrait bien danser et donner fêtes sur fêtes à ses bons Tourangeaux.

— Pourquoi donc ne le fait-elle pas alors, si tel est son bon plaisir?

— Parce que le roi ne le veut pas.

— Le roi Henri?

— Oui. Pont-Ribaud, qui n'est qu'un vrai caniche et

n'obéit qu'à son maître, a déclaré à madame Marguerite qu'il avait tout pouvoir au château de par le roi, et que tant que le roi l'y maintiendrait on ne danserait pas.

— Oh! le vilain homme, — dit Pistache. — Il n'est personne en ce pays, manant ou gentilhomme, qui ne le haïsse cordialement.

— Je le sais, — poursuivit Galaor. — Mais, écoute-moi bien. Comme la reine trouve absurde de dire qu'elle ne danse pas par la raison unique qu'elle est en deuil d'un petit cousin, elle aime mieux faire croire qu'elle est malade.

— Bon.

— D'un autre côté, j'ai affirmé que je l'avais guérie.

— Alors que dira-t-elle?

— Rien, mais elle laissera dire tout ce qu'on voudra.

— Je ne comprend pas.

— C'est bien simple, comme tu vas voir. Il s'agit de faire courir le bruit par toute la ville qu'on dansera ce soir.

— Et puis?

— Les belles dames, les gentilshommes qui encombrent Amboise, vont se répéter la nouvelle et endosser leurs habits de gala.

— Qui ne leur serviront guère.

— Tu te trompes, et voici comme : à dix heures du soir, car il faut faire courir le bruit que c'est à dix heures qu'on ouvrira les portes aux invités, à dix heures, monsieur de Pont-Ribaud est couché, les seigneurs et les dames se présentent; les lansquenets, qui n'ont pas reçu d'ordres, refusent d'ouvrir; les seigneurs furieux tirent leurs épées; un combat s'engage, les portes sont brisées, les lansquenets désarmés...

— Et Pont-Ribaud?

— Ah! Pont-Ribaud n'y peut rien, lui, — dit Galaor en riant.

— Pourquoi?

— Mais parce que je serai dans le château, que je me serai introduit dans sa chambre, et qu'à l'aide de deux ou trois bons compagnons nous l'aurons garrotté et bâillonné.

— Et on dansera ce soir?

— Parbleu!

— Et le lendemain?

— Le lendemain et les jours suivants on dansera encore.

— Mais la reine...?

— La reine aura pour excuse qu'on lui a fait violence et que l'impopularité de Pont-Ribaud a causé sa perte.

— Mais le roi?

— Le roi ne saura l'aventure que dans quinze jours; pendant ce temps, on aura dansé, ton auberge n'aura pas désempli, et tu auras arrondi ton escarcelle.

— Et c'est vous qui avez eu cette belle idée? — s'écria Pistache avec un accent d'admiration.

— C'est moi. A présent la mise à exécution te regarde.

— Oh! — dit Pistache, — comptez sur moi. Dans une heure, tout Amboise saura que la reine est guérie et que l'on danse au château.

— Et maintenant laisse-moi dormir une couple d'heures, — dit Galaor en s'allongeant sur le lit de Pistache. Mais comme l'hôtelier faisait un pas de retraite, Galaor ajouta : — Ah! il viendra tout à l'heure un page de la reine me demander, tu le feras monter. Il s'appelle Manuel.

— Bien, — dit Pistache, qui sortit pénétré d'admiration pour la belle idée qu'avait eue Galaor.

Galaor dormit tout d'un bloc, comme on dit, jusqu'au coucher du soleil.

Un bruit l'éveilla.

On grattait discrètement à la porte.

— Entrez, — dit-il en sautant à bas du lit.

La porte s'ouvrit et Manuel parut. Le page, avec son fin sourire, sa bouche railleuse, sa mine décidée, plut à Galaor à première vue.

— Vous êtes messire Galaor? — dit Manuel.

— Oui, mon jeune ami. Et vous?

— Je me nomme Manuel.

— L'amoureux de Solange?

— Chut! — fit Manuel, — il ne faut pas compromettre les femmes. — Puis il jeta un regard rapide autour de lui. — Nous sommes bien seuls, n'est-ce pas? — demanda-t-il.

— Absolument seuls.

— Par conséquent nous pouvons causer. — Et il ferma la porte. Puis, revenant à Galaor qui s'était assis sur le pas de son lit : — Messire, — dit-il, — Solange m'a tout dit et je suis maintenant au courant de la situation. La reine est prisonnière et il s'agit de la délivrer.

— C'est cela même.

— Voilà une besogne qui ne sera pas commode, — reprit le page.

— Mais nous l'accomplirons néanmoins, — reprit Galaor.

— Comment?

— J'ai mon plan et je vous l'expliquerai tout à l'heure.

— Bon! Mais avez-vous réfléchi?

— A quoi?

— A la colère du roi.

— Ma foi! — dit Galaor, — je n'y ai point encore songé, mais...

— Mais quoi?

— Je m'en moque parfaitement, attendu que je trouverai quelque jour le moyen de désarmer cette colère.

— Vous avez réponse à tout, — dit Manuel, — mais, comme je suis la franchise même, vous me permettrez de parler à cœur ouvert.

— Je vous écoute.

— La reine croit, Solange croit également, et vous n'en doutez pas non plus, qu'il existe entre vous et le roi certaine parenté...

— Mais on vous a donc tout dit

— Absolument tout, — reprit Manuel. — Or donc, vous aurez un bien joli moyen de vous tirer d'affaire vis-à-vis du roi. Mais moi je n'ai pas la même ressource.

— Eh bien?

— Et je vous préviens que, une fois que nous aurons gagné la province de Bourgogne et que nous serons auprès de monsieur de Biron, j'y resterai. Je tiens à ma tête, et le moindre faux mouvement la pourrait bien faire tomber de dessus mes épaules.

— Vous ferez comme il vous plaira, — dit Galaor, — mais pour le moment nous ne sommes pas en Bourgogne, nous sommes à Amboise.

— Fort bien.

— Et il s'agit d'aviser au moyen de mener l'aventure à bonne fin.

— Ce n'est pas facile, je vous l'ai dit.

— Vous savez que Pont-Ribaud dormira?

— Oui, mais les deux cents lansquenets veilleront.

— J'ai trouvé le moyen de m'en débarrasser, ou plutôt de leur donner une telle besogne qu'ils n'auront pas le loisir de s'occuper de la nôtre.

— Comment cela?

— Je ferai faire le siège du château.

— Par qui?

— Oh! un siège en règle, soyez tranquille.

— Mais par qui? — demanda encore Manuel, qui commençait, lui aussi, à admirer Galaor.

— Par tous ces seigneurs qui sont venus à Amboise pour avoir des fêtes et qui veulent danser à tout prix.

Là-dessus, Galaor raconta à Manuel ce qu'il avait imaginé pour le soir, et ce qui lui avait valu l'admiration de maître Pistache, l'hôtelier du *Cheval-Blanc*.

— Parfait, — dit Manuel, — mais après?

— Le château n'a-t-il pas une poterne percée au bas d'une des tours du bord de l'eau.

— Oui.

— Comment cette poterne est-elle gardée?

— Il y a dix lansquenets derrière.

— Bon! une bouchée de ma rapière, — dit Galaor.

— Attendez! un escalier monte de la poterne à la plate-forme.

— Naturellement; et il y a en haut dix autres lansquenets?

— Oui, et dix d'étage en étage.

— Combien la tour a-t-elle d'étages?

— Cinq.

— Cela fait cinquante lansquenets.

— Cinquante et vingt, soixante-dix. — Si votre rapière se charge de tout cela, — dit le page d'un ton railleur, — elle aura un fameux appétit.

— Attendez encore, — dit Galaor; — est-ce qu'on ne pénètre pas dans la tour par une porte qui donne dans ce corridor dont monsieur de Pont-Ribaud porte toujours la clef à son cou et qui conduit à l'oratoire de la reine?

— Précisément.

— Et ce corridor se trouve à la hauteur du troisième étage, n'est-ce pas?

— Oui.

— Donc, si nous entrons par là dans la tour, nous n'aurons à nous occuper ni des lansquenets de la plate-forme, ni de ceux des étages supérieurs. Total, trente lansquenets dont nous nous moquerons, reste donc quarante.

— Bon! — fit Manuel, — mais croyez-vous que ceux d'en haut, entendant le bruit de la lutte, ne viendront pas au secours de ceux d'en bas?

— Il n'y a donc pas de portes le long de cet escalier?

— Si, à chaque étage.

— On fermera celle du quatrième et on la barricadera.

Manuel hocha la tête :

— J'aimerais mieux, — dit-il, — avoir une trentaine d'hommes déterminés avec nous...

— Ah! dame! — murmura Galaor, — on fait comme on peut.

Tout à coup Manuel se frappa le front.

— Il me vient une belle idée, — dit-il.

— Ah!

— Une bien belle idée, — poursuivit Manuel.

— Voyons?

— Cette Périne, la chambrière de Pont-Ribaud, a une beauté de fille d'auberge, et ce genre de beauté plaît toujours aux soudards.

— Hein! — dit Galaor qui, trouvant lui-même Périne fort gentille, se trouvait blessé de l'expression.

Manuel continua :

— Périne a un amoureux.

— Oui, Jérôme.

— Périne plaît à monsieur de Pont-Ribaud, qui donnerait sa charge de gouverneur pour un rendez-vous d'amour de la donzelle.

— Après?

— Enfin Périne a fait une grande passion.

— En vérité!

— Fritz se meurt d'amour pour elle.

— Qu'est-ce que Fritz?

— C'est le capitaine des lansquenets, l'homme à qui tout le monde obéit, et qui n'obéit, lui, qu'à Pont-Ribaud.

— Eh bien?

— Pour peu que Périne le veuille, Fritz nous appartiendra.

— Il trahira Pont-Ribaud?

— Non, mais Périne lui fera faire ce qu'elle voudra

— Expliquez-vous donc, mon jeune ami? — dit Galaor, qui prit à son tour une pose attentive.

Manuel continua :

— Fritz est un gros garçon de vingt-six ans, haut en couleur, très-brave, très-bête, buvant comme un moine, et amoureux par-dessus le marché. Il est amoureux de Périne. Périne, en sa qualité de chambrière de monsieur de Pont-Ribaud, veille à ce que la table soit dressée à l'heure dite, le menu délicat, les vins généreux, le service ponctuellement exécuté. Quand monsieur de Pont-Ribaud est à table, Périne va et vient, ordonne par-ci, réprimande par-là, et fait un tel tapage que le bon Fritz, qui est bruyant en sa qualité d'Allemand, en est tout émerveillé. Car il faut vous dire, — reprit Manuel, qui s'était arrêté un moment pour respirer, — il faut vous dire que monsieur de Pont-Ribaud a une singulière manie.

— Laquelle? — demanda Galaor.

— Il donne ses ordres quand il est à table.

— Bon! et alors?

— Alors Fritz, debout, le chapeau à la main, roide comme un pieu, assiste presque toujours sans y prendre part au déjeuner du gouverneur.

— Et il voit Périne?

— C'est-à-dire qu'il ne la perd pas des yeux et se pourlèche comme si ce joli gibier était pour lui.

— Fort bien, — dit Galaor; — maintenant, voyons votre idée?

— Ah! voici, — continua Manuel; — quand Pont-Ribaud veille, Fritz obéit.

— Et quand Pont-Ribaud dort?

— C'est Fritz qui commande.

— Et si Périne voulait...?

— C'est elle qui commanderait.

— Parfait, — dit Galaor, — et je vois le profit qu'on peut tirer de votre idée; je suis même d'avis de ne la point creuser davantage.

— Pourquoi?

— Parce que j'ai besoin de réfléchir; pour le moment, laissez-moi vous faire une question encore.

— Parlez, — dit le page.

— N'est-il pas absolument nécessaire, pour voyager d'un bailliage à l'autre, d'avoir un sauf-conduit du bailli?

— Très-certainement, — dit Manuel.

— Eh bien, réfléchissez à ceci, — continua Galaor; — je suppose, pour commencer, que la reine est hors du château et que nous voyageons en compagnie.

— Après?

— Nous arrivons à Blois; on nous refuse de nous ouvrir les portes si nous n'avons pas de sauf-conduit.

— C'est probable, mais nous pouvons éviter Blois.

— Oui, certes, mais il peut se faire aussi que nous rencontrions des gens d'épée au service de l'évêque, du gouverneur ou du bailli, et qu'il faille de nouveau en découdre.

— Eh bien! on en découdra, — dit fièrement le page.

— Mon petit ami, — répondit Galaor, — tout à l'heure je parlais de faire avaler à ma rapière quarante à cinquante Suisses; par conséquent, vous ne me taxerez pas de couardise, hein?

— Assurément non, — dit Manuel.

— Mais vous allez voir, — poursuivit Galaor, — l'inconvénient qu'il y aurait à batailler à chaque pas. Tout le monde, au bord de la Loire, connaît de vue, très-certainement, madame Marguerite.

— Sans doute.

— Que, à la suite d'une bagarre de ce genre, on la reconnaisse, et ce voyage incognito paraît si singulier, que le plus petit gouverneur de château fort ou de village en veut connaître la cause, et que le roi est prévenu avant que nous ne soyons arrivés aux frontières de Bourgogne.

— Vous avez raison, — dit Manuel, — mais pour avoir un sauf-conduit il le faut demander au bailli.

— Sans doute.

— Et le bailli ne fait rien sans consulter Pont-Ribaud.

— Eh bien, — poursuivit Galaor, — il me vient une belle idée, à moi aussi.

— Voyons?

— Périne est aimée de Fritz le lansquenet.

— Je vous le disais tout à l'heure.

— Elle est également aimée de Jérôme.

— Ah! oui, un bourgois de la ville...

— Le secrétaire du bailli, pardieu!

— Etes-vous sûr?

— Oui, certes.

— Eh bien, — dit Manuel, — pensez-vous que le secrétaire puisse donner un sauf-conduit?

— Je ne sais pas, mais on verra. Maintenant, un dernier mot.

— Parlez.

— Quels sont les gardes de la reine capables de se joindre à nous?

— Je n'en connais que deux qui le puissent oser.

— Leurs noms, s'il vous plaît?

— L'un s'appelle Beauverger.

— Et l'autre?

— L'autre a nom Pardieu.

— Un juron pour un nom?

— Et un beau nom, encore, et bien porté, — dit Manuel.

— Comment cela?

— Ce Pardieu est un Normand, il a six pieds de haut, il est large et fort à proportion.

— Et il est dévoué à la reine?

— Jusqu'à la mort, par l'excellente raison qu'il est le filleul du feu roi Henri II, père de la reine.

— Et de quatre, — fit Galaor.

— Plaît-il? — dit à son tour Manuel.

— Je dis : et de quatre, — répondit Galaor, — c'est-à-dire que ma rapière n'est plus seule, qu'il y a la vôtre, celle de Beauverger et celle de Pardieu. A dix lansquenets par rapière, au pis aller, nous avalerons nos quarante lansquenets. Par conséquent, mon cher monsieur Manuel, vous pouvez être tranquille et vous en retourner au château.

— Mais quand vous verrai-je?

— Ce soir.

— En quel lieu?

— Chez la reine, dans son oratoire, à dix heures.

Sur ces mots, Galaor se leva, remit ses bottes, donna un coup de coude à son feutre et reboucla son ceinturon. Puis il posa de nouveau son fameux masque sur son visage.

— Où allez-vous donc ainsi? — lui demanda le page Manuel.

— Je vais voir mon ami Jérôme.

— Ah!

— Et savoir s'il peut nous donner un sauf-conduit.

— Mais, — dit Manuel, — vous oubliez une chose.

— Laquelle?

— Quand nous serons hors du château, comment voyagerons-nous?

— Nous prendrons une litière pour la reine et des chevaux pour nous.

— Où les trouver?

— Oh! — dit Galaor, — j'ai un ami à Amboise.

— Qui se nomme?

— Pistache, — fit Galaor.

Et il reconduisit le page Manuel jusqu'à la porte de l'hôtellerie. Puis, toujours son masque sur le visage, il prit le chemin du bailliage, qui se trouvait en haut de la ville.

Galaor traversa de nouveau la ville, passant devant le château. La place, les rues, les carrefours regorgeaient de monde.

Galaor perçait toute cette foule, mais il n'avait pas besoin de jouer des coudes pour se faire reconnaître.

Chacun, voyant son masque, disait :

— Voilà le médecin qui a guéri la reine.

D'autres ajoutaient :

— On peut bien faire place à l'homme qui est cause que nous danserons ce soir.

Comme on le voit, maître Pistache avait mis à profit le temps que Galaor avait employé à dormir, et la fable du bal avait fait son petit bonhomme de chemin.

Elle était même montée jusqu'au château. Là elle avait été accueillie de deux façons.

Monsieur de Pont-Ribaud s'était mis à rire et avait dit :

— Ils verront bien ce soir si l'on danse. S'ils veulent des illuminations, on leur enverra quelques bons coups d'arquebuse. La nuit, la poudre éclaire comme des chandelles.

Madame Marguerite, en apprenant le bruit qui courait par la ville, avait regardé Solange. La fine camérière lui avait dit :

— C'est un tour de messire Galaor, laissons-le faire.

Manuel le page, en rentrant au château, avait confirmé la chose à Solange, et Solange à la reine.

Or donc Galaor recueillit sur son passage force saluts et force acclamations.

Il demanda où était le bailliage; on l'y porta presque en triomphe.

Quand il fut à la porte, il vit une belle litière dont les brancards étaient supportés par des mules empanachées et chargées de grelots.

Un valet aux couleurs éclatantes tenait chacune des mules par la bride, et deux autres valets à cheval se tenaient auprès pour l'escorter.

— Hé! — pensa Galaor, — voilà une litière qui ferait joliment l'affaire de madame Marguerite.

Il entra dans le vestibule qui précédait la salle où monseigneur le bailli donnait ses audiences.

Dans un coin de cette salle, assis devant une table, un homme, vêtu d'une souquenille brune et une plume derrière l'oreille, avait bien du mal à tenir tête à un seigneur qui parlait haut, faisait retentir en frappant du pied son éperon sur les dalles et disait :

— Par les cornes du diable! maroufle, tu ne sais donc pas qui je suis?

— Monseigneur, — répondait l'homme à la souquenille, qui n'était autre que Jérôme Poinsot, le secrétaire du bailli, — je sais parfaitement que vous êtes messire le vicomte de la Mare-aux-Biches, un des plus riches seigneurs de l'Orléanais, et l'oncle d'une femme charmante, la demoiselle de Vertus, mais je ne puis faire que monsieur le bailli, qui est absent depuis ce matin, revienne pour vous donner un sauf-conduit à la seule fin que vous vous en retourniez dans votre manoir de Morangis dont madame votre nièce porte le nom.

— C'est donc bien vrai que le bailli est absent? — dit le seigneur d'un air de doute.

— Je veux mourir à l'instant si je mens! — dit Jérôme avec un tel accent de conviction que le vicomte de la Mare-aux-Biches en fut touché.

— Et quand reviendra-t-il?

— Ce soir, je l'espère.

Le vicomte poursuivit :

— J'étais venu pour assister aux fêtes du château, mais quoi qu'on dise, il n'y aura pas de fêtes. Le gouverneur, monsieur de Pont-Ribaud, qui est mon ami, et à qui je suis allé faire visite tout à l'heure, me l'a affirmé.

— Ah! — dit naïvement Jérôme, — c'est bien possible.

— Mais où est-il donc, ce maudit bailli? — demanda le seigneur de la Mare-aux-Biches.

— Il est monté sur sa mule, ce matin.

— Et il est allé?

— A Tours, rendre visite à messire l'évêque. Il y dînera peut-être, mais il reviendra pour sûr au battant de dix ou onze heures de relevée.

— Eh bien! mon drôle, — dit le seigneur en frappant sur l'épaule de Jérôme, — écoute bien ce que je vais te dire. — Jérôme leva la tête et remit sa plume à son oreille. — Je suis logé en l'hôtellerie du *Cheval-Blanc*, — poursuivit le seigneur, — et je voudrais partir demain au point du jour. Si le bailli revient ce soir et que tu m'apportes mon sauf-conduit, tu auras dix pistoles de récompense.

Jérôme s'inclina, ébloui, et le seigneur s'éloigna.

Arrêté à vingt pas de distance, Galaor n'avait pas perdu un mot de cet entretien. Cependant, il ne s'approcha pas de Jérôme quand le seigneur de la Mare-aux-Biches se fut éloigné. Au contraire, il suivit celui-ci jusqu'au seuil du vestibule, et jeta un regard rapide au fond de la litière qui stationnait toujours à la porte.

Il put voir alors une femme de vingt-huit à trente ans, aux cheveux noirs, au teint mat, fort belle encore, et de laquelle le seigneur de la Mare-aux-Biches s'approcha.

— C'est bien cela! — murmura Galaor.

Il savait tout ce qu'il voulait savoir, rentra dans le vestibule, et s'approcha enfin de Jérôme Poinsot, qui s'était remis à griffonner des parchemins.

Les badauds, qui tout à l'heure encombraient la salle, s'étaient tous portés vers le seuil pour voir partir la litière du seigneur de la Mare-aux-Biches et de sa jolie nièce madame de Morangis.

Ce qui fit que Jérôme se trouva tout seul un moment, et que Galaor profita de ce moment pour lui frapper sur l'épaule. Jérôme leva la tête;

— Bon! — dit-il, — c'est le médecin espagnol.

— Tu ne me reconnais donc pas, mon ami Jérôme, — dit Galaor.

Jérôme tressaillit.

— Où donc ai-je entendu cette voix? — fit-il en cherchant à voir sous le masque.

— Au bord de la Loire, au pied du château et au long d'une corde, la nuit dernière, — répondit Galaor.

En même temps il souleva son masque.

— Ah! c'est vous? — dit Jérôme.

— C'est moi. Sommes-nous toujours amis?

— A la vie et à la mort, — dit Jérôme.

— Périne t'a dit comment je m'étais conduit?

— Oui, oui, — dit le clerc; — vous êtes un galant et loyal seigneur, et Jérôme Poinsot est tout à vous.

— A quelle heure as-tu quitté Périne?

— J'ai filé au petit jour.

— Et tu ne l'as plus revue?

— Non... Mais ce soir...

Galaor, qui avait remis son masque, se prit à sourire.

— Je l'ai revue, moi.

— Vous avez revu Périne?

— Sans doute; quand je suis allé au château pour guérir la reine.

— Que vous a-t-elle dit?

— Elle m'a remis cette lettre pour toi.

Et il mit sous les yeux du clerc le billet de la chambrière de monsieur de Pont-Ribaud.

Jérôme en brisa le scel et lut. A mesure qu'il lisait son visage s'empourprait, ses yeux brillaient, et, quand il fut arrivé à la dernière ligne, il dit à Galaor:

— Que puis-je donc faire pour mériter les bonnes grâces de la reine et les vôtres?

— M'obéir aveuglément.

— Je le ferai.

— Et m'apporter à l'auberge du *Cheval-Blanc* le sauf-conduit que t'a demandé le seigneur de la Mare-aux-Biches, — répondit Galaor qui avait son idée.

Comme il disait cela, on entendit au dehors le pas d'une monture.

— Hé! — dit Jérôme, — je crois bien que voici messire le bailli qui revient. Si le seigneur de la Mare-aux-Biches avait eu un quart d'heure de patience...

Il n'acheva pas, car le bailli entra en ce moment.

Le bailli était un gros homme rubicond, aux jambes grêles, au ventre énorme, avec de petits yeux gris et un gros nez, marchant avec majesté et se croyant pour le moins autant qu'un évêque. Il était maître par la ville comme Pont-Ribaud l'était au château.

Il est vrai que Pont-Ribaud commandait à ses lansquenets, et que, pour tenir ses bourgeois en respect, le bailli n'avait que six archers et son clerc; mais il se dédommageait de son infériorité en bousculant soir et matin maître Jérôme, qu'il n'abordait jamais sans lui faire une bonne semonce.

Cependant, ce jour-là, Jérôme fut sauvé par la présence de Galaor.

Le bailli était parti, non point pour Tours, mais pour un clos de vigne qu'il possédait sur le chemin de Chenonceaux, et, quand il s'en était allé, on parlait déjà dans toute la ville du médecin espagnol qui avait guéri la reine.

Comme ce médecin était masqué, le bailli le reconnut sur-le-champ dans Galaor.

Apre au petit monde, insolent avec les bourgeois ses administrés, le bailli était plein de souplesse et d'aménité avec les gentilshommes.

Il salua donc Galaor jusqu'à terre, oubliant par ainsi d'aborder Jérôme avec des paroles dures et malsonnantes, et il lui dit:

— Messire, Votre Seigneurie aurait-elle besoin du bailliage? Votre Seigneurie n'a qu'à parler, elle sera satisfaite.

— Monsieur le bailli, — répondit Galaor avec une présence d'esprit merveilleuse, — je viens ici, non pour moi, mais pour un de mes amis.

— Que désire-t-il?

— Un sauf-conduit pour lui, ses varlets et sa nièce. — Jérôme, stupéfait, regardait Galaor. Galaor poursuivit — Le seigneur de la Mare-aux-Biches, mon ami, désire quitter Amboise ce soir même.

— Ah! ah! — dit le bailli, — je le connais.

— Il est venu ici tantôt avec moi, — poursuivit Galaor; — mais il n'a pas eu la patience d'attendre Votre Seigneurie.

— Eh bien! — dit le bailli, — mon clerc va libeller le sauf-conduit, et j'y apposerai ma griffe.

— Fort bien! — dit Galaor.

Et Jérôme, sur un imperceptible signe de lui, prit la plume et se mit à griffonner le parchemin.

Le bailli était causeur et curieux.

— Ainsi, — dit-il à Galaor, — vous êtes le médecin espagnol?

— Oui, messire.

— C'est vous qui avez guéri la reine?

— Oui, certes, c'est moi.

— Est-il vrai qu'on danse ce soir au château?

— Je le crois, — dit Galaor.

Le bailli lui fit dix autres questions aussi insignifiantes, et Jérôme, pendant ce temps, acheva sa besogne.

Alors le bailli apposa sa griffe et son scel sur le sauf-conduit; puis il le tendit galamment à Galaor, qui lui fit mille compliments et mille révérences, et prit congé de lui en lui disant qu'il espérait le revoir au bal ce soir.

. . . .

Mais quand Galaor fut hors du bailliage, il entendit courir derrière lui et se retourna. C'était Jérôme.

— Eh bien! — dit Galaor, — que penses-tu du bon tour que je viens de jouer au seigneur de la Mare-aux-Biches.

— Je pense, — dit Jérôme, — qu'il est dangereux.

— Pourquoi?

— Mais parce que le seigneur de la Mare-aux-Biches peut apprendre que le bailli est revenu.

— Qu'importe!

— Et revenir ici lui-même, et voir le bailli qui lui dira...

— Sois tranquille, il ne reviendra pas.

— Qu'en savez-vous?

— Je vais m'arranger pour cela. Seulement, puisque te voilà, je te vais donner mes instructions tout de suite.

— Parlez, — dit Jérôme avec une soumission qui prenait sa source dans l'espérance d'épouser Périne.

— Tu as vu la litière du seigneur de la Mare-aux-Biches?

— Oui.

— C'est une belle litière.

— Superbe!

— Et les mules me plaisent fort avec leurs harnais couverts de panaches, de pompons et de grelots.

— C'est un équipage de roi, — dit Jérôme.

— C'est mon avis. Aussi suis bien mon raisonnement, ami Jérôme.

— Voyons.

— Si j'ai dans ma poche le sauf-conduit réservé au seigneur de la Mare-aux-Biches et à sa nièce, c'est que j'ai l'intention de m'en servir et de voyager avec une femme.

— Naturellement, — dit Jérôme.

— J'aimerais assez voyager dans sa propre litière.

— Ah dame!

— Cela te paraît difficile?

— Impossible, — dit Jérôme.

— Pourquoi donc?

— Tandis que le seigneur de la Mare-aux-Biches attendra tranquillement son sauf-conduit à l'auberge du *Cheval-Blanc*, vous pouvez, vous, partir d'Amboise et gagner du chemin.

— Sans doute.

— Mais les varlets qui conduisent la litière...

— Ah! il faudra en trouver d'autres.

— Ceci ne serait pas difficile, — dit Jérôme, — et j'ai par la ville quatre ou cinq bons compagnons qui ne demanderaient pas mieux que de nous rendre ce petit service.

— Vrai?

— Oh! certainement. Mais que faire des autres?

— Ne t'en inquiète pas, et viens à sept heures à l'hôtellerie du *Cheval-Blanc*.

— Avec mes bons compagnons?

— Avec eux, et promets-leur une pistole par jour pour tout le temps que durera leur voyage.

— Une pistole! — dit Jérôme, — mais, à ce prix-là, ils iront au bout du monde.

Jérôme s'en retourna au bailliage, et Galaor descendit au *Cheval-Blanc*.

Dans la grande salle de l'auberge, autour d'une table chargée de bouteilles, deux gentilshommes causaient bruyamment lorsque Galaor entra. Ils soutenaient chacun leur dire et y mettaient un véritable acharnement.

Galaor reconnut dans l'un le seigneur de la Mare-aux-Biches, et dans l'autre le gentilhomme à colossale stature qui le matin avait d'abord voulu l'empêcher d'entrer au château. Ce dernier disait :

— Aussi vrai que je m'appelle Gontran de Pont-Marand, je vous jure qu'on dansera ce soir.

— Et moi, — répondait le seigneur de la Mare-aux-Biches, — je vous affirme le contraire.

— Mais la reine est guérie.

— D'accord.

— Et je vous dis qu'on dansera.

— Je vous affirme qu'on ne dansera pas.

— Qu'en savez-vous?

— J'ai vu Pont-Ribaud.

— Que vous a-t-il dit?

— Qu'il n'y aurait point de fête.

— Et je vous dis, moi, que la reine veut danser...

Les deux gentilshommes s'échauffaient de plus en plus, le vin de Vouvray aidant, lorsque le sire de Pont-Marand aperçut Galaor.

— Hé! — dit-il, — voici le médecin espagnol qui va bien nous départager. — Galaor s'approcha. — Monsieur de la Mare-aux-Biches soutient qu'on ne dansera pas.

— Et vous soutenez le contraire, vous, messire.

— Oui; lequel de nous a raison?

— Vous avez raison tous deux, — répondit Galaor, — et je vais vous le prouver.

Sur ces mots, il s'assit à la table des deux gentilshommes et demanda un gobelet.

VIII

Galaor poursuivit, s'adressant d'abord au seigneur de la Mare-aux-Biches :

— Vous prétendez, messire, qu'on ne dansera pas, parce que monsieur de Pont-Ribaud ne veut pas?

— Oui, — dit le seigneur de la Mare-aux-Biches.

— Vous êtes dans la vérité, — dit Galaor, — mais..

— Mais quoi?

Galaor se tourna vers monsieur de Pont-Marand, l'homme géant qui voulait que l'on dansât à toute force le soir au château.

— Et vous, monsieur, — dit Galaor, — vous soutenez que la reine désire danser?

— J'en suis sûr.

— Vous avez raison aussi.

Le flegme de Galaor mit en colère le sire de la Mare-aux-Biches.

— Monsieur, — dit-il d'un ton sec, — si vous vous moquez de nous... dites-le.

— Messire, — répondit Galaor, — je ne me moque des gens que l'épée à la main; par conséquent, calmez-vous et laissez-moi m'expliquer.

— Voyons? — dirent en même temps les deux gentilshommes.

Maître Pistache, pendant ce temps, allait et venait autour de la table, curieux de savoir comment Galaor sortirait de cette impasse.

Celui-ci continua :

— Monsieur de Pont-Ribaud est un vieux cuistre qui n'aime ni le bal, ni le jeu, ni le bon vin, ni les femmes; aussi a-t-il dit à la reine qu'il ferait défendre les portes du château ce soir.

— Je vous le disais bien! — fit monsieur de la Mare-aux-Biches avec un accent de triomphe.

— Attendez donc! — dit Galaor. — La reine n'a pas deux cents lansquenets au château; mais elle compte sur sa bonne noblesse de Touraine.

— Elle a raison, — dit le géant Pont-Marand.

— Ce qui fait que, à la sourdine, ses camérières, ses pages et ses gentilshommes font des préparatifs pour le bal.

— Bon! — dit monsieur de Pont-Marand.

— Mais les lansquenets?

— Les lansquenets défendront la porte.

— Eh bien! alors?...

— Mais les gentilshommes qui veulent danser dégaineront, engageront une escarmouche avec les lansquenets et prendront la porte d'assaut.

— Bravo! — s'écria monsieur de Pont-Marand.

— De telle façon, — poursuivit Galaor, — que, si les gentilshommes tourangeaux, qui sont au nombre de cinq à six cents pour le moins, le veulent, on dansera.

— Vous parlez d'or, jeune homme! — s'écria monsieur de Pont-Marand.

— Monsieur parle comme un jeune homme, — dit le seigneur de la Mare-aux-Biches avec une pointe de dédain.

— Ah! vous croyez, — fit Galaor en souriant. Et il se tourna vers monsieur de Pont-Marand : — Vous croyez donc, messire, — lui dit-il en souriant, — que la fleur de la noblesse tourangelle va reculer devant deux cents Allemands pris de vin?

— Assurément non! — dit le géant, qui posa fièrement le poing sur la coquille de sa rapière, — et quand je devrais me mettre à la tête...

— Voilà ce que j'allais vous demander, — dit Galaor en clignant de l'œil.

— Hein? — fit le géant.

Galaor se pencha à son oreille.

— J'ai parlé de vous à la reine, — dit-il tout bas.

— De moi? — fit le sire de Pont-Marand, que l'orgueil fit rougir comme une pivoine.

— Je ne vous connaissais pas, — dit Galaor, — mais je vous ai vu à la porte du château et vous m'avez paru avoir si fière mine que je me suis dit sur-le-champ : Voilà le capitaine qu'il nous faut.

— Et vous avez parlé de moi à la reine? — fit le gentilhomme qui se gonflait comme une grenouille.

— Sur-le-champ.

— Et qu'a dit la reine?

— Ceci : « Dites à ce gentilhomme que voilà pour lui une bien belle occasion de conquérir mon amitié. »

Pont-Marand frappa de son poing sur la table.

— Têtebleu! — dit-il, — la reine sera contente de moi. — Et, se tournant vers le seigneur de la Mare-aux-Biches : — Vous serez des nôtres, n'est-ce pas?

— Comment l'entendez-vous? — demanda l'oncle de la belle dame à la litière.

— Vous monterez à l'assaut?

— De quoi?

— Du château.

— Non pas, messeigneurs.

— Pourquoi donc?

— Mais parce que Pont-Ribaud est mon ami.

— Ah!

— Et que j'ai bonne envie de le prévenir.

Le sire de Pont-Marand eut un geste de colère, Pistache trembla; seul, Galaor ne perdit pas la tête :

— Monsieur a raison, — dit-il.

— Cependant! — dit le géant dont l'œil flamboyait de fureur.

— Si on n'attaque pas le château, on ne dansera pas, — dit Pistache.

— Monsieur a raison d'être l'ami de Pont-Ribaud, — poursuivit Galaor, — mais il devrait être assez généreux pour nous faire raison d'une ou deux bouteilles de bon vieux vin; après quoi, il lui serait loisible d'aller prévenir le gouverneur.

— Oh! qu'à cela ne tienne! — dit le seigneur de la Mare-aux-Biches, — Holà! tavernier, du vin!

Galaor lança alors à Pistache un regard qui fut d'une éloquence sans pareille. Pistache prit le chemin de la cave; mais, en passant auprès de Galaor, il lui souffla ces mots dans le tuyau de l'oreille :

— Soyez tranquille! j'ai un petit vin de Vouvray qui va lui mettre la tête et les jambes dans un joli état.

Et il disparut par la trappe de la cave.

Galaor disait en même temps tout bas au sire de Pont-Marand :

— Voilà un homme qui nous gêne, tâchons de le mettre sous la table.

— Oui, — fit Pont-Marand d'un signe.

Une seconde après, Pistache revint avec un panier de vin.

Le sire de Pont-Marand se mit à décoiffer une bouteille. Le seigneur de la Mare-aux-Biches tendit son verre, fit clapper sa langue et dit :

— Fameux vin!

Galaor porta son verre à ses lèvres; mais il l'escamota habilement et le vida derrière lui. Quant à Pont-Marand il se mit à rire et dit :

— J'en boirais une tonne, moi!

En ce moment un varlet revint des écuries et dit à Galaor :

— Il y a un homme qui désire parler au médecin espagnol.

— Où est-il?

— Dans la cour.

— Bon! — dit Galaor, — c'est Jérôme...

Et il sortit, échangeant un nouveau et furtif regard avec le sire de Pont-Marand, tandis que le seigneur de la Mare-aux-Biches buvait avec la conscience d'un homme qui ignore les perfidies du vin de Vouvray.

Galaor n'avait pas quitté depuis dix minutes la grande salle où le sire de Pont-Marand et le seigneur de la Mare-aux-Biches continuaient à boire, que la porte s'ouvrit et qu'un nouveau personnage entra. C'était Jérôme Poinsot, le clerc du bailli.

Le seigneur de la Mare-aux-Biches avait déjà la vue obscurcie, la lèvre pendante et la langue épaisse; les fumées du vouvray lui montaient rapidement à la tête.

Cependant il reconnut le clerc.

— Ah! c'est toi! — balbutia-t-il.

— Oui, messire, — dit le clerc, qui s'approcha tenant respectueusement son bonnet à la main.

— M'apportes-tu mon sauf-conduit?

— Je viens de la part du bailli, — dit Jérôme en clignant de l'œil, — et je suis chargé pour vous d'un message secret.

— Bah! — dit le sire de la Mare-aux-Biches, — je n'ai pas de secrets pour mes amis; monsieur est mon ami; n'est-ce pas, messire?

Et il regarda Pont-Marand.

— Certainement, — répliqua le colosse.

— Par conséquent, tu peux parler devant lui, — balbutia le seigneur tout à fait ivre.

— Soit, — dit Jérôme. Puis, s'approchant plus près encore de la table des deux gentilshommes : — Le bailli a signé le sauf-conduit.

— Où est-il?

Et le sire de la Mare-aux-Biches tendait la main.

— Je ne puis vous le remettre ici.

— Pourquoi?

— C'est là justement le secret que j'ai à vous confier.

— Voyons ce secret, mon garçon?

— Pour des raisons que j'ignore et que le bailli ignore aussi bien que moi, — reprit Jérôme, — messire de Pont-Ribaud, le gouverneur du château, a enjoint qu'il ne fût délivré aucun sauf-conduit.

— Cornes du diable! — dit le sire de la Mare-aux-Biches en frappant de son poing fermé sur la table, — cette mesure ne saurait me concerner. Pont-Ribaud est mon ami...

— Je ne dis pas non, j'en suis même très-sûr, car monsieur de Pont-Ribaud doit être fier de l'amitié de Votre Seigneurie, — reprit Jérôme d'un ton câlin, — mais le bailli est un homme prudent et craintif.

— Et il me refuse un sauf-conduit?

— Mais non, puisqu'il l'a signé; mais...

— Mais quoi? — dit le seigneur de la Mare-aux-Biches, à qui le géant versa un nouveau verre de vin; — explique-toi, drôle!

— Voici, monseigneur... Le bailli désirerait que vous fissiez partir vos gens et votre litière.

— Bon!

— Lesquels vous iraient attendre hors la ville.
— Fort bien!
— Là, vous me trouveriez avec le sauf-conduit.
— Je ne comprends rien à tous ces mystères, — dit le seigneur de la Mare-aux-Biches.
— Ni moi, — dit Jérôme; — mais vous pouvez bien faire ce petit plaisir au bailli.
— Qu'à cela ne tienne! — Et le seigneur de la Mare-aux-Biches se leva en trébuchant, essaya de faire quelques pas, et fut obligé de regagner son siége. — Holà! mes gens! — dit-il. Pistache, qui, tout en allant et venant, ne perdait pas un traître mot de tout cela, Pistache se leva et courut dans une salle voisine où les varlets du seigneur de la Mare-aux-Biches jouaient aux dés et buvaient, et il les appela. Leur chef, qui était l'écuyer de son seigneur, accourut. — Parmesan, — lui dit le sire de la Mare-aux-Biches, — écoute-moi bien.
— Oui, monseigneur, — répondit cet homme, Italien d'origine, et à qui on avait donné pour nom celui de sa ville natale.
— Tu vas préparer les mules, la litière, et les chevaux.
— Oui, monseigneur.
— Et tu suivras ce garçon.
— Où donc? — demanda l'écuyer.
— Où il te conduira.
— A la porte de Blois, — dit Jérôme; — la porte s'ouvrira sur un ordre de moi, attendu que je suis le clerc du bailli et que c'est la milice urbaine qui la garde.
— Et quand devrai-je te rejoindre? — demanda le seigneur de la Mare-aux-Biches à Jérôme.
— Dans une heure, monseigneur.
— C'est bien. — Et, se tournant vers son écuyer: — Tu m'as entendu. Obéis, suis ce garçon, et ce qu'il te dira de faire, tu le feras.
— Oui, monseigneur, — dit l'écuyer, qui sortit suivi de Jérôme.
— Vous avez un bel écuyer, — dit le sire de Pont-Marand.
— C'est une assez belle rapière, — répondit modestement le seigneur de la Mare-aux-Biches, — d'autant plus qu'il sait l'escrime à la mode italienne.
— Ah! vraiment?
— Mais il a un grand défaut.
— Lequel?
— Il se soûle.
Et le sobre gentilhomme tendit encore son verre à Pont-Marand, qui riait sous cape et l'emplit jusqu'au bord.
Pistache riait également dans sa barbe grisonnante.
— Mais, — reprit Pont-Marand, — vous ne partez pas seul?
— Non, avec ma nièce.
— Et vous ne la prévenez pas?
— Il en sera temps dans une heure. Pour le moment elle prend un peu de repos. — En même temps, le sire de la Mare-aux-Biches, dont l'ivresse allait croissant, devint communicatif. — L'avez-vous vue, ma nièce? — dit-il.
— Oui, — dit Pont-Marand.
— N'est-ce pas que c'est une femme?
— Superbe!
— Elle est veuve...
— Quel dommage?
— Mais non, comme vous allez voir. Elle a de grands biens.
— Ah!
— Et je compte bien l'épouser.
Sur ces mots il décoiffa une sixième bouteille du pernicieux vin de Vouvray.
— Mais, — dit Pont-Marand, qui buvait autant que lui et qui pourtant se tenait droit sur son siége, avait la langue déliée, le regard calme et paraissait n'avoir absorbé que de l'eau, — mais ne disiez-vous pas tout à l'heure que vous vouliez prévenir Pont-Ribaud?
— De quoi?
— De mon intention de faire le siége du château avec les gentilshommes qui veulent danser.
— C'est juste. — On entendait dans la cour les grelots des mules qu'on harnachait et le pas des varlets qui faisaient leurs préparatifs de départ. — C'est juste, — reprit le seigneur de la Mare-aux-Biches; — mais j'ai réfléchi.
— A quoi?
— A ceci: que les affaires... de... Pont-Ribaud... ne sont pas... les miennes...
Et il porta, sur ces mots, son verre à ses lèvres.
Mais le verre lui échappa, et, tandis que son contenu se répandait sur la table, le seigneur de la Mare-aux-Biches roula dessous ivre mort.
Alors Pont-Marand regarda Pistache et dit en riant:
— Je ne crois pas qu'il voyage cette nuit.
— Ni moi non plus, — dit Pistache. Il s'approcha d'une croisée qui donnait sur la rue et vit la litière toute prête à partir. — Que le diable m'emporte, — dit l'hôtelier, — si je sais ce que veut faire le seigneur Galaor!
— On ne peut pas tout savoir, — répondit Galaor, qui rentrait en ce moment et vit avec satisfaction le sire de la Mare-aux-Biches étendu sous la table et commençant à ronfler.
Ce géant de belle humeur qui se nommait Pont-Marand et qui voulait danser à toute force se leva alors et regarda Galaor en clignant de l'œil, accompagnant son regard d'un sourire qui signifiait:
— Comment trouvez-vous que je tiens le vin?
Pistache comptait les bouteilles vides et s'écria avec un accent d'admiration:
— Vous avez bu à vous deux de quoi mettre par terre une compagnie de reîtres.
— Eh bien! — dit Pont-Marand, — je pense qu'il y est, sous la table, le seigneur de la Mare-aux-Biches.
— Mais vous êtes debout et vaillant, — observa Galaor.
— Oh! moi, — dit le colosse avec modestie, — c'est tout simple. Je suis propriétaire d'un clos de vigne à Vouvray, et mon vin ne voudrait pas me jouer un mauvais tour. — Sur ces mots, il se promena de long en large, parfaitement droit et ferme sur ses jambes et la tête haute. Puis, s'adressant de nouveau à Galaor: — Ah çà! qu'allons-nous faire?
— Messire, — répondit Galaor, — il est huit heures du soir. Je crois que voilà le moment.
— D'aller danser?
— Non pas encore, mais de réunir les danseurs.
— J'y songeais, — fit le géant.
— Vous connaissez tous les gentilshommes présents à Amboise, — continua Galaor, — je suis persuadé qu'ils vous suivront à l'assaut du château avec enthousiasme.
— Moi aussi! — dit Pont-Marand.
— C'est l'heure où Pont-Ribaud soupe. Dans une heure il dormira. Présentez-vous au nombre de deux ou trois cents à la grande porte, et si Pont-Ribaud n'est pas là, les lansquenets, qui sont presque tous gagnés par les gens de madame Marguerite, ne feront qu'un semblant de résistance.
— Mais, — dit Pont-Marand, — est-ce que vous ne venez pas avec nous?
— Je vais au château pour les préparatifs du bal.
— Vous?
— Certainement.
— Mais on n'entre plus au château à cette heure.
— J'entre quand bon me semble, moi.
— Avez-vous donc le mot de passe?
— J'ai mieux que cela.
— Quoi donc? — Galaor avait toujours son masque

sur son visage; mais il riait au travers, et on apercevait ses yeux noirs et ses dents blanches. — Que faites-vous donc? — répéta le sire de Pont-Marand.

— J'ôte mon masque.

— Eh bien?

— Vous ne me comprendrez pas, — répondit Galaor, — si vous ne pouvez répondre à la question que je vais vous faire.

— Voyons?

— Avez-vous vu souvent le roi?

— Il y a plus de dix ans que cela ne m'est arrivé; mais jadis j'ai été des siens.

— Vraiment!

— Quand il n'était que roi de Navarre, mon cousin Hector de Galard, le *valet de cœur*, comme on l'appelait, m'a souvent fait admettre à sa table. — Et Pont-Marand ajouta avec une certaine admiration : — C'était un brave homme le roi Henri! Il m'eût tenu tête ce soir.

— Alors, — poursuivit Galaor, — puisque vous avez vu le roi Henri dans sa jeunesse, vous allez comprendre comment j'entre au château alors que les portes demeurent fermées pour tout le monde. — Et Galaor, se plaçant dans le rayon lumineux projeté par les chandelles placées sur la table, ôta brusquement son masque, ajoutant : — Regardez-moi bien!

Pont-Marand fit un pas en arrière et fut si stupéfait qu'il ne trouva ni un mot ni un cri tout d'abord.

Il ne se lassait pas de regarder Galaor, et enfin il s'écria :

— On jurerait le roi Henri lui-même.

— Chut! — fit Galaor. — Voilà un secret que je vous confie...

— Comment, — exclama Pistache étonné, car le bon hôtelier n'avait jamais vu à Amboise que les rois Charles IX et Henri III, — comment... ce gentilhomme?

— Tu peux l'appeler monseigneur, maroufle, — dit le sire de Pont-Marand, qui salua respectueusement Galaor.

Galaor remit son masque.

— Mon cher sire, — dit-il, — si vous êtes discret, vous n'aurez pas à vous repentir.

— Ah!... monseigneur!...

— Chut! et maintenant je compte sur vous et sur la noblesse tourangelle. A neuf heures, vous pouvez donner l'assaut. Je vous promets que la reine daignera danser avec vous. Au revoir. — Et Galaor sortit, laissant Pont-Marand et Pistache plus ébahis l'un que l'autre. — Braves gens! — murmura-t-il en allongeant le pas, — je crois qu'ils en feront voir de dures à cet imbécile de Pont-Ribaud.

. . . .

Huit heures venaient de sonner au beffroi du château. Galaor suivit la berge du fleuve en amont et arriva en quelques minutes sous les vieux murs du château.

Le ciel était étoilé; mais l'absence de la lune rendait la nuit sombre. Galaor leva les yeux et vit la fenêtre de Périne éclairée.

— Une jolie fille que Périne, quoiqu'en dise mamzelle Solange! — murmura-t-il. — Vrai Dieu! si je n'avais fait le serment à Idoline de l'aimer toujours... — Et il s'avança sous la fenêtre. La corde à nœuds pendait au long du mur. Galaor s'en saisit; mais, avant de s'y cramponner, il fit encore cette réflexion : — Après ça, on peut bien aimer toujours et être infidèle quelquefois... — Mais soudain il songea à Jérôme. — Pauvre Jérôme, — dit-il, — lui qui me sert en ce moment avec la docilité d'un esclave...! non, je ne puis pas faire de peine à Jérôme... — Et il commença son ascension. Alors une tête curieuse apparut à la fenêtre éclairée; puis elle disparut, et la lumière s'éteignit aussitôt. Galaor montait, montait. — Pauvre Jérôme! — se disait-il toujours, — mais, au fait, s'il me sert avec tant de dévouement, ce n'est pas précisément pour moi... c'est parce que Périne lui a commandé... et puis ces dommages-là n'existent que pour qui les sait... et Périne doit être une fille discrète... et puis, dame!

Galaor atteignit l'entablement de la croisée.

Alors deux bras potelés l'entourèrent et une voix tremblante d'émotion murmura :

— Est-ce vous, Galaor?

Périne avait oublié le mot *messire*.

— C'est moi, ma belle, — dit Galaor.

— Vous êtes d'une grande heure en avance.

— Vraiment?

— Sans doute, — dit Périne, — et nous ne pourrions rien faire avant neuf heures.

— Bah! — fit Galaor. Et cette réflexion satanique lui vint encore à l'esprit : — Ce Jérôme est un ambitieux... il veut entrer au service de la reine et épouser Périne parce que la reine lui fera une belle dot... — Et il sauta dans la chambre, où régnait l'obscurité la plus complète, et, embrassant Périne, se répétait *in petto* : — Un ambitieux ce Jérôme!...

Galaor avait momentanément oublié Idoline.

Pendant ce temps, que faisait Jérôme, que Galaor taxait ainsi d'ambition?

Jérôme exécutait à la lettre les ordres de Galaor pour l'amour de Périne et de ses beaux yeux.

Si Jérôme obéissait à Galaor, l'écuyer du sire de la Mare aux Biches, se conformant aux volontés de son maître, obéissait à Jérôme. La litière et les mules s'en allaient par la ville avec grand bruit et grand tapage. Un tapage qui se perdait dans le tumulte général, car la ville était en rumeur et les gentilshommes se rangeaient un à un sous la bannière du sire de Pont-Marand.

Le clerc marchait devant l'écuyer, l'écuyer précédant les quatre valets, qui portaient la litière vide; tout ce monde-là arriva à la porte de Blois.

Là, Parmesan vit cinq vigoureux gaillards qui portaient le costume sombre des petits bourgeois de la ville.

C'étaient les amis dont Jérôme avait parlé à Galaor.

— Qu'est-ce que ce monde-là? — demanda Parmesan.

— Ce sont de joyeux garçons, mes amis, — répondit le secrétaire du bailli, qui leur distribua une poignée de main à chacun.

— Que font-ils ici?

— Ils m'attendent pour que je les fasse sortir de la ville.

— Où vont-ils donc?

— Faire ripaille au cabaret du *Bon-Moine*.

— Qu'est-ce que cela?

— Mais, — dit Jérôme, — c'est le cabaret où nous allons attendre votre maître.

— Ah! — fit l'écuyer avec indifférence.

Jérôme s'approcha du guichet où sommeillaient les gardiens des portes et frappa. Le guichetier ouvrit et un soldat de la milice urbaine sortit en se frottant les yeux.

— Ah! c'est vous, maître Jérôme, — dit-il.

— Ordre du bailli, — dit Jérôme, — ouvrez-nous la porte.

— A vous et à tout ce monde-là?

— Oui.

Le bourgeois, qui savait que Jérôme jouissait de la confiance du bailli, ouvrit sans difficulté, et l'écuyer, les varlets, la litière et les cinq compagnons de Jérôme franchirent la porte de la ville et se trouvèrent bientôt en rase campagne.

. . . .

Il y avait, alors comme aujourd'hui, dans l'intérieur des villes, un impôt sur les vins et les victuailles.

Aussi, aux portes mêmes s'établissaient des cabarets qui, ayant tout en franchise, vendaient à meilleur marché, ce qui expliquait comment les clercs, les varlets, tout ce petit monde, préféraient les établissements de ce genre à ceux établis dans la ville.

Le Bon-Moine était à deux pas.

C'était un cabaret entouré d'un clos de vigne et dont le jardin avait de fraîches tonnelles pour les buveurs altérés par la chaleur de l'été.

Sur la porte, à côté du traditionnel rameau de houx, on voyait une légende grossière représentant un moine pansu et rubicond qui, une énorme cruche dans ses deux mains, buvait, comme on dit, à la régalade.

Le cabaret était tenu par un brave Tourangeau qui avait fait un peu tous les métiers. Il avait été moine, puis soldat, puis valet; il avait vécu de l'autel et du pillage, ne reculant devant rien pour gagner quelques écus et servant bien qui le payait en conséquence.

Il connaissait Jérôme et ses compagnons depuis longtemps.

Quand il entendit les grelots des mules, il s'empressa d'accourir.

Jérôme lui fit un petit signe mystérieux et lui dit ensuite tout haut :

— As-tu du bon vin?

— Toujours, — dit le cabaretier.

— Mène-nous à ta cave alors, nous boirons plus frais.

— L'écuyer mit pied à terre et commanda aux varlets de stationner sur la route auprès de la litière. Il avait déjà fait d'amples libations, le digne écuyer, et il était peu solide sur ses jambes. Jérôme le précédait en entrant dans le cabaret, et les cinq vigoureux compagnons du clerc fermaient la marche. Jérôme se pencha en marchant à l'oreille du cabaretier : — Veux-tu gagner dix pistoles? — lui dit-il.

— Certainement, — répondit l'ancien moine. — Que faut-il faire pour cela?

— Nous conduire en la salle basse qui est auprès de la cave, nous servir du vin et t'aller coucher ensuite.

— Ouais! — dit le cabaretier.

— Si tu entends du bruit, tu te retourneras le visage contre le mur et tu t'efforceras de dormir.

— Où sont les dix pistoles?

— Les voici.

Et Jérôme mit une poignée de petites pièces d'or dans la main de l'ancien moine.

Parmesan, qui était un peu ivre déjà, avait grand'soif et ne songeait qu'à boire.

Disons en passant que l'or que Jérôme venait de donner au cabaretier, il le tenait de Galaor, lequel le tenait lui-même de Solange, la camériste, qui lui avait remis une bourse de la part de la reine.

. . . .

Parmesan suivit donc les cinq vigoureux gaillards et Jérôme dans la salle basse, une sorte de réduit obscur et souterrain où les buveurs se réunissaient la nuit, après que le couvre-feu avait sonné.

Le cabaretier tira du vin à un tonneau et posa un broc sur la table. Parmesan prit le broc et se mit à boire à même. Mais, en ce moment, Jérôme lui donna un croc-en-jambe, et, comme il n'était pas très-solide déjà, il tomba lourdement sur le sol.

Avant qu'il eût le temps de se relever, les compagnons de Jérôme se ruèrent sur lui et le garrottèrent.

En même temps Jérôme lui enfonçait son mouchoir dans la bouche pour l'empêcher de crier.

— Et d'un, — dit le clerc quand le pauvre écuyer, tout ahuri, ne fut plus qu'une masse à peu près inerte dans un coin de la salle basse. — Aux varlets maintenant! — Le cabaretier s'en était allé, pour obéir aux injonctions de Jérôme. Le clerc monta et héla un des varlets : — Hé! camarade, — lui dit-il, — Parmesan vous invite à venir boire un coup. — Mais à peine eut-il mis le pied dans la salle que les compagnons de Jérôme se ruèrent sur lui, le renversèrent et l'accommodèrent comme l'écuyer. Jérôme fit deux fois encore le même trajet, et trois varlets sur quatre eurent le même sort. Alors Jérôme remonta et dit à ce dernier : — Je vais tenir les chevaux et les mules; allez donc boire, vous aussi. — Cinq minutes après, un des compagnons de Jérôme lui vint dire que c'était fini, et que les quatre varlets étaient garrottés et bâillonnés comme l'écuyer. Alors Jérôme dit : — La litière est à nous. Maintenant, il s'agit de retourner à Amboise. Vous aller me déshabiller les varlets et prendre leurs habits.

— Mais où allons-nous? — demanda un des compagnons.

— Que vous importe, — répondit Jérôme, — puisqu'il ya deux pistoles pour chacun de vous au bout du voyage! — Et Jérôme se mit en devoir de troquer lui-même sa souquenille de clerc contre le pourpoint de buffle et le heaume de Parmesan, à qui il dit à l'oreille :

— N'ayez crainte, mon brave homme, on ne vous veut faire aucun mal. C'est la reine Marguerite qui a besoin de votre litière, voilà tout. Au petit jour on vous délivrera.

Cependant Galaor et Périne causaient tout bas et sans lumière.

— Le page Manuel vous a-t-il parlé de Fritz? — disait la chambrière.

— Oui, un gros Allemand qui est le lieutenant de Pont-Ribaud, n'est-ce pas, ma mie?

— Précisément.

— Eh bien! qu'avez-vous fait de Fritz?

— Je l'ai invité à venir me voir tout à l'heure.

— Oh! oh! — dit Galaor en fronçant le sourcil.

Périne ne l'aperçut pas, mais elle devina :

— Mon doux seigneur, — dit-elle en passant sa main mignonne sur l'épaule de Galaor, — n'ayez crainte, Fritz est un bélître dont on fait ce que l'on veut avec un sourire et une bonne parole, pas davantage.

— Que lui avez-vous donc demandé?

— Attendez, vous allez voir. Mais d'abord laissez-moi vous dire que j'ai joué un bon tour à monsieur de Pont-Ribaud.

— Voyons?

— J'ai avancé d'une heure la grande horloge à cage de chêne qui se trouve dans son logis.

— Bon!

— Ce qui fait que, à sept heures, il a cru qu'il en était huit et il a demandé à souper.

— Et le souper était prêt?

— Naturellement, et j'avais doublé la dose d'infusion de pavots que je mets chaque soir dans son vin. Oh! — continua Périne en riant, — j'ai été plus sémillante avec lui que de coutume; il m'a pris par la taille, je n'ai pas trop crié; puis comme son regard s'allumait, je lui ai dit : « Monseigneur, savez-vous que Fritz me fait un brin de cour! » Il a eu dans l'œil un éclair de colère que j'ai éteint d'un sourire.

— Fritz n'était donc pas là?

— Non; alors j'ai dit encore : « En place de ce lieutenant morose, de ce gros Allemand qui boit du vin en regrettant l'affreuse bière de son pays natal, ce qui est un vrai blasphème, vous me devriez donner les soldats à commander. » Monsieur de Pont-Ribaud s'est mis à rire et m'a demandé si j'étais en état de monter à cheval, d'endosser la cuirasse, et de m'escrimer au fort d'une mêlée de la taille et de l'estoc.

» — Peut-être bien! — ai-je répondu. Mais Pont-Ribaud a continué à rire. Alors, me laissant prendre un baiser par cet horrible gouverneur, je lui ai dit : — Fritz n'est pas un méchant homme.

» — Assurément non, — a dit Pont-Ribaud.

» — Mais je voudrais commander une heure.

» — Pourquoi donc ça, ma mie? — J'ai eu l'air d'hésiter, puis j'ai baissé la tête et j'ai rougi. Pont-Ribaud fronçait les sourcils. — Mais explique-toi, donc ma mignonne, — m'a-t-il dit !

» — Eh bien! monseigneur, — ai-je répondu, — je ne voudrais pas qu'il arrivât malheur à Fritz.

» — Vraiment? Et que peut-il lui arriver?

» — Votre Seigneurie se mettra en colère pour sûr.

» — Non, foi de Pont-Ribaud !

» — Fritz me fait la cour, je vous l'ai dit, et il profite du voisinage.

» — Comment cela?

» — Ma chambrette est auprès de la tour dans laquelle il veille chaque nuit avec ses soldats.

» — C'est juste. Eh bien?

» — Il en profite pour me crier bonjour d'heure en heure.

» — Cornes du diable! — s'est écrié Pont-Ribaud que la jalousie tenaillait, — je le vais casser de son grade.

» — Ah! monseigneur, — me suis-je écriée, — vous m'avez promis de ne vous point mettre en colère...

» Et je lui ai décoché mon plus doux regard.

» — C'est vrai, et je tiendrai ma parole, — a-t-il répondu. — Mais je lui vais assigner un autre poste pour la nuit.

» — Ah! monseigneur, ne faites pas cela...

» — Pourquoi donc?

» — Mais parce que Fritz devinera que je me suis plainte à vous.

» — Cependant je ne veux pas qu'il soit de garde à la tour! — s'écria Pont-Ribaud, à qui le vin montait déjà à la tête.

» — C'est pour cela que je vous ai demandé à commander.

» — A la place de Fritz?

» — Oui.

» — Je ne comprends pas, — balbutia Pont-Ribaud.

» — C'est pourtant bien simple, écoutez-moi. Fritz va venir...

» — Oui.

» — Prendre vos ordres comme à l'habitude pour la nuit.

» — Sans doute.

» — Vous lui dites : Cette petite me met la cervelle à l'envers...

» — C'est pourtant vrai, — murmura monsieur de Pont-Ribaud.

» — Elle me met la cervelle à l'envers, — continuai-je, — ce qu'elle veut, il faut que je veuille. Eh bien! elle veut gouverner au château ce soir, et tu lui obéiras.

» — Mais, petite, — dit Pont-Ribaud en riant, — ce n'est plus la place de Fritz que tu veux, c'est la mienne.

» — Je ne dis pas non. Mais, de cette façon, j'ordonne à Fritz de quitter la tour du bord de l'eau et d'aller veiller à la grand'porte.

» — Et qui placeras-tu dans la tour?

» — Hermann, le second lieutenant.

» Comme je parlais ainsi, Fritz entra.

» Pont-Ribaud était ivre; il regarda Fritz et lui dit :

» — Tu vois Périne, hein?

» Fritz s'inclina.

» — Eh bien! tu prendras ses ordres : c'est elle qui commande ici ce soir.

» Fritz ouvrit de grands yeux; mais les Allemands sont esclaves de l'obéissance et ne raisonnent jamais. Il s'inclina et me regarda. J'eus pour lui un sourire qui lui mit du baume dans le cœur. Comme il se retirait je lui dis :

» — Vous viendrez à neuf heures dans ma chambrette. Je vous donnerai votre consigne.

» Un quart d'heure après, Pont-Ribaud roulait sous la table, — acheva Périne, — et je lui prenais au cou les deux clefs dont nous avons besoin.

Galaor embrassa Périne.

— Tu n'es pas une femme, — dit-il avec enthousiasme, — tu es un ange!

— Ou un démon, — dit-elle en riant, — et j'aime autant cela!

— Ainsi Fritz va venir?

— Oui.

— Que lui commanderons-nous?

— Voilà ce dont nous allons délibérer, — dit Périne en riant. — Et soyez sûr, mon doux seigneur, qu'il obéira en aveugle. — Galaor embrassa de nouveau la camérière : — Mais tenez-vous donc tranquille, et causons sérieusement maintenant, — dit-elle.

— Tu as raison, — dit Galaor en riant, — il faut songer à délivrer madame Marguerite. — En ce moment on frappa deux petits coups à la porte. — Oh! oh! — fit Galaor, — est-ce déjà Fritz?

— Non, c'est Solange, — dit Périne, — et je pense que vous allez vous tenir sur la réserve.

— Tu veux donc toujours épouser Jérôme?

— Dame! ce pauvre garçon... il serait capable d'en mourir... — acheva Périne avec un petit air moqueur.

IX

Tandis que Galaor ouvrait la porte à Solange, Périne rallumait prestement la lampe et rajustait sa cornette, que le Gascon avait un peu chiffonnée.

Solange entra en souriant et dit :

— Il me semble que le seigneur Galaor n'est pas très-exact au rendez-vous.

— Il arrive à l'instant, — dit effrontément Périne.

— Et nous tenons conseil, — ajouta Galaor.

— Pour cela, — reprit Solange, — il me semble que mon bon ami Manuel ne serait point de trop ici.

— Ne doit-il point venir? — demanda Périne d'un air ingénu.

— Si fait, — répondit Solange, — il me suit.

En effet, on entendit un pas léger dans le corridor, et le page se glissa dans la chambre.

— Mon cher sire, — lui dit Galaor, — je vous engage à vous incliner devant le gouverneur du château.

— Où est-il donc? — demanda Manuel, un peu surpris.

Et il cherchait Pont-Ribaud du regard.

— Le voilà, — dit Galaor en lui montrant Périne qui souriait.

— Plaisantez-vous donc, messire?

— Non, — dit Périne, — le seigneur Galaor dit la pure vérité.

— Plaît-il?

— Voyons, — fit Périne, — suivez bien mon raisonnement. Qui commande au château?

— Pont-Ribaud.

— Et après lui, quand il dort, par exemple? — reprit la chambrière.

— C'est Fritz.

— Eh bien! Fritz m'obéit à moi, — ajouta Périne riant toujours.

— Tarare! — dit le page; — il vous obéira si vous lui commandez de vous tenir compagnie en votre chambrette.

— Et voilà tout?

— Oui, car Fritz est une bonne tête carrée, qui ne saurait manquer une heure durant à son service.

Périne souriait toujours.

— C'est ce que nous allons bien voir, — dit-elle.

Manuel hocha la tête d'un air de doute.

— Si Fritz était soûl, — dit-il, — il se pourrait que...

— Fritz n'est pas soûl, — répondit vivement Périne, — et il m'obéira.

— Comment cela?

— C'est mon secret, pour le moment du moins.

— Il paraît que ce secret est partagé par le seigneur Galaor, — observa Manuel qui vit le Gascon sourire.

— C'est possible, — dit ce dernier.

Périne reprit avec modestie :

— Je ne suis qu'une femme et je n'ai par conséquent pas l'expérience d'un homme. C'est pour cela que je vous demande à tenir conseil tous les quatre.

— Voyons! — fit Manuel.

— Supposons donc, — reprit la chambrière, — que Fritz m'obéisse aveuglément, comme si j'étais Pont-Ribaud lui-même.

— Eh bien?

— Que vais-je lui commander?

— D'évacuer, lui et ses hommes, la tour par laquelle nous voulons sortir, — dit Manuel.

— Il y a mieux que cela, — dit Galaor.

— Quoi donc?

— Il faut lui demander une escorte pour madame la reine.

— Oh! par exemple!

— Vous allez voir, — dit Galaor, — que la chose ira toute seule.

— Mais si on lui demande cela... il ouvrira les yeux...

— Je me charge de les lui fermer, — dit Périne à son tour. — Chut! j'entends un pas lourd et mesuré dans le corridor. C'est lui. — En effet, neuf heures sonnaient au beffroi du château, et, comme retentissait le dernier coup, on frappa discrètement à la porte de la chambrette. La clef était en dehors, dans la serrure. — Entrez! — dit Périne. Fritz ouvrit et s'arrêta un peu déconfit sur le seuil; il croyait trouver Périne seule, et il la trouvait en compagnie de quatre personnes. Mais Périne se prit à lui sourire comme elle aurait souri à Galaor. — Mon bon Fritz, — lui dit-elle, — entrez donc, la chambre est petite, asseyez-vous là, faute de siége, sur le pied de mon lit, et laissez-moi vous apprendre une bonne nouvelle. — Fritz, tout rougissant, demeura debout et bouche béante. Périne continua : — Vous avez entendu monsieur de Pont-Ribaud?

— Oui.

— Il vous a commandé de m'obéir?

— Oui.

— Aveuglément.

— Je n'obéis jamais autrement, — répondit le gros Allemand.

— Alors écoutez-moi bien, et regardez ce seigneur.

Elle lui désignait Galaor.

La ressemblance du jeune Gascon avec le roi Henri devait frapper le reître, qui avait bataillé quinze ans sous les ordres du roi de Navarre conquestant le royaume de France.

— Ah! mon Dieu! — fit-il.

— Monsieur, — dit Périne, — est un ami du roi... Il jouit de toute sa confiance...

— Cela doit être, — balbutia Fritz, qui croyait voir le roi Henri lui-même rajeuni de quinze ans.

— Eh bien! — reprit Périne, — ce gentilhomme que vous voyez là, et que je vous engage, mon bon Fritz, à appeler *monseigneur*, ce gentilhomme arrive de Paris.

— Ah! — dit Fritz.

— Il a apporté un message du roi à monsieur de Pont-Ribaud, et devinez ce que contenait ce message?

— Je ne sais pas, — dit le gros Allemand, qui avait l'intelligence épaisse.

— Ce message, — poursuivit Périne, — apprenait à ce pauvre monsieur de Pont-Ribaud qu'il était remplacé dans ses fonctions de gouverneur du château d'Amboise.

— Par qui donc? — demanda Fritz, qui fit un pas en arrière.

— Par monseigneur que voilà. — Et elle montrait Galaor. — Or, — poursuivit Périne, — Pont-Ribaud a éprouvé un si grand chagrin d'avoir à rendre son commandement, et surtout d'être obligé de l'apprendre aux gens qu'il commandait, qu'il m'a chargé de ce soin.

— Vous! — dit Fritz.

— Sans doute, puisqu'il vous a ordonné d'obéir.

Le bon Allemand s'inclina.

— Cette petite parle d'or, — murmura Manuel à l'oreille de sa bonne amie Solange.

— Ainsi, — dit Fritz, — c'est à monseigneur que je dois obéir?

— En tous points, — dit Périne.

— Vous me le commandez, — dit encore l'Allemand esclave de la consigne qu'il avait reçue, laquelle consigne consistait à obéir aveuglément à Périne.

— Je vous le commande, — dit Périne.

— C'est bien, — dit l'Allemand. Et il salua Galaor. — Monseigneur, — dit-il, — j'attends vos ordres.

Galaor prit un accent d'autorité :

— Monsieur Fritz, — dit-il, — le roi ne m'a jamais rien refusé, et si je lui demande de vous faire capitaine vous le serez.

Fritz eut un frisson d'orgueil.

— Que puis-je faire pour mériter un tel honneur? — balbutia-t-il.

— Il faut exécuter les ordres que je vais vous donner, — répondit Galaor. Fritz se tint immobile, dans l'attitude d'un soldat prêt à obéir au commandement, et il attendit le bon plaisir de Galaor. Manuel et Solange commençaient à concevoir quelque admiration pour Périne la chambrière. — Mon cher monsieur Fritz, — dit Galaor, — je ne dois point vous cacher que madame la reine était fort mécontente des procédés de monsieur de Pont-Ribaud. — Fritz s'inclina. On ne refera pas l'espèce humaine : l'inférieur sera toujours heureux du blâme infligé à son supérieur. Un sourire imperceptible glissa sur les lèvres du bon Allemand. Galaor poursuivit : — Quand le roi a nommé monsieur de Pont-Ribaud gouverneur du château, il ne s'attendait pas sans doute aux façons brutales et discourtoises d'un pareil rustre, et ne prévoyait pas que madame Marguerite viendrait à Amboise. Dès les premières heures, madame Marguerite a pris en grippe le Pont-Ribaud. Heureusement, le roi m'avait donné ses pleins pouvoirs, et, quand je suis venu à Amboise, la reine m'a dit : « Au nom du ciel, délivrez-moi de ce butor! » Ce que j'ai fait, en prenant pour moi-même le commandement du château. — Fritz s'inclina une seconde fois. — La reine est maintenant fort embarrassée, — poursuivit Galaor. — Elle se trouve entre la noblesse tourangelle, qui veut danser à toute force, et ses médecins qui lui interdisent le bal.

— Je croyais, — dit Fritz, qui n'avait pas du tout son bon sens, — que c'était monsieur de Pont-Ribaud qui ne voulait pas qu'on dansât.

— Vous êtes dans l'erreur, — dit froidement Galaor. Fritz ne répliqua pas. — Voici donc, maintenant, — continua le Gascon, — ce que la reine désire : quitter Amboise cette nuit et s'en aller à Blois. — Fritz fronça le sourcil. — La noblesse tourangelle, de son côté, qui veut danser absolument, se présentera aux portes du château et essayera de les forcer. Mais vos lansquenets tiendront bon, n'est-ce pas?

— Oh! je vous en réponds, — dit Fritz. — Cependant il me semble, si la reine est souffrante...

Et Fritz jeta un regard plein de défiance à Solange et à Manuel.

— Eh bien? — fit Galaor.

— Elle ferait mieux de remettre son voyage à demain; les nuits sont fraîches...

— Monsieur Fritz, — dit Galaor avec hauteur, — la reine fait ce qu'elle veut, et vous me devez obéir, puisque je suis le nouveau gouverneur du château.

— J'obéirai, — dit Fritz, qui commençait à trouver que monsieur de Pont-Ribaud avait pris un bien singulier moyen de transmettre son commandement, en se servant de Périne comme intermédiaire.

Galaor reprit :

— Vous allez préparer une escorte de dix hommes.

— Bien, — dit Fritz.

— Vous la ferez attendre sur la berge de la rivière, au bas de la tour que vous gardez d'ordinaire.

— Fort bien, — répéta Fritz.

— Vous descendrez ensuite vers la grand'porte du château et vous la défendrez, car certainement on attaquera la porte.

— Oui, — dit encore Fritz.

— Allez, — dit Galaor, — et que tout soit prêt dans une heure.

Fritz fit un pas vers la porte, mais sur le seuil il se retourna :

— Combien d'hommes dans la tour du bord de l'eau? — dit-il.

— Aucun, — dit Galaor.

Fritz sortit.

Quand il fut dans le corridor, il murmura :

— Tarteiffle! tout cela est bien extraordinaire.

Le château était en émoi. On entendait sur la place des rumeurs qui, vagues d'abord, étaient devenues menaçantes. C'était monsieur de Pont-Marand et ses gens qui se présentaient aux portes et demandaient à danser ou à se battre.

Fritz parti, Solange, Manuel, Galaor et Périne se regardèrent :

— Eh bien! — dit-celle-ci, — que pensez-vous de mon autorité? Ne suis-je pas le vrai gouverneur du château?

— Ma foi, oui! — dit Manuel, — mais ce pouvoir ne durera pas longtemps.

— Comment cela?

— Il faut en profiter au plus vite et déguerpir avant que Fritz, qui est passablement étonné, ne revienne de sa surprise.

— C'est mon avis, — dit Galaor. — La reine est-elle prête?

— Oui, — dit Solange.

— Les gardes veillent comme à l'ordinaire dans les antichambres?

— Oui.

— Alors il faut passer par le corridor dont Périne a la clef. La tour est libre, la litière du sire de la Mare-aux-Biches est en bas. Il faut partir.

— Et l'escorte de dix hommes! — fit Manuel.

— Bah! — dit Galaor, — en la demandant à Fritz, je n'avais d'autre but que de le rassurer complétement. En effet, s'il est du voyage, c'est que la reine lui veut du bien. Il n'en faut pas davantage pour rassurer ce bélître.

Tous quatre quittèrent la chambrette de Périne.

. . . .

Le pas lourd et régulier des lansquenets se faisait entendre dans les corridors. C'était Fritz qui faisait évacuer la tour. Cette tour avait un corps de garde à chaque étage; chaque étage était fermé par une porte de chêne ferré qui s'ouvrait du bas, c'est-à-dire que ceux qui se trouvaient à l'étage inférieur pouvaient tirer les verrous et empêcher ceux qui se trouvaient au-dessus de descendre.

Périne, dans la longue conversation sans lumière qu'elle avait eue avec Galaor, lui avait expliqué tout cela.

Celui-ci attendit que les lansquenets se fussent éloignés; puis il ferma au verrou la porte qui communiquait avec la plate-forme.

— Maintenant, — dit-il, — nous avons le chemin libre. Hâtons-nous. — Périne prit les deux clefs qui devaient leur ouvrir les deux portes du corridor secret qui menait chez la reine, et dix minutes après ils pénétraient dans l'oratoire. Madame Marguerite était prête.

— Venez, madame, — lui dit Galaor; — nous n'avons pas une minute à perdre.

La reine s'appuya sur le bras de Solange. Elle n'emportait avec elle qu'un manteau et une aumônière qui renfermait de l'or et quelques bijoux précieux.

. . . .

Au dehors, on entendait toujours les sourdes rumeurs des gens qui voulaient pénétrer dans le château.

Comme la reine et ses libérateurs s'engageaient dans le corridor secret, quelques coups d'arquebuse se firent entendre.

— Bon! — murmura Galaor, — voici que ça commence! Fritz a de la besogne sur les bras.

Néanmoins Galaor marchait l'épée à la main. Derrière lui venaient la reine et les deux chambrières. Manuel, l'épée nue pareillement, fermait la marche.

Ils arrivèrent dans cette tour qui devait être pour eux le chemin du salut. La tour était veuve de sa garnison ordinaire.

Ils descendirent à l'étage inférieur.

Galaor s'était muni d'une torche. Mais tout à coup un vent violent éteignit la torche, et en même temps une voix s'écria :

— Halte! on ne passe pas!...

— Qu'est ce que cela? — s'écria Galaor plongé dans les ténèbres.

On entendit alors résonner sur les dalles les crosses d'arquebuse et Manuel s'écria :

— Fritz nous a trahis!

Que s'était-il donc passé, et comment, après que Fritz avait fait évacuer la tour, se retrouvait-elle pleine de soldats?

C'est ce que nous allons raconter en peu de mots.

Fritz était une bonne tête allemande dans toute l'acception du mot. Il obéissait et discutait rarement les ordres qu'il avait reçus. Néanmoins, il avait ce gros bon sens d'outre-Rhin qui a bien son mérite, et les choses qui lui semblaient extraordinaires lui donnaient à réfléchir.

Or Fritz, en quittant la chambre de Périne, se disait :

— Il est vraiment fort extraordinaire que monsieur de Pont-Ribaud se soit servi de sa chambrière pour m'annoncer qu'il n'était plus gouverneur du château d'Amboise. Si j'avais été monsieur de Pont-Ribaud, c'est le dernier moyen que j'eusse songé à employer. Cependant il m'a commandé d'obéir à Périne; j'obéis, mais c'est bien étrange tout cela! — Et Fritz avait donné l'ordre d'évacuer la tour. Tous les lansquenets n'étaient pas aussi muets, aussi esclaves de la discipline que Fritz. Quelques-uns s'étonnèrent tout haut. Fritz ne dit rien, mais il continua à penser : — Tout cela est bien étrange!

En faisant évacuer la tour, il releva les sentinelles du bord de l'eau. L'une d'elles lui dit :

— Mon cher monsieur Fritz, je ne peux pas vous dissimuler que j'ai trouvé tout à l'heure quelque chose d'extraordinaire.

— Ah! toi aussi, — dit Fritz qui tressaillit en regardant le soldat. Cette sentinelle était un Français, mieux que cela, un Gascon, qui, par goût, servait dans la troupe allemande que commandait monsieur de Pont-Ribaud. — Et qu'as-tu trouvé? — demanda Fritz.

— Si vous voulez me suivre, je vais vous le montrer, — dit le Gascon, qui s'appelait Caroubiac.

Caroubiac conduisit Fritz au bord de l'eau, sous la fenêtre de Périne, et il lui montra la corde à nœuds qui pendait.

— Tarteifflel — s'écria Fritz, — voilà un drôle de chemin; où mène-t-il?

— Là haut à cette fenêtre, — dit Caroubiac.

— Bon! il faut voir..... — Et Fritz se mit à compter les fenêtres pour savoir à qui appartenait celle-là, et il demeura convaincu que c'était celle de Périne. Comme la chambrière lui tenait au cœur, il eut un mouvement de jalousie et de colère. — Tu vas rester là, — dit-il à Caroubiac.

— Après? — fit le Gascon.

— Et quand un homme viendra et montera après cette corde, tu lui enverras un coup d'arquebuse dans le ventre.

— Vous voulez dire quand il descendra, monsieur Fritz.

— Plait-il? — dit Fritz. — Il est donc monté?

— Oui.

— Et tu n'as pas fait feu sur lui?

— Non.

— Tu as manqué à ton devoir, et je te ferai arquebuser, — dit Fritz, que la jalousie rendait furieux.

— Ecoutez-moi donc, — reprit le Gascon, — vous verrez que ce n'est pas si commode.

— D'arquebuser un homme?

— Oui, quand cet homme est un personnage de marque.

— Qui donc est-ce?

— Le médecin espagnol qui a un masque et qui a guéri madame la reine.

Un éclair traversa l'obscur cerveau de Fritz.

— Un homme de taille moyenne, n'est-ce pas? — fit-il.

— Oui, monsieur Fritz.

— Avec un grand manteau gris?

— C'est cela.

— Et une plume rouge à son feutre?

— Oui. Quand il a passé au milieu de la poterne qui est là-bas, j'ai vu la plume, elle est rouge.

— C'est le seigneur qui ressemble au roi, — pensa Fritz. Et il dit au soldat : — Tu as bien fait de te tenir tranquille. — Mais le cerveau de Fritz continuait à travailler, et au bout de quelques secondes il accoucha de cette réflexion pleine de sens : — C'est un singulier gouverneur que celui qui entre par la fenêtre dans le château qu'il va commander.

— Eh bien! — dit Caroubiac, — quand il descendra, que faut-il dire?

— Rien, — dit Fritz. Et il médita encore. Puis tout à coup, s'adressant au soldat gascon : — Tu dois être un homme de bon conseil, toi?

— Quelquefois, — dit modestement Caroubiac.

— Si tu étais en un chemin et qu'on te dit : Si vous allez plus loin vous trouverez une potence, que ferais-tu?

— Je reviendrais sur mes pas.

— Et si l'on te disait : Si vous retournez en arrière, on vous arquebusera?

— Alors je ne bougerais pas.

— C'est sagement raisonné, — répondit Fritz. — Si Pont-Ribaud est toujours gouverneur et qu'il sache demain que j'ai livré le passage de la tour, il me fera arquebuser. Mais si j'ai réellement affaire à un nouveau gouverneur et que je refuse de lui obéir, il me fera pendre. Comment faire? — Mais Fritz était ce soir-là en veine d'intelligence : — Suis-je bête! — se dit-il. — Il y a un moyen bien plus simple de savoir si Pont-Ribaud n'est plus gouverneur. C'est de lui aller demander.

— Et Fritz, frappant sur l'épaule du Gascon : — Viens avec moi! ... — dit-il.

Le Gascon le suivit; et ils remontèrent dans le château par l'escalier de la tour, et à peu près au même moment où Galaor, Manuel, Solange et Périne se rendaient chez la reine par le corridor secret.

. . . .

Fritz s'en alla tout droit chez monsieur de Pont-Ribaud.

On parvenait au logis du gouverneur par plusieurs entrées. L'une communiquait avec le corridor qui menait à la chambrette de Périne, et plus d'une fois, en soupant, le brave gouverneur avait fait le rêve de suivre ce corridor à minuit. Mais le pavot que la rusée chambrière glissait dans le vin du sire de Pont-Ribaud avait toujours empêché la réalisation de ce rêve. Ce ne fut pas le chemin que suivit le bon Allemand.

Il prit donc la grande route, c'est-à-dire l'antichambre où veillaient jour et nuit deux lansquenets.

Fritz leur dit :

— Vous pouvez vous en aller, Caroubiac va prendre votre place. — Les deux lansquenets partis, Fritz dit encore au Gascon : — Tu vas rester ici, et tu ne laisseras entrer personne.

— C'est bien, — dit Caroubiac.

Alors le lieutenant des lansquenets poussa la porte et entra chez monsieur de Pont-Ribaud.

La table était encore chargée des débris de son souper, et, à la lueur d'une lampe qui était sur la table, Fritz aperçut Pont-Ribaud couché dessous.

— Tarteifflel — murmura Fritz, — il est ivre-mort.

Il avait mangé à son souper deux douzaines d'escargots et s'était servi, pour les retirer un à un de leur carapace, d'un petit poinçon d'argent à manche d'ivoire. L'Allemand le prit et en piqua vigoureusement l'ivrogne dans les bras et les cuisses.

— Aïe! — cria le gouverneur.

— Mais éveillez-vous donc! — fit l'Allemand.

— Je te ferai pendre!

— Bah! vous n'êtes plus gouverneur.

Ce mot produisit sur Pont-Ribaud dix fois plus d'effet que les coups de poinçon de Fritz. Il fit un effort suprême, se dressa sur ses pieds, tendit les bras en avant, écarquilla démesurément les yeux et s'écria :

— Qui a osé dire... que... je n'étais plus gouverneur?

— Périne : elle a montré un nouveau gouverneur.

— Fais-le pendre! — dit Pont-Ribaud.

Et il se laissa retomber dans son fauteuil.

— Alors je ne dois pas obéir à Périne?

— Non.

— Dois-je laisser sortir la reine qui veut aller se promener à Blois?

— La reine! la reine! — hurla Pont-Ribaud. Une fois encore il maîtrisa son ivresse, se redressa à demi et dit : — La reine est prisonnière ici... je réponds d'elle sur ma tête... sur la tienne!...

— Tarteifflel — exclama Fritz, — je l'ai échappée belle.

Et il s'élança vers la porte, tandis que Pont-Ribaud, épuisé par cet effort, retombait dans son fauteuil, fermait de nouveau les yeux et se remettait à ronfler.

— Que vous arrive-t-il donc, et qu'arrive-t-il à monsieur de Pont-Ribaud? — demanda le Gascon Caroubiac au moment où Fritz sortait en courant de la chambre du gouverneur.

— Viens avec moi, il faut garder la tour. Aux armes! — répondit Fritz, qui n'avait pas le temps de satisfaire la curiosité du Gascon. Et il s'élança vers le corridor que tout à l'heure il avait vu garni de soldats. Il n'était pas arrivé au fameux escalier qui descendait des plates-formes au bord de l'eau qu'il avait embauché une troupe de dix à douze hommes accourus au bruit. Les hommes postés dans le premier corps de garde de la tour, Fritz s'élança de nouveau au dehors. Des coups d'arquebuse retentissaient sur la grande place, à la porte du château. Fritz comprenait que c'était toute une conspiration qu'il avait à déjouer. Tandis que la reine, prisonnière, il le savait maintenant, songeait à s'échapper d'un côté, ses partisans attiraient l'attention de la garnison sur un autre point, de façon à assurer sa fuite. Fritz ne perdit point la tête : — Oh! cette fois, — dit-il, — dussé-je lui passer mon épée au travers du corps, il faudra bien que Pont-Ribaud se réveille et me vienne en aide. — Caroubiac suivait toujours. — Fai battre le tambour dans tout le château, — dit-il; — mets tout le monde sur pied; qu'on garde les appartements de la reine et qu'on fasse feu sur quiconque y veut pénétrer. Je te nomme brigadier.

Caroubiac eut un cri d'enthousiasme, et Fritz s'élança de nouveau vers la chambre où le sire de Pont-Ribaud s'était remis à ronfler paisiblement.

. . . .

Pour un homme qui n'avait jamais eu qu'à obéir et ignorait les soucis du commandement, pour un brave enfant de la blonde Germanie qui n'avait jamais eu besoin jusque-là d'exercer son intelligence, il faut convenir que maître Fritz ne s'en tirait vraiment pas trop mal.

Mais, hélas! la vie n'est qu'heur et malheur! Le navire qui a bravé le coup des tempêtes vient faire naufrage au port, et Fritz, qui avait eu pendant un quart d'heure les inspirations d'un général consommé, devait en faire la dure expérience.

S'il se fût borné à défendre la tour et à faire arquebuser par toutes les meurtrières du château ces entêtés gentilshommes tourangeaux qui voulaient danser, tout eût été pour le mieux.

Mais Fritz voulait des ordres plus explicites, et il eut la malheureuse pensée de retourner chez Pont-Ribaud alors que le Gascon Caroubiac entassait lansquenets sur lansquenets dans les antichambres de la reine.

Pont-Ribaud, nous l'avons dit, dormait de plus belle. Fritz le secoua de nouveau; mais ce fut inutilement cette fois.

L'ivresse avait repris son empire despotique, et le poinçon avec lequel Fritz se mit à déchiqueter littéralement les bras et les cuisses du malheureux gouverneur, ce poinçon, disons-nous, n'y put rien.

Pont-Ribaud ronflait, Pont-Ribaud grognait, mais il ne se réveillait point.

Fritz avait le front baigné de sueur.

Il jeta le poinçon loin de lui et dit :

— J'y renonce! — En même temps il essuya son front ruisselant et murmura : — Ouf! j'ai soif!

Il y avait un reste de vin au fond d'une cruche d'argent.

Fritz prit la cruche, la porta à ses lèvres et la vida sans désemparer.

Mais presque aussitôt il jeta un cri, appuya vivement sa main à sa poitrine, comme si le vin qu'il venait de boire eût été du plomb fondu; puis il pirouetta un moment sur lui-même et tomba enfin au pied du fauteuil dans lequel Pont-Ribaud dormait toujours.

Fritz venait d'avaler le reste du narcotique préparé chaque soir par Périne, à l'usage de monsieur de Pont-Ribaud; seulement, monsieur de Pont-Ribaud s'y était relativement habitué par un long usage, et l'ivresse qui s'ensuivait pour lui arrivait lentement, tandis qu'elle avait été foudroyante pour Fritz.

Maintenant le château d'Amboise n'avait plus de gouverneur, les lansquenets plus de chef, et ces derniers étaient réduits à leur propre instinct et à l'intelligence du Gascon Caroubiac.

. . . .

— Trahison! — avait crié Manuel.

La torche s'était éteinte et la reine et ses libérateurs se trouvaient dans l'obscurité.

Mais Galaor s'avança néanmoins en avant, l'épée à la main, criant :

— Place! place!

Une décharge d'arquebuses lui répondit.

— Sauvez la reine! — cria Manuel, qui prit madame Marguerite dans ses bras.

Cela avait duré ce que dure un éclair; mais cet éclair, qui était celui des arquebuses des lansquenets, avait pendant une minute remplacé la torche éteinte.

Et, à sa lueur, Galaor avait pu voir l'escalier couvert de marche en marche de lansquenets l'épée au poing et l'arquebuse à l'épaule.

Roland lui-même, le vaillant neveu de Charlemagne, eût hésité à passer sur cette grappe humaine.

Or Galaor et Manuel étaient seuls.

Deux épées contre douze ou quinze arquebuses!

Et il y avait derrière eux trois femmes que les balles pouvaient atteindre, et l'une de ces trois femmes était la reine de France.

— Manuel, — cria Galaor, — battez en retraite... la chambre de Périne... enfermez-vous... et attendez-moi!... je vais tenir tête à tout ce monde.

Le page comprit l'inspiration de Galaor et se sauva dans les ténèbres, emportant la reine dans ses bras. Solange et Périne les suivirent.

Les lansquenets firent feu deux fois encore. Mais leurs balles ricochèrent dans l'escalier et n'atteignirent personne.

Seulement l'éclair des arquebuses leur montra une seconde Galaor tout seul, en haut de l'escalier.

— Sus! sus! — crièrent quelques-uns.

— Attendez donc, mes maîtres! — répondit Galaor. Et il fondit sur eux au milieu des ténèbres, distribua quelques dizaines de coups d'épée à droite et à gauche, entendit des cris de rage, preuve qu'il avait troué trois ou quatre pourpoints, fit un bond en arrière, remonta l'escalier tout courant, arriva dans le corps de garde et en poussa vivement la porte. Il savait l'usage qu'on pouvait faire du verrou, il le poussa avant que les lansquenets eussent atteint la porte, et il mit ainsi entre eux et lui une barrière momentanée. Les lansquenets attaquèrent la porte à coups de crosse d'arquebuse. Mais elle était en chêne ferré et pouvait résister vaillamment. — Nous avons un quart d'heure devant nous, — pensa Galaor. Et il gagna en courant la chambre de Périne, où Manuel et les trois femmes s'étaient barricadés. — C'est moi, — dit-il en frappant, ouvrez! — On entendait toujours les coups de crosse d'arquebuse qui ébranlaient la porte de la tour. Galaor referma celle de la chambre de Périne. Puis il courut à la fenêtre. La corde à nœuds s'y trouvait toujours solidement fixée. Le Gascon se pencha et vit une masse noire immobile au bord de l'eau. C'était la litière. Au milieu du vacarme qui retentissait dans le château, un bruit monta jusqu'à son oreille. C'étaient les mules qui secouaient leur tête empanachée et faisaient tinter leurs grelots. Alors Galaor se tourna vers la reine. — Madame, — dit-il, — une fille de France doit savoir braver tous les périls. Votre Majesté n'a pas le choix du chemin.

— Peu importe, — répondit la reine, — pourvu que ce soit le chemin de la délivrance.

Et elle se confia à Galaor, qui la prit dans ses bras et enjamba la croisée. Puis, soutenant la reine d'une main et se cramponnant de l'autre à la corde à nœuds :

— Vive la reine, et Dieu nous garde! — dit-il.

Penchés au bord de la croisée, Manuel, Solange et Périne suivirent d'un œil anxieux ce groupe humain confiant sa fortune à la solidité d'une corde de cent pieds de longueur.

Tant que Galaor descendit, ils retinrent leur souffle, et leur gorge crispée ne laissa passer aucun son. Mais enfin Galaor et la reine touchèrent le sol sains et saufs. Alors Manuel et les deux femmes poussèrent un cri de joie.

— A vous maintenant! — dit Périne au page.

— A moi! — fit Manuel.

— Sans doute, mamzelle Solange est une fille de noblesse qui se meurtrirait les mains à la corde, mais moi je suis une fille des champs, et je saurai bien descendre toute seule... A vous d'abord!

Manuel prit Solange dans ses bras et enjamba la croisée à son tour.

X

C'était bien la litière si adroitement volée au sire de la Mare-aux-Biches que Galaor, avant de descendre, avait aperçue.

Les compagnons de Jérôme avaient tout à fait l'air de vrais varlets, et lui-même il était superbe sous le pourpoint de buffle de Parmesan.

La reine, le premier moment d'émotion passé, car ce n'était pas sans émotion qu'elle s'était trouvée ainsi suspendue dans l'espace, la reine, disons-nous, ne put s'empêcher d'admirer le courage et l'esprit fécond de Galaor.

— Oh! — lui dit-elle, — si je conservais quelque doute sur votre origine, ce doute s'évanouirait maintenant.

Galaor s'inclina frémissant d'orgueil; puis il releva les yeux vers la fenêtre de Périne, et vit Manuel qui descendait lentement le long de la corde, avec Solange sur ses épaules.

Jérôme s'avança à son tour et dit :

— Ah çà! messire Galaor, vous n'allez pas laisser Périne, au moins?

— Non, certes, — dit Galaor.

— Comment descendra-t-elle?

— Je l'irai plutôt chercher. — Mais Galaor en fut pour son offre obligeante vis-à-vis de ce niais de Jérôme, car à peine Manuel et Solange touchaient-ils le sol qu'on vit Périne escalader prestement la croisée et se confier toute seule à la corde à nœuds. Le naïf Jérôme poussa un véritable cri d'épouvante. — Imbécile! — lui dit Galaor, — puisque nous ne nous sommes pas fait de mal, nous autres.

— Mais c'est une femme, — dit le sensible Jérôme.

— Bah! — répondit Galaor en riant, — femme tant que tu voudras, mais je gage qu'elle est plus forte que toi.

Jérôme, les yeux fixés sur sa fiancée, était trop ému pour prêter son attention aux railleries de Galaor.

Enfin Périne toucha le sol à son tour et se jeta éperdue dans les bras de Jérôme en lui disant :

— Ah! mon bien-aimé, comme tu es beau ainsi, sous le pourpoint des hommes de guerre!

Galaor haussa imperceptiblement les épaules :

— Croyez donc aux femmes! — murmura-t-il. La reine était montée dans la litière. — Et mon cheval? — demanda Galaor à Jérôme.

— Pistache est à la porte de Blois avec votre cheval et un autre pour ce gentilhomme, — répliqua Jérôme, qui désigna Manuel du doigt.

— Allons à la porte de Blois, — dit Galaor, — car il n'est pas trop tôt pour déguerpir. — Le côté du château que baignait la Loire était plongé dans l'obscurité et le silence, ce qui avait permis aux fugitifs d'effectuer leur descente sans encombre, par la raison toute simple que tous les efforts de la garnison s'étaient portés vers la façade principale, celle qui donnait sur la place, et que le sire de Pont-Marand et ses gentilshommes comptaient prendre d'assaut. Les arquebusades se succédaient de minute en minute. Mais il pouvait se faire que, repoussés de la porte principale, les assiégeants tentassent un effort au bord de l'eau, et il n'y avait pas de temps à perdre. — En route! — dit Galaor, qui conservait le commandement de la petite expédition.

Périne sauta en croupe à Jérôme et croisa gentiment ses bras perfides sur la robuste poitrine de l'écuyer improvisé. Solange prit place dans la litière, aux côtés de madame Marguerite. Manuel et Galaor se rangèrent chacun à une des portières, et Jérôme, qui était majestueux comme un moine sur le gros percheron de Parmesan, ouvrit la marche.

Chacun des garçons que le clerc avait embauchés s'assit sur une des mules, à la façon des muletiers espagnols, et le cortége s'ébranla.

Il longea le château d'abord, puis entra dans une ruelle qui était parallèle à la Loire et conduisait en droite ligne à la porte de Blois.

Là, en effet, à vingt pas du poste de milice urbaine qui gardait la porte, un homme tenait deux chevaux en main. C'était maître Pistache.

Il avait été questionné par le chef du poste, qui lui avait demandé où il allait.

— J'attends un seigneur orléanais et sa suite, — avait dit Pistache.

— Le sire de la Mare-aux-Biches?

— Justement.

— La litière vient de passer pour l'aller querir, — avait répondu l'honnête bourgeois, qui n'avait point vu malice en tout cela.

Tandis que Manuel enfourchait son cheval, Pistache, qui avait pour Galaor une admiration toujours croissante, voulut avoir l'honneur de lui tenir l'étrier.

— Ah! monseigneur, — lui dit-il les larmes aux yeux, — aurai-je jamais le bonheur de vous revoir?

— Ecoute, — dit Galaor, — veux-tu que je te donne un bon conseil?

— Parlez, monseigneur.

— Tu as fait ta fortune, tu es un homme intelligent, et il te faut un horizon plus vaste que la petite ville d'Amboise, dont l'avenir me paraît quelque peu compromis, du reste, par la bagarre de ce soir; vends ton auberge, empoche ton argent et quitte le pays.

— Où voulez-vous donc que j'aille? — demanda Pistache.

— A Paris.

— Je n'y connais personne.

— Et moi donc!

— Vous allez à Paris?

— Sans doute.

— Où vous y trouverai-je?

— Au Louvre, — dit Galaor avec suffisance.

Et il serra la main du bon hôtelier et rassembla ses rênes.

Comme Pistache passait chapeau bas devant la litière de la reine, madame Marguerite étendit sa douce main et mit une bourse dans celle de l'hôtelier :

— Il ne faut pas, — lui dit-elle en souriant, — que tous les gens d'Amboise aient mauvais souvenir de moi.

Pistache tomba à genoux; mais la litière était déjà loin.

Armé du sauf-conduit, Jérôme s'était fait ouvrir la porte de Blois, et la reine et son escorte sortirent librement de la ville d'Amboise, qui continuait à être plongée dans le plus grand désordre.

Une heure après ils étaient à plus de deux lieues de distance. Mais le pays est plat, et le château d'Amboise se voit de loin. Galaor se retourna alors sur sa selle et vit une lueur immense qui le couronnait comme une auréole.

Il devina qu'on promenait des torches sur les plates-formes.

— Oh! oh! — se dit-il, — je gage que ce diable de Pont-Marand a pris le château, et que les danseurs cherchent la reine. Cherchez, bonnes gens, cherchez!

— A l'intérieur de la litière, la reine et Solange causaient à mi-voix. Le Louvre, monsieur de Biron, le roi, monsieur de Sully, revenaient constamment sur leurs lèvres. — Galaor, mon ami, — pensa le Gascon, — voici le moment de t'instruire des choses de la cour et de la politique, et d'en faire ton profit.

Et Galaor se prit à écouter la conversation des deux femmes.

La reine disait :

— Ce pauvre Biron ne s'attend guère à ma visite.

— Mais il en sera tout ravi, — répondit Solange.

— Bah! — fit encore Marguerite, — je connais le maréchal. L'ambition a tué le cœur chez lui.

— Votre Majesté me permettra de lui dire qu'elle exagère peut-être.

— Tu crois?

— Dame! — dit Solange, — je suis un peu jeune, moi, pour savoir tout cela par moi-même, mais j'ai entendu jaser.

— Qui donc?

— Madame Nancy, qui sait tant de choses.

— Et où cela, mignonne?

— Au Louvre.

— Et que disait Nancy?

— Ah! une foule de choses.

— Mais encore, — riposta Marguerite, qui semblait prendre goût à cette conversation.

— Il paraît que monsieur de Biron a été fort épris de Votre Majesté.

— Peuh! — dit la reine, — Biron est épris de toutes les femmes.

— A ce point, — continua Solange, — qu'il avait en grande haine monsieur de Turenne.

— Vraiment?

— Dame! Nancy m'a même raconté une histoire là-dessus.

— Voyons?

— Il paraît, — continua Solange, — qu'un soir, monsieur de Biron avait fait la partie du roi.

— Cela arrivait souvent, ma mie.

— On avait joué à l'*hombre*, et le roi avait pour partenaire monsieur de Turenne, tandis que monsieur de Biron jouait avec ce pauvre Chicot, qui a fait une fin si malheureuse.

— Pauvre Chicot! — dit la reine.

— Monsieur de Biron perdit. Le roi était enchanté, monsieur de Biron furieux.

» — C'est Turenne qui me porte bonheur, — dit le roi.

» — Il y a de quoi, — dit le maréchal avec ironie.

» Le roi ne comprit pas; mais monsieur de Turenne lança au maréchal un regard terrible.

» Quand le roi fut couché, le maréchal et monsieur de Turenne sortirent bras dessus, bras dessous. On eût dit les meilleurs amis du monde, à ce point que Chicot, qui était malin comme un singe, murmura :

» — Le vicomte de Turenne a décidément un bon naturel. Son bonheur lui suffit.

» Et Chicot s'alla coucher pareillement dans cette chambrette située sous les combles du Louvre et qu'il habitait depuis plus de vingt ans.

» Quant à monsieur de Turenne et à monsieur de Biron, ils se rendirent dans la cour du Louvre.

» — Monsieur le maréchal, — dit le vicomte, — vous avez tout à l'heure prononcé une parole malsonnante.

» — En vérité! — railla Biron.

» Et elle me bourdonnera dans l'oreille, — continua le vicomte, — jusqu'à ce que je vous aie logé la moitié de mon épée dans le corps.

» — Si vous avez ce bonheur-là — répondit le maréchal, — vous les aurez tous, attendu que vous avez déjà celui de tenir parfois la place du roi notre maître.

» — Ah! — dit encore monsieur de Turenne, — il est fâcheux que je ne la tienne pas en toutes choses.

» — Et pourquoi cela? — dit le maréchal avec aigreur.

» — Parce que je vous aurais fait arquebuser, au lieu de vous donner le collier des ordres, le bâton de maréchal et le gouvernement de la province de Bourgogne.

— Hé! — interrompit la reine en souriant, — je ne savais pas que Turenne en voulût autant à ce pauvre Biron.

Solange continua :

— En se disant de telles douceurs, le maréchal et le vicomte sortirent de la cour, gagnèrent le bord de l'eau et s'allèrent établir sous l'arche du pont. Là, ils mirent l'épée à la main et continuèrent leur conversation au clair de la lune.

» — Et pourquoi donc m'auriez-vous fait arquebuser? — demanda le maréchal en parant un coup furieux que lui porta monsieur de Turenne.

» — Pour avoir osé lever les yeux sur le bien du roi.

» Le maréchal tressaillit, et il eut une si grande émotion qu'il se découvrit et que l'épée du vicomte lui effleura l'épaule.

» — Vous en avez menti! — dit-il avec colère.

» — Bah! — fit monsieur de Turenne, — si vous m'en voulez si fort, monsieur le maréchal, ce n'est certes pas par amitié pour le roi, votre maître. Vous êtes comme moi, et plus que moi peut-être, amoureux de madame Marguerite, et, si vous aviez le bonheur d'être à ma place, vous n'auriez nul souci du roi.

» Le maréchal, à ces derniers mots, fut pris d'une si folle colère qu'il perdit tout sang-froid et que monsieur de Turenne lui logea dans la cuisse un coup d'épée qui le jeta à bas.

— Pauvre maréchal! — dit la reine.

— Le lendemain, à son petit lever, le roi ne vit point monsieur de Biron, — poursuivit Solange; — il demanda où il était. Chicot, qui avait su l'aventure, répondit :

» — Le maréchal a la gorge sensible; il s'est enrhumé hier soir en sortant du Louvre, et les médecins lui ont conseillé de tenir la chambre pendant quelques jours.

» — Il n'y a que Turenne qui ne s'enrhume pas, — dit le roi, qui se mit à rire en voyant entrer le vicomte qui lui vint passer la chemise.

» Et il ne parla plus du maréchal.

— Et voilà ce que t'a conté Nancy? — dit madame Marguerite.

— Oui, madame.

— Quelle conclusion en tires-tu?

— Que le maréchal était furieusement jaloux du vicomte.

— Et puis?

— Et amoureux fou de Votre Majesté.

— Et y a-t-il longtemps de cela?

— Cinq ou six ans.

La reine soupira.

— Le maréchal, — dit-elle, — a aimé pour le moins six femmes depuis ce temps-là.

— Je ne crois pas, — dit Solange.

— Bon! — fit la reine, — admettons un moment... que le maréchal m'aim[illegible]...

— J'en suis sûr[illegible].

— Osera-t-il me défendre?

— Il fera mieux? si vous le voulez, madame.

— Et que fera-t-il, — demanda la reine.

— Il marchera avec une armée sur Paris.

— Pourquoi faire?

— Pour vous réinstaller au Louvre et en chasser la duchesse de Beaufort.

La reine secoua la tête.

— Non, — dit-elle, Biron — ne fera pas cela.

— Que fera-t-il donc, madame?

— Plus ou moins, — dit la reine.

Et elle tomba en une rêverie profonde.

— Il conspirera, — murmura Solange.

La reine ne répondit pas.

Mais ce dernier mot de la camérière tomba dans l'oreille de Galaor comme un coup de trompette dans celle d'un destrier au matin d'une bataille.

— Oh! oh! Galaor, mon ami, — pensa le Gascon, — si j'ai bien entendu, je crois que tu t'es, dès le commencement, mêlé à une singulière et mauvaise affaire. Juges-en toi-même. Tu vas à Paris, comme un pauvre Gascon que tu es, pour chercher fortune. C'est bien. En route on te dit que tu pourrais bien être un bâtard du roi. C'est mieux. Alors, pour te faire bien venir du roi ton père, tu délivres madame Marguerite, qui est prisonnière pour ses péchés, et tu la conduis à monsieur le maréchal de Biron, qui, tu viens de l'entendre, est capable de conspirer pour l'unique amour de ses beaux yeux. Galaor, mon ami, tu n'es qu'un sot.

Et, à son tour, le Gascon tomba en une rêverie profonde, laissant flotter la bride sur le cou du petit cheval navarrais.

XI

On voyagea toute la nuit. Au petit jour, on était en face de Blois, car l'escorte royale avait suivi la rive gauche de la Loire.

La reine, qui ne tenait pas à rencontrer une foule de curieux, décida qu'on ne passerait pas le fleuve et qu'on poursuivrait la route de la rive gauche.

Vers dix heures du matin, on arriva à une petite auberge isolée au bord du chemin. La reine s'y voulut reposer.

Deux soldats de l'évêque de Blois qui se trouvaient en cette auberge demandèrent à voir le sauf-conduit.

Quand Jérôme les eut satisfaits, ils se confondirent en excuses, et, persuadés qu'ils avaient affaire au seigneur de la Mare-aux-Biches et à la dame de Morangis, ils se retirèrent.

La reine dormit quelques heures.

Jérôme et Périne ne se quittaient pas, à ce point que Galaor continuait à trouver que la femme est perfide, ingrate et inconséquente.

Manuel et Solange s'allèrent promener sous les saules du bord de l'eau pendant le sommeil de la reine, et Galaor demeura seul avec les bons compagnons de Jérôme, qu'il honora de sa bonne humeur et de sa compagnie en buvant avec eux, bien qu'ils ne fussent plus que de simples muletiers.

Avec la fraîcheur du soir, on se remit en route et on voyagea toute la nuit suivante pour ne s'arrêter que dans un petit village de la basse Sologne, lequel était bien connu de madame Marguerite, qui avait passé sa première enfance au château de Chambord, la demeure favorite de son aïeul le roi François Ier. Elle y passa la seconde journée de son voyage, et cette journée fut en tout semblable à la première.

Manuel et Solange ressemblaient à une paire de tourtereaux, et Périne était convaincue qu'elle n'avait jamais été infidèle à Jérôme, même en pensée.

Galaor en fut encore réduit à la société des muletiers. Les journées suivantes furent de même.

On visita Orléans, on rejoignit la Loire, dont on s'était un peu écarté, et le cinquième jour on traversa une petite ville du nom de Gien.

Partout le sauf-conduit faisait merveille.

A Gien, on passa la Loire, puis on laissa le fleuve à droite et on remonta vers le nord-est.

— Encore quelques heures, — disait madame Marguerite à Solange, — et nous foulerons le so bourguignon.

— Et nous serons chez monsieur le maréchal, — répondait Solange.

— Et vous n'aurez plus besoin de moi, — pensait Galaor.

On ne fit, vers midi, qu'une halte de qeelques minutes.

A mesure qu'elle approchait, la reine était de plus en plus inquiète. Vingt fois, durant le voyage, elle avait cru entendre galoper derrière elle les gens d'armes envoyés par cet affreux Pont-Ribaud.

Enfin, vers le soir, comme le soleil déclinait à l'horizon, on aperçut à l'extrémité d'une vaste plaine un château fortifié.

— Voilà Saint-Sauveur, — dit la reine. C'était la première forteresse de Bourgogne, et la bannière du maréchal de Biron flottait au haut du beffroi. Alors Marguerite respira. Elle voulut même descendre de litière, fouler de son pied mignon cette terre de la Puysaie, qui est l'antichambre des collines généreuses qui donnent naissance au vin bourguignon. — Ici, — dit-elle, — je suis encore reine de France, et on ne m'arrachera pas violemment mon consentement au divorce.

La nuit tombait quand la litière royale s'arrêta devant le pont-levis du château de Saint-Sauveur.

— Qui vive? — cria la sentinelle.

— La reine! — répondit Manuel.

Ce cri se répéta du dehors au dedans et, de sentinelle en sentinelle, arriva jusqu'au commandant du château, qui s'empressa d'accourir.

Ce commandant était un jeune homme, cousin du maréchal. On l'appelait Saint-Prix. La reine l'avait souvent vu au Louvre, et elle le tutoyait.

— Saint-Prix, mon mignon, — lui dit-elle, — je vais loger ici cette nuit; puis, demain, tu me donneras une escorte pour continuer mon chemin vers Dijon, où je m'en vais voir ton cousin le maréchal.

— Madame, — répondit Saint-Prix, — Votre Majesté n'a nul besoin de se déranger et de faire si longue route.

— Pourquoi cela, mon mignon?

— Parce que monsieur le maréchal est à deux lieues d'ici, au château de Saint-Fargeau, où il court le cerf. Je lui vais envoyer un messager.

Les joues de Marguerite s'empourprèrent de joie, et elle répéta, en regardant Solange :

— Allons, je suis toujours reine!

Le pont-levis s'était abaissé devant la litière royale; mais, au moment où la reine allait franchir la triple enceinte du château, Galaor s'approcha.

— Madame, — dit-il, — Votre Majesté est maintenant en sûreté, et je la supplie de me donner congé.

— Comment, — dit la reine, — vous me quittez?

— Oui, madame.

— Mais... pourquoi?

Un sourire vint aux lèvres du Gascon.

— Parce que, — dit-il, — je voudrais voir par moi-même si je ressemble réellement au roi de France.

La reine lui tendit la main :

— Vous êtes un brave gentilhomme, et vous ferez votre chemin, — dit-elle. — Allez! je ne vous oublierai pas.

Galaor baisa respectueusement la main de madame Marguerite et remonta à cheval.

— Comment, — dit Solange, — vous nous quittez?

— Oui, — répondit Galaor. — Si vous avez un message pour madame Nancy, je le lui porterai.

— Non, — répliqua Solange.

— Vraiment, — dit Manuel le page, — vous devriez rester avec nous.

— Ouais! — fit Galaor; — vous êtes à la reine, mais moi je ne suis encore à personne. Votre fortune est faite; la mienne est encore à faire. — Périne à son tour, vint dire adieu à Galaor. Galaor se pencha à son oreille:

— Ma mie, — lui dit-il, — mon départ n'a pas d'autre cause que la jalousie que vous m'avez mise au cœur.

— Moi? — fit l'ingénue chambrière.

— Croyez-vous pas que depuis six jours j'ai une grande liesse à vous voir cajoler ce rustre de Jérôme?

— Ah dame! — répliqua naïvement Périne, — c'est qu'il doit m'épouser... et vous ne m'épouserez pas, vous!

— Non; mais quand vous serez mariée, je reviendrai.

— Et Galaor rendit la main au petit cheval navarrais, et partit au galop en murmurant : — A Paris, maintenant! et garde-toi, Galaor, mon ami, de conter au roi que tu as délivré madame Marguerite des mains de Pont-Ribaud.

SECONDE PARTIE.

LA MAIN GAUCHE.

I

— Ventre-saint-gris! — s'écria le roi, — il fait froid en ce Louvre comme en une église de campagne ouverte à tous vents!

Et le roi se leva de son fauteuil à dossier étoilé de fleurs de lis, et mit sans façon lui-même une bûche dans la cheminée.

Il y avait dans un coin de la salle une demi-douzaine de courtisans qui chuchotaient à mi-voix et se tenaient à distance respectueuse. Parmi eux se trouvait monsieur d'Épernon.

— Hé! messieurs, — dit-il tout bas, — le roi est de méchante humeur aujourd'hui.

— Il y a de l'orage dans l'air, — murmura un autre seigneur.

— Un orage qui s'est gonflé de pleurs de femme, — ajouta un troisième.

Le souper du roi était servi sur une petite table roulée au coin du feu. Mais le roi n'y songeait.

Ses genoux l'un sur l'autre, son menton dans sa fraise, et sa fraise écrasée à demi dans ses deux mains, Henri de Navarre, aujourd'hui roi de France, semblait avoir hérité, lui le Bourbon joyeux, en même temps que du trône, de l'ennui que les Valois, ses prédécesseurs, avaient traîné pendant un demi-siècle sous les froids lambris du Louvre.

D'Épernon disait tout bas encore :

— La belle Gabrielle a un insupportable caractère; elle pleure. Connaissez-vous rien d'agaçant comme une femme qui fond en eau du soir au matin?

Un Gascon, le chevalier d'Estourbiac, se pencha à l'oreille de d'Épernon et lui dit :

— Êtes-vous bien sûr, monsieur le maréchal, que la mauvaise humeur du roi vienne de là?

— Très-sûr, — répondit d'Épernon.

— Hum! — fit d'Estourbiac, — je gagerais autre chose, moi.

— Et quoi donc, mon jeune ami?

— Le roi est amoureux.

— De la belle Gabrielle?

— Non, de mademoiselle d'Entragues.

— Henriette?

— Oui.

— C'est encore bien possible, — fit d'Épernon.

— Alors, — reprit le chevalier d'Estourbiac, — les larmes de la duchesse de Beaufort ne sont pour rien dans la mauvaise humeur du roi.

— Au contraire. — Le chevalier regarda monsieur d'Épernon avec étonnement. — Mon jeune ami, — dit le maréchal en prenant le chevalier par l'oreille, — vous êtes Gascon comme moi, vous avez de l'esprit...

— Comme vous, monsieur le maréchal, — dit le Gascon, qui était déjà bon courtisan.

— Soit, — fit d'Épernon, — mais vous manquez d'expérience.

— Ah!

— Le roi est un héros, — poursuivit d'Épernon avec une légère pointe d'ironie. — Personne n'en doute, et les gens de Paris moins que d'autres; mais le roi, qui n'a jamais pâli devant une coulevrine, ne peut affronter l'éclat de deux beaux yeux, noirs, bruns, ou bleus, car la couleur lui importe peu. Le roi aime toujours deux ou trois femmes à la fois.

— Vraiment?

— Ce brutal de Sully, — poursuivit monsieur d'Épernon, — a persuadé au roi qu'il devait divorcer avec madame Marguerite, laquelle est bréhaigne, comme on dit, le trône de France ne se pouvant passer d'héritier.

— Fort bien.

— La duchesse de Beaufort, que le roi a beaucoup aimée, pleure chaque matin une tonne de belles larmes transparentes comme du cristal de roche, en prouvant au roi que son fils, le petit César, ferait un prince héritier charmant. Quand Sully a battu la reine en brèche, le roi se souvient du temps où, petit prince de Navarre, il était amoureux de sa femme. Lorsque Sully, avec sa brutale franchise, lui a prouvé qu'on ne fait pas un roi futur d'un bâtard, il songe très sérieusement à répudier la reine et à épouser madame la duchesse de Beaufort. Maintenant, vous me direz, mon jeune ami, que le roi est amoureux de mademoiselle d'Entragues : c'est encore possible, et je ne serais pas étonné qu'à cette heure il ne les aimât toutes les trois.

— La reine, la duchesse et mademoiselle d'Entragues!

— Oui.

— Peste! — murmura d'Estourbiac, — ce cœur est donc vaste comme une cathédrale?

— Avec des courants d'air, — acheva d'Épernon.

En ce moment, le roi leva la tête.

— Hé! d'Épernon, — dit-il, — que marmottez-vous là-bas, mon ami?

— Sire, — répondit le maréchal en s'approchant, — je regarde le ciel et les étoiles par la fenêtre qui est ouverte.

La fenêtre était ouverte, en effet, ce qui expliquait qu'il fît froid dans la salle, bien que le feu de la cheminée fût ardent. Mais le roi aimait que les choses fussent ainsi. Un brasier dans l'âtre et l'air vif du dehors entrant par bouffées.

Sept heures venaient de sonner à Saint-Germain l'Auxerrois, et, comme on touchait aux premiers jours d'octobre de cette même année 1597, la nuit était venue depuis longtemps, fort belle nuit, claire et limpide comme une nuit d'Espagne ou d'Italie, avec des étoiles d'or plus nombreuses que les grains de sable du bord de la mer.

Le roi quitta son fauteuil et s'approcha de la fenêtre.

— Tu as raison, d'Épernon, — dit-il, car il tutoyait

quelquefois le maréchal, — tu as raison, la nuit est belle.

— N'est-ce pas, sire?

— Mais je ne te croyais pas un rêveur aux étoiles, mon bon ami.

— J'ai mes heures, sire.

— Es-tu amoureux, maréchal?

— Dieu m'en garde, sire!

— Ventre-saint-gris! tu es bien heureux, mon compère. — D'Épernon salua. — Mais, — reprit le roi, — pourquoi donc regardes-tu les étoiles, si tu n'es pas amoureux?

— Parce que je me souviens d'une certaine histoire que m'a racontée mon ami Noë.

A ce nom le roi tressaillit.

— Pauvre Noë! — dit-il, — nous avons passé de joyeuses heures ensemble, et il a eu bien tort de me quitter. C'était un bon compagnon, maréchal.

— Certainement, sire.

— Et quelle était cette histoire que te contait Noë, maréchal?

— Votre Majesté la veut savoir?

— Oui, — dit le roi, qui bâillait à se tordre la mâchoire.

— Eh bien, sire, — dit tout bas d'Épernon, — Noë me disait que, un soir de l'année 1572... il y a longtemps de cela, sire.

— Hélas! — soupira le roi Henri.

— Deux cavaliers, deux jeunes gens, entrèrent dans le cabaret d'un certain Malican...

— Ah! oui, l'oncle de Myette!

— Précisément, sire.

— Et que firent-ils ces deux cavaliers?

— Ils soupèrent joyeusement, ils burent à longs traits, et puis l'un d'eux se mit à la fenêtre et se prit à contempler une étoile qui montait lentement à l'horizon.

— Voyez-vous ça? — dit le roi dont le visage rembruni s'éclaircissait peu à peu.

— « Écoute, » — dit le cavalier à son compagnon, — « cette étoile que tu vois là est la mienne. Regarde comme elle brille, comme elle monte rapidement au-dessus du Louvre. Sais-tu ce qu'elle me prédit? Elle me prédit que le Louvre sera mien, que Paris m'appartiendra, et avec Paris la France, et que je serai roi! »

— Ah! il disait cela, maréchal!

— Oui, sire, — répondit d'Épernon, — et il disait vrai, car l'étoile a tenu toutes ses promesses, car le cavalier d'alors vêtu d'un pourpoint de gros drap et chaussé de bottes de peau de vache n'était autre que le prince Henri de Navarre, aujourd'hui roi bien-aimé.

— C'est vrai ce que tu dis là, maréchal, — fit le roi en soupirant. — L'étoile a tenu ce qu'elle avait promis, elle a tenu plus encore, mon pauvre ami.

— Quoi donc, sire?

— Elle a réalisé une prédiction qu'elle avait oublié de me faire.

— Vraiment! Et... cette prédiction... était...?

— Que je m'ennuierais horriblement sur ce trône de France, — soupira le roi, qui en cet instant montra le poing à son étoile. A cet aveu du roi, d'Épernon ne sourcilla pas. D'Épernon était bon courtisan. Il savait qu'il faut toujours être de l'avis des princes, même quand ils disent du mal d'eux-mêmes. Le roi attendit un moment, et, voyant que d'Épernon ne disait rien, il continua : — Tu ne trouves pas qu'il pleut de l'ennui ici, maréchal?

— Cela dépend, sire.

— Comment l'entends-tu?

— Le Louvre est une fort belle demeure.

— Il me paraissait bien plus beau, — soupira Henri, — du temps de mes frères et cousins les rois défunts.

— Ma foi! sire, — dit d'Épernon, — c'est qu'alors vous n'étiez pas roi.

— Tu te trompes, je l'étais... j'étais roi de Navarre, et c'était bien plus amusant.

— Peuh! — fit le maréchal retroussant à demi sa lèvre supérieure.

— Mon château de Pau était une bicoque, mais que point de vent et du vin dans les caves, comme il n'y en a pas ici. Et une demi-douzaine de bons compagnons pour seuls courtisans... Et Corisande la belle... et Fleurette... et puis encore...

Le roi s'arrêta. Mais son visage s'était éclairci et son cœur se réchauffait à ces souvenirs de sa jeunesse et à ses premières amours.

— Et puis encore?... — répéta le maréchal.

Le roi tressaillit. Puis il jeta un coup d'œil derrière lui et aperçut tout ce groupe chamarré d'or des courtisans et des officiers qui gardaient un religieux silence depuis que le roi causait avec monsieur d'Épernon.

— Chut! — dit-il, — il y a certaines histoires qui sont comme le vieux vin.

— Plaît-il? — fit le maréchal.

— Exemple, — reprit le roi : — tu as du vin de cent ans, couleur pelure d'oignon. Dans ta famille, on en boit une bouteille à chaque naissance et à chaque mariage.

— Eh bien!

— Tu n'inviteras, pour trinquer avec toi et déguster ce nectar, que tes amis les plus chers et tes parents les plus proches.

— Naturellement.

— Eh bien, pour narrer certaines histoires, il faut être en tête à tête avec un vieil ami. Toute oreille profane gâterait l'histoire.

— C'est un peu vrai, sire.

Le roi jeta un nouveau regard dans la salle, non plus pour voir les courtisans, mais pour regarder la table toute servie qui se trouvait auprès du feu.

— Veux-tu souper avec moi, maréchal? — dit-il. — D'Épernon s'inclina. — D'abord, as-tu faim?

— Oui, sire.

— A la bonne heure! j'ai horreur de ces muguets qui mangent du bout des dents.

— Je dévore, sire.

— Bois-tu toujours bien?

D'Épernon sourit :

— Votre Majesté sait bien, — dit-il, — qu'un Gascon qui cesse de boire est bien près de la mort, et je ne suis pas pressé de quitter ce monde, moi.

Le roi se tourna vers ses courtisans :

— Messieurs, — dit-il, — quand j'étais roi de Navarre, j'avais banni l'étiquette de ma cour et, quand je me mettais à table, tous ceux qui se trouvaient avec moi en faisaient autant. Malheureusement pour vous et pour moi, j'ai troqué ma couronne de Navarre contre celle de France, et mes nouveaux sujets prétendent que je me dois à l'étiquette. Mais si je ne puis vous inviter à souper, il me serait véritablement pénible de vous voir assister à mon repas. Vous êtes donc libres, messieurs, d'aller souper à votre guise.

Et d'un geste le roi congédia tout le monde.

— Bon! — murmura le jeune cavalier d'Estourbiac, qui sortit le dernier, — monsieur le duc d'Épernon a fait une rude besogne : il est parvenu à donner de l'appétit au roi. Pourvu que monsieur de Sully ou madame la duchesse de Beaufort ne viennent pas tout gâter.

Le roi se trouva donc tête à tête avec d'Épernon. Il y avait bien encore dans un coin de la salle deux petits amours de pages qui servaient le roi à table. Mais le roi ne les renvoya point.

Il se mit à table, invita d'Épernon à s'asseoir en face de lui, et plongea une grande fourchette et un grand couteau dans un pâté de perdreaux qui lui venait de Nérac en droite ligne.

La première bouchée avalée, le premier gobelet de vin une fois vidé, Henri mit ses deux coudes sur la table...

— Voilà qui va déjà mieux, — dit-il.

— Sire, — répondit d'Épernon, — Votre Majesté se calomniait étrangement tout à l'heure.

— Tu crois?

— Oh! certes, un roi qui s'ennuie n'a ni faim ni soif. J'ai vu souper le feu roi Henri plus d'une fois.

— Ah!

— C'était pitoyable, sire. On était toujours tenté d'aller lui querir un confesseur.

— Oh! je n'ai pas faim tous les jours, mon bon ami, — dit le roi en riant; — mais il m'est passé par l'esprit un souvenir de jeunesse qui m'a tout réconforté ce soir.

— Serait-ce l'histoire que Votre Majesté vient de me promettre?

— Précisement. — Le roi poussa encore un soupir et reprit : — Si madame la duchesse de Beaufort était là, elle me ferait mille misères. Cette femme est jalouse du passé encore plus que du présent.

— Et... de l'avenir... sire? — fit le maréchal avec un fin sourire.

Le roi fit un mouvement sur son siége et regarda d'Épernon :

— Mon compère, — dit-il, — je te soupçonne de me vouloir faire jaser.

— Moi, sire?

— A l'endroit de mademoiselle d'Entragues. — D'Épernon prit un air étonné et ne sourcilla point. Le roi reprit : — Aussi vais-je tout de suite te raconter l'histoire en question.

— J'écoute Votre Majesté.

Le roi continua, la bouche demi-pleine :

— C'était en septembre, un mois après cette fête de famille organisée par ma chère belle-mère la reine Catherine, et qu'on appelle la nuit de la Saint-Barthélemy. Je l'avais échappé belle, et si madame Marguerite, ma femme, ne m'avait pas caché sous son lit, je crois bien que nous ne souperions pas ensemble ce soir. Tu penses bien que je n'étais plus à Paris. J'avais mis cent bonnes lieues entre le Louvre et moi, et nous voyagions à petites journées, madame Marguerite et moi, pour nous en aller en Navarre régner sur notre petit peuple. J'étais encore un peu amoureux de la reine, j'en conviens; mais ce n'était plus comme au temps où l'on m'appelait à Paris le sire de Conrasse, et où Nancy m'introduisait au Louvre par le petit escalier du bord de l'eau. Je l'avouerai même que la différence de religion avait jeté du froid entre nous. Et puis mes amis m'avaient conté un tas de sornettes sur madame Marguerite.

— Vraiment! sire.

— Oh! des calomnies, mon compère, car la reine est une honnête femme; mais enfin on m'avait parlé de monsieur de Guise par-ci, de monsieur de la Môle par-là... que sais-je? Ce qui faisait que j'étais d'assez méchante humeur lorsque nous arrivâmes en vue de Beaupertuis.

— Hein! — fit d'Épernon.

— Beaupertuis, — reprit le roi, — est le manoir dans lequel s'est passée l'histoire que je te narre, comme tu vas voir. — Et le roi avala un nouveau verre de vin et se mit à découper lestement un perdreau. Le roi poursuivit : — Beaupertuis est un joli castel, bâti à mi-côte, au bord de la Dordogne, à cinq ou six lieues de Bordeaux.

» Il était presque nuit lorsque nous aperçûmes ses tours se détachant sur le ciel encore rouge des rayons du crépuscule.

» Nous chevauchions depuis le matin, nous étions las et nous avions faim.

» Les quatre gentilshommes qui nous faisaient escorte se prirent à soupirer en regardant le manoir, lequel était la seule habitation qu'on découvrit à l'horizon.

» La reine écarta les rideaux de sa litière et dit :

» — Est-ce que nous n'allons pas demander l'hospitalité en ce château?

» — Ce sera comme il vous plaira, — répondis-je d'un ton de mauvaise humeur qui s'expliquait par le souvenir de toutes les vilaines choses que m'avaient contées les ennemis de madame Marguerite.

» Une demi-heure après, nous frappions à la porte du manoir.

» Cette porte demeura close assez longtemps. Enfin une fenêtre s'ouvrit au-dessus, et une tête de vieille femme, embéguinée comme une nonne, se montra, demandant ce qu'on voulait.

» Turenne, qui était un des quatre gentilshommes, répondit :

» — Nous sommes des gentilshommes qui avons faim et soif et demandent l'hospitalité.

» — Êtes-vous catholiques? — fit la vieille.

» — Oui, — dit Turenne, qui fit ce mensonge par prudence.

» La fenêtre se referma, et dix minutes après la porte s'ouvrit.

» Elle s'ouvrit, — continua le roi, — avec des bruits lugubres.

» Derrière ses battants nous apparut un homme aussi vieux que la vieille femme qui nous avait questionnés.

» Cet homme avait un pourpoint noir, des chausses noires, une barbe blanche, une figure jaune et des petits yeux gris qui brillaient d'un étrange éclat.

» — Suivez-moi, — dit-il.

» Nous passâmes sous la tour du beffroi, puis nous traversâmes une cour dans laquelle on laissa la litière, les mules et les chevaux, et enfin nous fûmes introduits dans une grande salle aux murs noircis où, l'hiver, il devait faire un froid de loup.

» Ma mauvaise humeur s'en augmenta, et je dis à la reine :

» — Si vous soupez maigrement, buvez du mauvais vin et couchez sur un lit détestable, vous ne vous plaindrez pas, ma mie, car c'est vous qui avez voulu vous arrêter ici.

» Le vieillard, qui me paraissait être une manière de majordome, alluma du feu, dressa une table et sortit sans dire un mot.

» La vieille dame ne paraissait pas.

» Un quart d'heure après, le vieillard revint suivi de trois autres valets non moins vieux, qui apportaient du vin et des viandes froides. Nous voulûmes le questionner, mais il répondit sèchement.

» — A qui est ce manoir? — demanda Turenne.

» — A madame.

» — Qu'est-ce que madame?

» — C'est la veuve du baron.

» — Quel baron?

» — Le baron de Beaupertuis.

» Est-ce que la baronne ne nous fera point visite? — demanda la reine.

» — Non.

» Et le vieillard et ses trois acolytes sortirent.

» Les viandes étaient bonnes, le vin excellent; nous avions grand'faim, et nous soupâmes d'excellent appétit. Ce diable de vin de Gascogne m'a toujours mis en belle humeur, — continua le roi.

» Vers la fin du souper j'étais tout ragaillardi et j'avais l'opinion qu'il faisait clair de lune, que la nuit était tiède et que nous ferions bien de nous mettre en route.

» Mais la reine était lasse et nos compagnons clignaient des yeux.

» — Nous partirons au petit jour, — me dit madame Marguerite.

» Le vieillard revint, toujours suivi des trois vieux

domestiques, et nous dit que nos chambres étaient prêtes.

» La reine suivit le majordome. Turenne et ses compagnons s'accommodèrent d'une vaste pièce où l'on avait dressé deux lits, et ils couchèrent deux par deux. Quant à moi, je déclarai que je me trouvais fort bien dans un grand fauteuil qui se trouvait auprès du lit, et je demeurai en la salle du souper, disposé à y passer la nuit enveloppé dans mon manteau.

» Une heure après, tout dormait dans le château et je commençais à fermer les yeux, quand un léger bruit m'éveilla.

» Ce bruit ressemblait à un gémissement.

» Je me levai et prêtai l'oreille en me dirigeant vers la porte de la salle.

» A mesure que je m'éloignais de la cheminée, dans laquelle flamboyaient encore quelques tisons, le bruit devenait plus distinct.

» J'entendis une voix de femme, une voix jeune et plaintive.

» J'ouvris la porte et me trouvai dans un vaste corridor à l'extrémité duquel je vis un rayon de lumière qui filtrait sous une porte.

» Je me dirigeai vers la clarté; c'était de là que partaient les gémissements, auxquels se mêlaient à présent les grognements d'une voix chevrotante et cassée.

» Tu as connu madame Catherine comme moi, maréchal, — dit le roi; — tu sais si elle avait mis à la mode, pour le Louvre et les autres résidences, la coutume de percer des trous dans les murs, de creuser des escaliers, d'écouter aux portes et de regarder par les fentes des serrures.

— Oui, sire.

— Eh bien, je me souvins des leçons de madame Catherine, et, m'approchant sur la pointe du pied, je me conduisis comme un page ou une chambrière.

— Votre Majesté colla son œil au trou de la serrure?

— Justement.

— Et que vit-elle?

— D'abord une manière d'oratoire dont les murs étaient tendus d'une étoffe violette, comme le logis d'un évêque. Dans cet oratoire il y avait deux femmes vêtues de noir, une jeune et une vieille.

» Je ne vis d'abord que la vieille.

» C'était bien cette tête vénérable et parcheminée qui nous était apparue au-dessus de la grande porte.

» — Vous entrerez au couvent! — disait-elle, — car nous avons été déjà trop appauvris par les guerres civiles pour qu'on puisse distraire une obole de l'héritage de votre frère afin de vous faire une dot convenable.

» La jeune fille répondit par des gémissements.

» La vieille, qui se trouvait devant la porte, s'étant écartée un peu, je pus voir celle qui était destinée au supplice silencieux d'un cloître.

» Un rayon de lumière tomba sur son visage et j'eus toutes les peines du monde à ne pas laisser échapper un cri d'admiration.

. . . .

Le roi en était là de son récit lorsque la porte s'ouvrit et livra passage à un page.

— Que veux-tu, mon mignon? — demanda le roi Henri.

— Sire, — répondit le page, — c'est madame Nancy qui désire être reçue par Votre Majesté.

— Que veut-elle?

— Je l'ignore, sire.

— Fais entrer ma commère Nancy, — dit le roi en riant; — elle n'a pas l'oreille farouche, et je pourrai bien continuer mon histoire devant elle. A ta santé, maréchal!

Et le roi trinqua avec d'Épernon.

. . . .

Nancy entra. Ce n'était plus la pimpante, moqueuse et spirituelle soubrette de seize ans qui introduisait le sire de Coarasse chez madame Marguerite; car il y avait bien vingt années de cela et peut-être même un peu plus. Mais celui qui l'eût connue à seize ans et l'eût revue à trente-six pour la première fois, l'aurait certainement reconnue.

Nancy était belle, de cette beauté à la maturité splendide qui s'épanouit après la trentième année.

Veuve depuis longues années déjà de ce mignon Raoul qu'elle avait tant aimé, Nancy ne s'était point remariée.

Pleurait-elle toujours Raoul? Les uns disaient oui, les autres non.

Que faisait-elle au Louvre, elle la vieille et sincère amie de la reine en disgrâce, alors que Marguerite était livrée aux façons grossières de Pont-Ribaud? C'était encore un mystère.

Le roi se plaisait, du reste, en la compagnie de Nancy. Elle avait conservé son joli babil; bien qu'elle n'eût plus sa taille de guêpe, elle glissait encore légèrement dans les corridors secrets du Louvre, et marchait à merveille sur la pointe du pied.

Les méchantes langues disaient même qu'elle n'avait pas perdu sa jolie habitude d'écouter aux portes par-ci, par-là. Mais tout le monde ménageait Nancy, anciens ou nouveaux courtisans, ligueurs soumis ou parpaillots convertis à l'Église romaine.

Madame de Beaufort l'appelait « chère dame » et eût fait de grands sacrifices pour l'avoir dans son jeu, depuis certain jour où, ayant eu l'imprudence de la traiter avec quelque hauteur, elle avait été morigénée par le roi.

— Ma mie, — lui avait dit le bon Henri, — toucher à Nancy c'est me faire offense. Nancy est presque née au Louvre, et elle y sera toujours chez elle. Quand vous pleurez, ce qui vous arrive souvent, et me mettez en rage et mauvaise humeur, Nancy arrive et me conte une histoire qui me fait rire. Gardez-vous donc de lui faire aucune peine, ou nous nous fâcherons.

Depuis ce jour, la belle Gabrielle s'était dit bien souvent :

— Il dépendrait de Nancy que le roi répudiât sa femme et m'épousât. Il faut que Nancy soit à moi.

Mais elle ne gagnait pas Nancy et la duchesse favorite perdait sa peine.

Donc, Nancy entra.

— Bonjour, ma mignonne, — lui avait dit le roi, — j'étais tout à l'heure d'une sombre humeur, tu fais bien de venir me voir.

— Cependant, madame, — dit le maréchal en saluant Nancy, — je dois vous dire que l'humeur de Sa Majesté s'adoucissait par degrés. Le roi me contait une histoire...

— Ah! — fit Nancy.

— Je parlais du château de Beaupertuis.

— Bon! — fit Nancy, — j'y suis. Votre Majesté m'en a jadis touché quelques mots. Mais puisque monsieur d'Épernon ne la connaît pas...

— Non, — dit le maréchal, — et je suis fort intrigué de savoir ce qu'il advint de la colère de la vieille dame et des pleurs de la jolie fille.

Un sourire vint aux lèvres du roi.

— Tu permets que je continue, Nancy, — dit-il.

— Oui, sire.

Et Nancy se pelotonna dans un fauteuil au bout de la table.

Le roi poursuivit :

— J'étais toujours derrière la porte. Depuis que les rayons de la lampe éclairaient le visage de la jeune fille, je me trouvais plongé dans une véritable extase. Les larmes allaient à ravir à ce joli minois, et madame de Beaufort, qui pleure fort bien cependant, n'a jamais su pleurer comme ça. — Nancy se mordit les lèvres pour ne pas rire. — La vieille termina brusquement l'entretien : « Ma fille, » dit-elle, « vous partirez dans quinze jours ; telle est ma volonté. » Et elle s'en alla par une porte qui était demeurée ouverte au fond de l'oratoire, et le silence ne fut plus troublé que par les sanglots de la jeune fille.

» Alors, — poursuivit le roi, — je grattai doucement à la porte.

» La belle tressaillit, essuya vivement ses larmes, se précipita vers la porte et l'ouvrit :

» — Qui est là ? — dit-elle.

» Puis, m'apercevant, elle fit un pas de retraite en manifestant un grand effroi.

» — N'ayez pas peur ! mon enfant, — lui dis-je. — Je suis un chevalier errant de profession, et je mets mon épée et ma lance au service des opprimés. — Il paraît que ma physionomie lui inspira quelque confiance, car elle n'appela point à son aide et me permit d'entrer dans l'oratoire. Elle passa la nuit à me raconter son malheur. On la voulait mettre au couvent, et elle aurait préféré se marier et épouser un beau petit gentilhomme dont elle me dit le nom et qui avait son manoir au bord de la Dordogne à quelque dix ou douze lieues en amont. — Pourquoi ne vous enlève-t-il pas ? — lui demandai-je.

» — Hélas ! il ne sait où je suis. Ma mère a répandu le bruit que j'étais enfermée depuis plus d'un an dans un monastère d'Angoulême.

» — Et depuis un an ?...

» — Je suis prisonnière ici.

» — Voulez-vous que je vous enlève, moi, et que je vous conduise à votre fiancé ?

» — Vous feriez cela ? — me dit-elle avec angoisse.

» — Oui.

» — Quand ?

» — La nuit prochaine.

» Son étonnement allait croissant.

» — Mais comment êtes-vous ici ? — me demanda-t-elle.

» — On m'a donné l'hospitalité.

» Le jour venait, nous nous séparâmes.

. . . .

» Au lever du soleil, madame Marguerite, mes quatre gentilshommes et moi, nous nous remîmes en route.

» Ni la reine, ni mes compagnons ne soupçonnaient mon aventure de la nuit.

» Une heure après, nous traversions la Gironde.

» Je dis alors à madame Marguerite :

» — Ma mie, nous sommes ici chez nous, et n'avons plus rien à craindre de madame Catherine. Vous pouvez continuer votre route en la compagnie de Turenne. Moi je m'en vais remonter la rivière jusqu'au manoir de mon ami Noë, chez qui je compte passer huit jours.

» La reine, à qui cela plaisait sans doute de voyager avec Turenne, me laissa partir.

» Je passai la journée dans une maison de paysan, à une lieue de Beaupertuis.

» La nuit venue, j'escaladai les remparts, qui étaient en mauvais état, je me glissai dans les jardins, et, grâce aux indications que la belle Isaure m'avait données la veille, je parvins jusqu'à elle.

— Et, — fit le maréchal, — Votre Majesté la conduisit à son fiancé ?

— Sans nul doute, — dit le roi.

— Le roi dit la pure vérité, — ajouta Nancy, — mais il ne la dit pas tout entière.

— Comment cela, ma mie ?

— Le roi ne dit pas qu'il mit trois mois à faire le voyage.

— Oh ! — dit le maréchal, — un voyage de douze lieues. — Le roi n'avait pas menti à la reine. Il s'arrêta tout ce temps-là dans le château de son ami Noë.

— Mais... le petit gentilhomme ?

— Ah ! dame ! je ne sais plus, — dit le roi Henri naïvement, — il y a si longtemps de cela.

— Hé ! — dit Nancy, — j'en sais plus long peut-être, moi.

— Toi ? — fit le roi Henri.

— Oui, sire, et c'est pour finir cette histoire que je suis ici.

Le roi Henri était maintenant de fort belle humeur.

Le vin de Jurançon, sa boisson favorite, l'avait mis en gaieté, et la promesse que lui faisait Nancy achevait de le réjouir.

— Comment, mignonne, — dit-il, — tu sais ce qu'il advint de la belle demoiselle de Beaupertuis ?

— Oui, sire.

— Conte-nous donc ça.

— Volontiers, — répondit Nancy. — Le petit gentilhomme à qui Votre Majesté la conduisit s'appelait le sire de Miossens.

— Précisément. Tu as plus de mémoire que moi, Nancy, car j'avais oublié.

— Il était huguenot.

— Pardieu !

— Et entouré d'une famille aussi acharnée contre les catholiques que celle de la demoiselle de Beaupertuis l'était contre les calvinistes. Néanmoins ils se marièrent. La demoiselle de Beaupertuis ne réclama pas un curé et se contenta d'un ministre. Puis, le mariage conclu, le sire de Miossens se mit à la tête d'une vingtaine d'hommes d'armes, prit le chemin du manoir de Beaupertuis, s'en vint sonner du cor à la porte et réclama la dot de sa femme. Le frère de la demoiselle se trouvait au château. Il reçut le sire de Miossens à coups d'arquebuse, et le siége du manoir commença. Il y avait trêve depuis longtemps entre les huguenots et les catholiques. Ce fut le signal d'une nouvelle guerre. De part et d'autre on courut aux armes, et la bataille recommença. Pendant ce temps, la dame de Miossens était renfermée dans le manoir de son époux, et elle devenait mère. Était-ce un fils ou une fille ? Je ne sais ; car les catholiques, vainqueurs, s'en vinrent mettre le siége devant le château. Ils étaient commandés par le sire de Beaupertuis en personne. Pendant ce temps-là, Miossens était retenu devant une place forte. Son manoir fut pris d'assaut la nuit même où sa jeune femme était en proie aux douleurs de l'enfantement. Que se passa-t-il ? la dame de Miossens ne l'a jamais su positivement, car un long évanouissement avait suivi sa délivrance.

— Et l'enfant ?

— L'enfant avait disparu.

— Bon !

— Son farouche frère lui dit, quand elle revint à elle : « Ne cherchez point votre enfant, car vous ne le reverrez jamais ! » Puis il la conduisit dans un couvent et l'y enferma. Elle y passa dix années, et n'en sortit qu'à la mort de son frère, qui fut tué dans une bataille.

— Mais, — dit le roi, — que faisait le sire de Miossens pendant ce temps-là ?

— Sire, — répondit Nancy, — le frère de la demoiselle de Beaupertuis avait été non-seulement un méchant homme, mais encore une mauvaise langue.

— Comment cela, mignonne ?

— Il avait appris que sa sœur avait fait un long séjour chez Amaury de Noë, en compagnie d'un gentilhomme inconnu ; et, comme l'enfant qu'il fit disparaître était venu au monde sept mois et dix-sept jours après le mariage, il se hâta d'en informer le sire de Miossens par un messager.

— Ah ! ah ! — fit le roi.

— De telle sorte que le sire de Miossens ne s'occupa plus de sa femme.

— Mais comment sais-tu tout cela, Nancy? — demanda le roi.

— Parce que j'ai eu la visite de la belle veuve de Beaupertuis, dame de Miossens.

— Quand cela?

— Aujourd'hui même.

— Tu la connais donc?

— Non; mais elle m'est adressée par des petits cousins qui savent que j'ai quelque crédit à la cour.

— En vérité! — dit le roi en riant.

— Ces bonnes gens se trompent, — reprit Nancy d'un air modeste, — car personne excepté...

— Mignonne, — interrompit le roi, — prends garde, tu vas médire de la duchesse de Beaufort.

— Moi, sire! oh! par exemple! — Et Nancy s'étant mordu les lèvres continua : — La dame de Miossens m'a donc fait visite et n'a d'espoir qu'en moi.

— Pourquoi faire?

— Pour obtenir justice de Votre Majesté.

— Que lui advient-il donc?

— Le sire de Miossens est mort.

— Je sais cela.

— Et en mourant il a légué tous ses biens à sa femme, disant dans son testament qu'il croit qu'elle a été calomniée, et qu'il veut réparer après sa mort le dommage qu'il lui a causé durant sa vie.

— Voilà qui est fort bien, — dit le roi.

— Mais, — reprit Nancy, — les neveux du sire de Miossens contestent la validité du testament.

— Hum! — fit Henri de Bourbon.

— Ce qui fait que la dame de Miossens espère que Votre Majesté, daignant se souvenir d'elle...

— Ventre-saint-gris! si je m'en souviens!

— Déclarera le testament valable.

— Mais, mignonne, — dit le roi, — cela ne me regarde pas, moi.

— Qui donc cela peut-il regarder, sire.

— Mon parlement.

— Soit; mais si Votre Majesté dit : « Mon parlement, » c'est que le parlement est à elle.

— Eh bien!

— Et le parlement obéira au roi.

— Mignonne, — reprit le roi, — tu vas voir que les choses ne sont pas aussi faciles que tu les dis.

— Mais, sire...

— D'abord, j'ai de bonnes raisons pour croire que le sire de Miossens s'est trompé en croyant qu'on a calomnié sa femme.

— Oh! — fit Nancy en souriant, — il y a si longtemps de cela!

— Ensuite les Miossens sont un peu mes cousins.

— Comment cela, sire!

— Ne sais-tu donc pas que j'ai eu pour nourrice Jeanne de Miossens.

— Oui, certes, mais ces Miossens dont parle Votre Majesté sont Béarnais.

— Et celui qui vient de mourir est Gascon, n'est-ce pas?

— Précisément.

— Mais ils sont cousins; et il y a mieux, c'est que, si je ne me trompe, ce sont les Béarnais qui doivent hériter du Gascon. Si je donne raison à Isaure de Beaupertuis, je me brouille avec mes frères de lait.

— Hum! — fit Nancy, — il y a du vrai là-dedans, sire.

— Si je donne tort à Isaure, — continua le roi, — elle dira que je suis ingrat.

— Dame!

Le roi se tourna vers d'Épernon.

— Que ferais-tu à ma place, maréchal?

D'Épernon parut réfléchir :

— Sire, — dit-il enfin, — je donnerais audience d'abord à la dame de Miossens.

Le roi tressaillit.

— Quel âge peut-elle bien avoir? — fit-il.

— Trente-six ans, — dit Nancy, — mais elle en paraît trente à peine. Elle est encore fort belle.

— Vrai? — dit le roi.

— Votre Majesté est capable d'avoir un regain d'amour pour elle, — dit Nancy.

— Oh! oh! — dit le roi pensif. Puis tout à coup il frappa du poing sur la table. — Mais je veux pourtant qu'on m'appelle Henri le Juste, — dit-il. Nancy et D'Epernon se regardèrent avec inquiétude. — Et, — acheva le roi, — si je prends parti pour la dame de Miossens, je commettrai une injustice flagrante.

Sur ces mots, le roi tomba dans une rêverie si profonde que d'Épernon quitta la table sans qu'il s'en aperçût.

Le maréchal était un homme prudent, il s'était levé de table sans bruit, en faisant ce raisonnement plein de sagesse :

— Le roi a eu avec madame de Beaufort une petite explication fort désagréable, la duchesse a pleuré, le roi s'est emporté; c'est fort bien. Ce soir, la première femme venue sera fort bien vue du roi, et si la dame de Miossens est introduite dans le cabinet du roi, le roi lui fera bon accueil. Mais demain la belle Gabrielle reprendra tout son empire, et sa colère tombera non sur le roi, mais sur quiconque, à ses yeux, aura favorisé la dame de Miossens. Nancy est de force à se défendre, elle est femme; mais, moi chétif, je pourrais bien être malmené par la duchesse favorite. Voici le moment de nous esquiver.

Cependant, comme le maréchal se dirigeait vers la porte, le roi leva la tête :

— Tu pars, — maréchal? — dit-il

— Sire, — répondit d'Épernon, — Nancy est de meilleur conseil que moi dans ces sortes d'affaires.

— C'est bien possible, — dit le roi, dont la pensée était ailleurs.

D'Épernon sortit, le roi se trouva tête à tête avec Nancy.

— Sire, — dit l'ancienne camérière, — il me vient une belle idée...

— Vrai, mignonne!

— Votre Majesté pourrait partager...

— Partager quoi?

— Les biens du sire de Miossens entre la veuve et les neveux.

— Ce qui fait qu'ils ne seraient contents ni les uns ni les autres.

— C'est bien possible; mais Votre Majesté aurait agi selon la justice. Je crois même que la dame de Miossens, si votre Majesté consentait à la recevoir...

— Non, — dit le roi. — J'ai réfléchi, la duchesse le saurait, et ce serait pour elle un nouveau prétexte pour verser une amphore de belles larmes. — Un railleur sourire vint aux lèvres de Nancy; mais elle ne souffla mot. Son silence piqua le roi. — Tu ne me dis rien, mignonne? — fit-il.

— Entre l'arbre et l'écorce il est dangereux de mettre le doigt, sire.

— Vraiment?

— Et Votre Majesté aime si passionnément la duchesse...

— Ah!... passionnément... — fit le roi.

— Dame!

— Il y a des jours... Et puis... elle pleure si bien!

— Elle pleurerait bien plus encore si elle savait que le roi...

Nancy s'arrêta.

— Hein! que veux-tu dire?

— Que le roi a remarqué mademoiselle d'Entragues — acheva Nancy.

— Tu sais cela, mignonne?

— Oh! tout à fait par hasard, sire.

— Eh bien, qu'en penses-tu?

— Je ne pense rien.

— Méchante! tu n'es donc plus mon amie?

— Je ne donne plus de conseils, du moins.

— Pourquoi?

— Mais parce que mes conseils ne sont pas suivis, et que j'ai horreur d'une besogne inutile.

— Et si je te promettais de t'écouter...?

— Ah! sire...

— Si je te le jurais...?

Nancy secoua la tête d'un air incrédule.

Le roi se leva de table et s'approcha de nouveau de la croisée ouverte.

Nancy le suivit.

— Voyez, sire, — dit-elle, — votre étoile brille toujours du plus vif éclat, et Votre Majesté n'a pas besoin de conseils.

— Mon étoile! — dit Henri, — mon étoile! elle ne me tire pas d'embarras, pourtant!

— Votre Majesté est donc bien empêchée. — Henri soupira profondément. Nancy continua : — Votre Majesté s'est mis la cervelle à l'envers pour mademoiselle d'Entragues.

— C'est un peu vrai, — dit le roi.

— Comme elle se la mit jadis pour madame Marguerite, — Henri fronça le sourcil, — puis pour madame de Sauves.

— Bon!

— Ensuite pour mademoiselle d'Estrées, dont elle a fait une duchesse. Et nous ne sommes pas au bout. — Le roi soupira de nouveau. — Ce qui n'empêche pas que Votre Majesté s'ennuie, — poursuivit Nancy, — et qu'elle se voudrait débarrasser de tout le monde à de certaines heures.

— Hélas!

— Et redevenir roi de Navarre.

— C'est bien possible.

— Et avoir la preuve qu'elle est aimée pour elle-même et non pour sa royauté. — Le roi fit un brusque mouvement. Nancy avait touché juste. — Certes, — continua la fine mouche, — madame Gabrielle aime fort le roi.

— Tu crois?

— Mais elle aimerait assez être reine, au lieu et place de ma chère maîtresse.

— Nancy, — dit sèchement le roi, — tu sais qu'il a été convenu que nous ne parlerions jamais de la reine.

— Pardonnez-moi, sire. Mademoiselle d'Entragues...

— Oh! celle-là, jeune, naïve, ingénue... — fit le roi avec un subit enthousiasme.

— Auprès de celle-là, sire, — dit Nancy avec un accent de conviction qui fit tressaillir le roi, — auprès de celle-là madame de Beaufort est un ange d'abnégation.

— Nancy!

— Ah! dame! — répondit Nancy, — Votre Majesté veut la vérité... je la dis.

— Quoi, tu penses autant de mal de mademoiselle d'Entragues?

— Oui, sire.

Le roi retomba dans une rêverie profonde. Nancy alla se rasseoir dans un fauteuil et ne bougea. Enfin le roi poussa un soupir.

— Nancy, — dit-il, — tu m'as dit la vérité peut-être, mais tu ne l'as pas dit tout entière...

— Sire!

— Tu ne m'as pas dit pourquoi le roi de France regrettait le temps où il n'était que roi de Navarre.

— C'est qu'alors, — dit Nancy, — Votre Majesté avait vingt ans de moins.

— A la bonne heure! — dit le roi, — tu as de la franchise!

— Quelquefois, sire, mais je prends garde d'en abuser, — répondit Nancy en souriant.

— Ah! — murmura Henri, — je donnerais bien mon royaume tout entier pour me trouver à vingt-cinq ans, avec mes cheveux noirs et ma barbe brune, mes dents blanches et mes yeux petillants de jeunesse.

Et comme le roi parlait ainsi, il se fit un grand bruit dans les antichambres, et on entendit une voix jeune et sonore qui disait :

— Je vous dis, moi, que le roi me recevra.

En même temps la porte s'ouvrit, et un jeune homme entra.

Un jeune homme qui fit jeter un cri d'étonnement à Nancy tandis que le roi reculait stupéfait.

Et Nancy murmura, en regardant le roi.

— Mais, sire, puisque vous voulez vous revoir à vingt ans, regardez donc ce gentilhomme.

— Bonjour, sire, — dit le nouveau venu avec une familiarité gasconne qui acheva de confondre.

— Qui êtes-vous? — demanda Henri, qui fit encore un pas en arrière.

— Je me nomme Galaor, — répondit-il; — mais je serais le fils de Votre Majesté que ça ne m'étonnerait pas!

Et Galaor jeta son manteau sur un siége et se mit à son aise.

II

Depuis que le roi Henri de Navarre était devenu roi de France, il avait été forcé de modifier quelque peu l'étiquette pleine de bonhomie en usage parmi ses anciens compagnons.

Lorsqu'il entra dans Paris avec ses braves frères d'armes, qu'il tutoyait tous et dont quelques-uns l'appelaient « Henri » tout court, il les avait réunis et leur avait tenu ce langage :

— Mes bons amis, me voilà grâce à vous roi de France, et certes ce n'a pas été sans peine. J'ai dormi au Louvre dans ma jeunesse et on y dort fort mal. Je me suis assis à la table de mes frères défunts, les rois Charles et Henri, et j'eusse donné de tout mon cœur leurs soupers fastueux pour le gigot de chèvre, le fromage et le petit vin blanc qui formaient mon menu ordinaire à Coarasse ou au château de Pau. Ce qui n'empêche pas que les bourgeois de Paris estiment que je suis le plus fortuné des princes, et que j'aurais grand tort de ne pas dormir au Louvre sur les deux oreilles et de n'y point souper à l'avenant. Mais ces braves gens qui m'ont acclamé leur roi sont de vrais bourgeois, et ils ne me croiraient pas un vrai prince si je vous traitais de même qu'à Pau, à Nérac ou à Coarasse. Désormais, il va falloir me coucher dans un grand lit où je mourrai de froid, habiter ce palais si vaste qu'on se perdrait volontiers dans les corridors, boire en un gobelet d'argent et manger en une vaisselle d'or : toutes choses auxquelles un pauvre prince comme moi n'est point du tout accoutumé et qui le gêneront fort; mais, là, mes bons amis, n'est point encore le pire. Il me faudra souper seul ou admettre tout au plus un ou deux convives à ma table, avoir des officiers et des pages derrière mon fauteuil, observer mes gestes, me retenir en mon langage, m'entendre appeler « Majesté » et non plus « notre Henri »; avoir des gardes, me vêtir de soie, recevoir des ambassadeurs, que sais-je encore? Si je ne fais point tout cela, les bourgeois de Paris murmureront, disant que je les ai trompés et que la messe que j'ai entendue n'était point sincère. Donc il faut obéir aux bourgeois et se résigner.

Et, quand il eut ainsi parlé, le bon roi Henri entra au Louvre; et le Louvre reprit la physionomie qu'il avait au temps des Valois.

Il y eut des gardes dans les antichambres, des chambellans, des officiers brodés d'argent et d'or, des pages aux pourpoints éclatants et des chambrières aux ajustements coquets.

Le roi dîna seul; quand il lui prit fantaisie d'avoir un convive, ce convive s'estima fort honoré.

Enfin on ne parvint plus jusqu'au roi de France comme on arrivait sous la tente du roi de Navarre.

Ses vieux compagnons d'armes, après avoir murmuré, devinrent courtisans et ne murmurèrent plus.

Or donc il venait de se passer une chose inouïe.

Un inconnu, se disant gentilhomme, s'était présenté au guichet du Louvre, qu'il avait forcé; il était entré culbutant les sentinelles qui s'opposaient à son passage, distribuant çà et là des horions à quiconque voulait retarder sa marche, et disant :

— Le roi sera ravi de me voir! — Et ce gentilhomme, qui n'était autre que Galaor, était parvenu ainsi jusqu'au roi stupéfait; et, quand il se trouva chez le roi, il se débarrassa de son manteau et déboucla son ceinturon, ni plus ni moins que s'il eût été dans une auberge. Le roi était abasourdi d'un pareil sans gêne. Nancy elle-même en avait la chair de poule. Galaor venait de s'écrier : — Je suis peut-être le fils de Votre Majesté!...

Au fond, le roi était ravi; mais l'étiquette... cette farouche étiquette à laquelle les bourgeois de Paris tenaient tant!

Le roi posa donc la main sur la baguette qui lui servait à faire résonner un timbre.

Si la baguette eût touché le timbre, deux gardes fussent entrés, eussent saisi Galaor par les épaules et l'eussent jeté à la porte. Mais la main du roi s'arrêta en chemin.

Henri regardait Galaor comme Nancy l'avait regardé déjà, et il se disait que ce jeune homme ressemblait furieusement au roi Henri d'il y avait vingt ans.

— Ah çà! mon bon ami, — dit-il d'une voix qu'il essayait de rendre grondeuse sans y parvenir, — me direz-vous qui vous êtes?

— Je me nomme Galaor, sire.

— Bon! Après?

— Je suis Gascon.

— Cela se voit de reste.

— Je ressemble à Votre Majesté...

— Peuh! — fit le roi.

— La ressemblance est frappante, — murmura Nancy.

— Soit, — dit le roi. — Mais la ressemblance ne prouve rien.

— Ah! — fit Galaor.

Le roi se tourna vers Nancy.

— Suis-je pas Gascon, moi aussi, mignonne? — fit-il.

— Oui, sire.

— Eh bien, tous les Gascons se ressemblent.

— Mais, sire, cependant...

— Tous les Gascons sont cousins de près ou de loin... — continua le roi.

— Rien que cousins? — fit Galaor, dont l'audace croissait au fur et à mesure des dénégations du roi.

— Et puis, — continua Henri, — je sais le nombre de mes bâtards

Nancy eut un fin sourire.

— C'est dommage, — dit-elle enfin, — jamais un fils de Votre Majesté ne lui ressemblera comme ce gentilhomme.

— Après ça, — fit le roi en riant, — je suis peut-être son parrain... — Et regardant Galaor : — Puisque tu es venu jusqu'ici, mon compère, — dit-il, — à Dieu ne plaise que je t'en chasse! Assieds-toi, et causons un brin...

— Ah! je savais bien que Votre Majesté m'écouterait.

— D'où viens-tu? — reprit Henri IV.

— De Nérac, sire.

— Où vas-tu?

— Je viens ici.

— Quoi faire?

— Chercher fortune.

— Comment s'appelle ta mère?

— Je n'en sais rien.

— Hein? — fit le roi.

— Elle m'a fait exposer sur les marches d'une église, — poursuivit Galaor.

Le roi tressaillit, puis il eut comme un souvenir lointain :

— Hé! Nancy, — dit-il, — sais-tu à qui je songe, en ce moment?

— Non, sire.

— A Corisande.

— La comtesse de Gramont? — fit Galaor en tressaillant.

— Votre Majesté sait qu'elle est veuve, — dit Nancy.

— Oui, mignonne, et grand bien lui en advienne, car ce pauvre comte était aussi jaloux que laid!

— Amen! — murmura Galaor.

— Ainsi tu viens de Nérac? — reprit le roi.

— Oui, sire.

— As-tu faim?

— Parbleu!

— Et soif?

— Comme un vrai Gascon.

— Eh bien! assieds-toi, — dit le roi, — tu vas souper avec moi.

— Voilà qui n'est pas de refus, — dit Galaor.

Et il se mit à table.

Il y avait beaux jours que le roi Henri ne s'était trouvé à pareille fête.

Un homme qui entrait ainsi chez lui, se mettait à table sans plus de façons que s'il eût été chez un procureur, n'était-ce pas une bonne fortune pour un monarque subissant à toute heure du jour une étiquette dont il avait horreur?

Nancy riait de son côté et songeait à la mine bouleversée que devaient avoir les courtisans de l'autre côté de la porte.

Le roi versa à boire à Galaor.

Galaor salua le roi et vida son verre d'un trait.

— A la bonne heure! — dit le monarque, — tu as un joli coup de coude, mon compère. — Galaor salua de nouveau. — Ainsi tu viens de Nérac?

— Oui, sire, en droite ligne.

— Tu ne t'es pas arrêté en chemin?

— Oh! si fait, chaque soir et chaque jour, un peu partout, pour faire reposer mon cheval.

— Je connais ça, — dit le roi, qui retrouvait ses vingt ans. — On a un petit bidet de montagne rouan ou gris de fer.

— Gris de fer, sire.

— Ce sont les meilleurs, mon garçon. On enfourche le bidet et on part pour Paris, l'un portant l'autre, à petites journées, sans calculer autrement les distances. Allons, les Gascons sont toujours les mêmes.

Tandis que le roi parlait, Galaor regardait Nancy et se disait que ce pourrait bien être là cette dame dont madame Marguerite lui avait parlé si souvent et qui avait envoyé Idoline à Blois.

— J'ai séjourné à Poitiers, — reprit-il.

— Joli pays, — dit le roi.

— A Amboise.

Le roi tressaillit.

— Ah! tu t'es arrêté à Amboise?

— Oui, sire.

— La reine s'y trouve en ce moment, l'as-tu vue

— Non, sire, — répondit effrontément Galaor.

Nancy, à son tour, regardait Galaor et se disait :

— Voilà un garçon discret.

— Mais, — reprit Galaor, — j'ai fait rencontre à Blois d'une fort jolie fille.

— Ah! ah!

— Laquelle s'en venait à Paris.

— Et tu t'es fait son chevalier?

— A peu près, sire.

— Comment l'appelles-tu?

— Idoline.

Nancy regarda Galaor une seconde fois et lui fit un petit signe du coin de l'œil que le roi ne surprit point.

— Idoline? — dit le roi, — c'est un joli nom. Mais, dis donc, Nancy, est-ce que tu n'as pas une camérière de ce nom?

— Oui, sire. Seulement, il n'est pas probable que ce soit la jolie fille dont parle le seigneur Galaor.

— Pourquoi donc, mignonne?

— Mais parce qu'elle n'a pas quitté Paris.

— Ah! vraiment? — Et le roi eut un sourire qui donna fort à penser à Nancy, laquelle avait pourtant la réputation de voir courir l'air. Galaor savait maintenant qu'il avait affaire à Nancy. Il comprenait également que la gentille Idoline avait dit du bien de lui. Enfin il était hors de doute que le roi ne savait pas encore que madame Marguerite s'était enfuie du château d'Amboise. Le roi reprit : — Tu viens de Nérac, c'est bien. On t'a dit que tu me ressemblais et tu me contes que tu es mon fils, c'est mieux encore. Mais enfin que veux-tu, mon compère?

— J'apporte mes services à Votre Majesté.

— C'est-à-dire que tu ne serais pas fâché d'être lieutenant ou capitaine quelque part.

— Dame!

— J'en parlerai à Sully...

— Ah! sire, — dit Nancy, — si vous parlez de cela à monsieur de Sully, il vous dira que, au lieu de recruter des soldats, il est besoin au contraire d'en congédier.

— Bah! — fit Henri.

— Et puis monsieur de Sully n'aime pas les nouveaux venus.

— C'est un peu vrai, mignonne.

— Moi, — reprit Nancy, — à la place de Votre Majesté, je sais bien ce que je ferais.

— Parle, ma mie.

— Je dirais au seigneur Galaor : « Rien ne me prouve que tu sois mon fils, puisqu'il est convenu que tous les Gascons se ressemblent, mais rien ne me prouve aussi que tu ne le sois pas. »

— Dont après?

— « Pour savoir la vérité, — continua Nancy, — il te faut mettre en campagne à la recherche de ta mère? tu finiras par la trouver. »

— Peut-être bien, — murmura Galaor.

— « Pour cela il te faut du temps, et comme en ce moment la France ne bataille avec personne et laisse en paix ses voisins; que je n'ai nul besoin de ton épée, je te laisse le loisir de te promener à ton aise dans ma bonne ville de Paris. Tu viendras de temps en temps causer avec moi; tu me conteras tes amours et tes aventures, et tu me tendras ton escarcelle vide, que je me hâterai de remplir. »

Et Nancy ayant ainsi parlé attendit la réponse du roi.

— Ouais! — fit le monarque, — comme tu y vas, ma petite...

— Dame! sire, — répondit Nancy, — voilà ce que je ferais, moi...

— Tu crois donc que j'ai des pistoles à remuer à la pelle?

— Peuh!

— Je suis plus pauvre que lorsque j'étais roi de Navarre. — Et le roi allait sans doute énumérer ses embarras d'argent avec autant de complaisance qu'un autre eût fait de ses richesses, lorsqu'on gratta à la porte. En même temps un page se montra. — Qu'est-ce encore? — dit le roi.

— Un courrier d'Amboise, sire.

— De la reine?

— Non, de monsieur de Pont-Ribaud.

Et le page, s'effaçant, laissa entrer un homme couvert de poussière.

Cet homme c'était Fritz, le bon Allemand que la gentille Périne avait si bien mystifié.

Galaor recula un peu sa chaise de façon à placer Nancy entre la lueur des flambeaux et son visage, qui resta dans l'ombre.

Fritz tendit une lettre au roi et ne reconnut point Galaor.

— Nancy, — dit le roi, — emmène ce garçon dans ton appartement. Nous causerons un peu plus tard de tout ce que tu me disais tout à l'heure.

Galaor se dirigea prudemment vers la porte.

— Peste! — murmura Nancy, — cet homme qui arrive d'Amboise a l'air bien ému.

Galaor ne souffla mot. Mais, quand il fut dans l'antichambre, il dit à Nancy :

— Je crois qu'il est à propos de ne pas me montrer plus longtemps en présence de ce lansquenet.

— Pourquoi?

— Oh! je vous le dirai tout à l'heure. Emmenez-moi quelque part où nous soyons seuls.

— Venez dans ma chambre, — dit Nancy, — Idoline vous attend.

Et elle emmena Galaor.

III

Tandis que Galaor et Nancy sortaient sans bruit de la chambre royale, le roi ouvrait le message apporté par Fritz. Ce message n'était pas de Pont-Ribaud lui-même, mais du bailli d'Amboise, lequel avait écrit sous l'inspiration du brave soudard, comme on va le voir.

« Sire,

» Quand vous recevrez ce message, un grand malheur sera advenu. Messire de Pont-Ribaud, seigneur » de Curebourg et autres lieux, qui avait toujours été » bon compagnon, grand paillard et fameux buveur, se » sera passé son épée au travers du corps, pour se punir d'avoir désobéi à Votre Majesté Royale. »

A ces derniers mots, le roi fronça le sourcil et regarda Fritz.

L'Allemand était impassible : et il avait d'autant plus de mérite à cela que la lettre renfermait à son endroit un certain conseil qu'il était loin d'ignorer.

Le roi poursuivit sa lecture :

« Le sire de Pont-Ribaud, » disait toujours le bailli, « a » eu dans sa vie un grand malheur; il est tombé amoureux à soixante ans, ce qui est du reste la fin de tous » les mécréants qui ont toujours refusé les douces chaînes du mariage.

» Il est tombé amoureux d'une chambrière, laquelle » avait un moment rêvé de se nommer quelque jour la » dame de Pont-Ribaud. Cette chambrière a tout perdu » et Votre Majesté va voir où conduisent les mauvaises » mœurs.

» Pont-Ribaud m'a tout confié, sire, avant de me » commander de vous écrire.

» Il paraît que vous lui aviez donné l'ordre de retenir » prisonnière au château madame Marguerite, notre

» bien-aimée reine, pour la punir de certaines peccadilles dont Votre Majesté seule a connaissance.

» Sans sa chambrière, Pont-Ribaud n'est pas homme » à manquer à son devoir.

» Mais la chambrière lui a tourné la tête.

» Puis elle l'a grisé, ce qui est facile du reste, les » ivrognes ayant coutume de se soûler avec un verre » de vin.

» Une fois soûl, Pont-Ribaud a voulu tout ce que » que voulait la chambrière.

» Celle-ci lui a dit qu'elle serait volontiers gouver- » neur en son lieu et place.

» Pont-Ribaud a bien voulu.

» Il a fait venir Fritz, son lieutenant, et lui a com- » mandé d'obéir à la chambrière.

» Si ce Fritz n'était pas un imbécile, il aurait compris » tout de suite que le Pont-Ribaud n'était pas dans son » bon sens, et ne lui eût pas obéi. Mais, je le répète à » Votre Majesté, ce Fritz est un imbécile, et ce que la » chambrière a voulu, il l'a fait.

» Aussi, sur l'avis de ce pauvre Pont-Ribaud, qui at- » tend que j'aie fini cette lettre pour se passer son épée » au travers du corps, c'est à ce même Fritz que je » confie mon message, et je conseille fort à Votre Majesté » de le faire pendre. »

Le roi regarda de nouveau le lansquenet,
Fritz ne bougeait pas plus qu'une statue.
Le roi continua :

« Que s'est-il passé? ni Pont-Ribaud, ni moi, ni Fritz » ne le savons au juste.

» La chambrière a soûlé Fritz comme elle aura soû- » lé Pont-Ribaud, et quand tous deux se sont éveillés, » on avait pris le château d'assaut, massacré la moitié » des lansquenets qui y tenaient garnison, et la reine » avait disparu... »

— Ventre-saint-gris! — s'écria le roi, qui froissa la lettre dans ses mains et la jeta loin de lui sans en vouloir lire davantage, — ventre-saint-gris! j'en apprends de belles! — Et il se leva courroucé et regarda Fritz, auquel il dit : — C'est donc toi, misérable, qui as laissé fuir la reine?

— *Ya!* — répondit Fritz.

— Mais pourquoi? — Fritz haussa naïvement les épaules, ce qui signifiait qu'il ne comprenait rien lui-même à ce qui s'était passé. — Tu sais que je te ferai pendre? — dit le roi, dont la colère allait croissant.

— *Ya!* — répondit Fritz, toujours calme et flegmatique, — je suis venu pour cela.

— Mais, avant de te faire pendre, — reprit le roi, — je veux savoir ce qui s'est passé.

— *Ya!* je te dirai, — répliqua Fritz.

— Eh bien! voyons?

Fritz continua :

— Pont-Ribaud soupait. Il me fait venir et me dit : « Tu vois Périne? »

— Qu'est-ce que Périne?

— La chambrière.

— Bon! Après?

— « Ce qu'elle te commandera, tu le feras. » Fritz est Allemand, les Allemands obéissent toujours. Je suis sorti. Pont-Ribaud n'était pas soûl alors.

— Et puis? — fit le roi.

— À neuf heures, — continua Fritz, — je m'en suis allé dans la chambre de Périne prendre des ordres.

— Imbécile!

— Périne m'a montré un gentilhomme qui était avec elle et qu'elle appelait monseigneur, et elle m'a dit que c'était le nouveau gouverneur et qu'elle lui passait le commandement.

— Mais quel était ce gentilhomme?

— Je ne sais pas.

— Enfin il avait un nom?

— Oui. Il s'appelait Galaor.

À ce nom le roi jeta un cri.

— Galaor? — ajouta-t-il, — tu dis Galaor?

— Oui, sire.

— Mais il était ici quand tu es entré.

— Je n'ai pas vu, — dit Fritz. — Depuis trois jours j'ai toujours une potence devant les yeux, ce qui me trouble la vue.

— Je comprends cela, — dit le roi, qui malgré sa colère ne put s'empêcher de sourire de la naïve réflexion du bon Allemand. — Continue, mon garçon.

Fritz reprit :

— Le nouveau gouverneur m'a dit qu'il fallait ôter mes soldats de la tour du bord de l'eau et les concentrer sous la porte principale, parce que les gens de la ville voulaient danser et que la reine n'avait pas le loisir de leur payer les violons. En même temps il m'a commandé de préparer une escorte pour madame la reine qui s'en allait à Blois.

— Ah! il t'a commandé cela?

— Oui, sire.

— Et tu as obéi?

— J'allais obéir, lorsqu'un de mes soldats m'a fait remarquer une corde qui pendait le long du mur et qui était fixée à la fenêtre de la chambrière.

— Et... cette corde?

— Avait servi au nouveau gouverneur pour entrer dans le château. Ce qui m'a semblé étonnant.

— En effet, — dit le roi, — généralement, quand on vient chez soi, on entre par la porte.

— C'est ce que je me suis dit.

— Alors qu'as-tu fait?

— J'ai remis des soldats dans la tour, en leur commandant de ne laisser sortir personne.

— Et puis?

— Je suis allé chez Pont-Ribaud.

— Qui dormait?

— Qui dormait si bien, — dit Fritz, — que je l'ai lardé à coups de poinçon pour lui faire ouvrir les yeux.

— Et les a-t-il ouverts?

— Oui, sire.

— Continue, — dit le roi, dont un léger frissonnement de narines annonçait seul la colère.

Fritz ne doutait pas qu'il serait pendu, et il en avait même pris son parti. Les Allemands se résignent assez facilement à ces sortes d'aventures.

Si Fritz donnait complaisamment tous ces détails au roi, c'est que Fritz n'était pas fâché de prendre une revanche d'outre-tombe avec le seigneur Galaor et la chambrière, qui, à eux deux, lui avaient dressé la potence.

Il poursuivit donc :

— Quand Pont-Ribaud eut ouvert les yeux, je lui demandai s'il était toujours gouverneur du château. — Toujours, — me répondit-il. Alors je résolus de faire arquebuser sur l'heure ce gentilhomme que Périne appelait « monseigneur » et qui m'avait commandé de lui obéir.

— Et il s'était échappé?

— Non, sire. Pont-Ribaud s'était endormi sous la table de son souper.

— Le soudard!

— Il avait laissé un pot de vin demi-plein.

— Et tu avais soif?

— Oui, sire.

— Et tu t'es soûlé à ton tour?

— Oh! non, — dit Fritz. — Il y avait du poison dans le vin, car je suis tombé à la renverse.

— Vraiment!

— Un pot de vin, — dit Fritz avec orgueil, — ça me connaît. Il me faudrait un tonneau pour me tourner la tête... et encore!

— Après? — dit le roi.

— Nous nous sommes réveillés avec le soleil, Pont-Ribaud et moi. On avait pris le château.

— Mais qui?

— Les gens de la ville qui voulaient danser.

— Mais la reine?

— La reine était partie en litière avec la chambrière et le seigneur Galaor.

— Es-tu bien sûr de ce que tu dis là?

— Je crois bien.

— Et sais-tu où la reine est allée?

— Non, sire.

— Enfin, qui t'a donné la lettre que tu m'as apportée?

— Le bailli d'Amboise.

— Et Pont-Ribaud qu'est-il devenu?

— Je crois qu'il est mort.

— Comment! tu n'en es pas sûr?

— Quand je suis parti, je les ai laissés à table, le bailli et lui.

— Ah!

— Ils voulaient souper ensemble une dernière fois; et il était convenu que, le souper fini, Pont-Ribaud se tuerait.

— Tu es un naïf, — dit le roi. — Pont-Ribaud se sera soûlé selon son habitude, et à cette heure il se porte comme un charme.

— C'est bien possible, — dit Fritz avec sa tranquillité tudesque.

— Alors, — dit le roi, — puisque, selon toute apparence, Pont-Ribaud, qui est le plus coupable dans cette affaire, ne s'est point tué, il y aurait de la cruauté à te faire pendre. — Fritz tressaillit. — Je te ferai donc grâce, — dit le roi, — mais à une condition.

— Laquelle? — demanda Fritz qui ne manifesta pas autrement son émotion.

— C'est que tu pendras toi-même le seigneur Galaor, qui nous joue de pareils tours.

— Oh! bien volontiers, — dit Fritz.

— Seulement, avant de le pendre, tu me l'amèneras.

— Oui, sire.

Le roi frappa sur un timbre, un page entra.

— Mon mignon, — lui dit le roi, — tu vas conduire monsieur que voilà chez madame Nancy. — Le page s'inclina. — Toi, — dit encore le roi s'adressant à Fritz, — tu vas suivre cet enfant. Il te conduira chez la dame qui était ici tout à l'heure, et tu trouveras chez elle un gentilhomme qui certainement n'est autre que le seigneur Galaor que tu cherches. — Fritz s'inclina. — Tu lui demanderas son épée, par mon ordre, et tu me l'amèneras.

— *Ya!* — dit l'Allemand.

Et, tout joyeux, il suivit le page.

Celui-ci lui fit traverser quatre ou cinq vastes salles et longer un long corridor au bout duquel se trouvait un grand escalier.

Cet escalier, célèbre jadis, au temps de madame Catherine, conduisait à l'appartement de Nancy.

Le page gratta à la porte. On ne lui répondit pas.

Fritz se tenait derrière lui, raide et la main sur le pommeau de son épée, comme il convient à un bon Allemand qui se tient prêt à exécuter les ordres reçus.

Le page crut qu'il n'y avait personne, et il allait rebrousser chemin; mais il entendit un chuchotement de voix derrière la porte, et il gratta de nouveau.

On ne lui répondit pas davantage.

— Ordre du roi! — dit alors le page impatienté.

Les voix se turent, un bruit de portes s'ouvrant et se fermant se fit entendre; puis enfin celle à laquelle le page grattait s'ouvrit et Nancy se montra sur le seuil.

— C'est toi, Olivier? — dit-elle.

— Oui, madame, — répondit le page.

— Que me veux-tu?

— Le roi m'a commandé de vous amener cet homme.

Et le page, s'effaçant, démasqua Fritz.

Nancy reconnut le messager qui arrivait d'Amboise.

— Et que me veut-il, cet homme? — fit Nancy d'un ton dédaigneux.

Fritz répondit :

— Le roi m'a commandé de venir arrêter chez vous un gentilhomme qui se nomme Galaor.

— Bah! — fit Nancy qui joua l'étonnement. Fritz entra. Nancy était seule, et Galaor avait disparu. — Eh bien! — dit l'ancienne camérière d'un ton railleur, — faites votre devoir, monsieur.

— Mais... — balbutia Fritz, — il n'y a personne.

— Alors, c'est que le gentilhomme dont vous parlez n'est pas ici.

— Où est-il?

— Chez Idoline, — dit Nancy.

— Où est-ce? — demanda le naïf Allemand.

— A l'étage au-dessus, — dit Nancy.

Et elle fit un signe à Olivier.

Le page dit à l'Allemand :

— Venez, je vais vous conduire.

Fritz suivit le page, et Nancy se hâta de fermer la porte. Puis elle poussa le verrou, pour plus de sûreté. Et enfin elle courut tout effarée à une porte dissimulée dans la tenture et cria :

— Idoline, Galaor! ouvrez, ouvrez vite!...

. . . .

Que s'était-il passé chez Nancy tandis que le roi prenait connaissance du message apporté par Fritz?

Nancy avait emmené Galaor chez elle. Idoline, rentrée nuitamment au Louvre l'avant-veille, avait apporté la clef de la terrible armoire qui contenait la correspondance de madame Marguerite avec monsieur de Turenne.

Nous verrons plus tard ce que Nancy avait fait de cette clef.

En attendant, Idoline avait tracé un portrait de Galaor que Nancy, en voyant le Gascon chez le roi, ne trouva nullement flatté.

Galaor était bien l'homme dépeint par Idoline, audacieux et brave, spirituel et ne doutant de rien.

Une fois dehors de la chambre royale, Nancy s'était penchée à l'oreille de Galaor, lui disant :

— Je vous attendais... M'apportez-vous des nouvelles de ma reine bien-aimée?

— Oui.

— Bonnes?

— Excellentes. Mais hâtons-nous de nous éloigner.

— Pourquoi?

— Parce que je ne voudrais pas me retrouver en présence de cet homme qui arrive d'Amboise.

— Ah!

Nancy avait doublé le pas, et l'explication ne s'était continuée qu'en présence d'Idoline, accourue à l'appel de Nancy, et qui s'était laissé embrasser par Galaor ému sans trop de façons.

Alors Galaor avait dit :

— La reine est sauvée.

— Comment?

— Grâce à moi, elle a pu fuir du château d'Amboise.

— En vérité! — s'écria Nancy.

— Et maintenant, — poursuivit Galaor, — elle est en Bourgogne, auprès de monsieur de Biron.

Nancy fronça légèrement le sourcil.

— Biron gâtera tout, — murmura-t-elle.

— Je ne sais pas, — répondit Galaor; — mais ce que je sais, c'est que l'homme qui est en bas chez le roi pourrait bien m'amener une mauvaise aventure.

— Comment cela?

Alors, en peu de mots, Galaor raconta les événements d'Amboise et l'enlèvement de la reine, ajoutant :

— Ce Fritz m'a vu à visage découvert, et, s'il ne m'a point reconnu tout à l'heure, c'est que j'étais dans l'ombre. Mais je donnerais volontiers ma dernière pistole pour savoir ce qui se passe entre le roi et lui.

— C'est facile, — dit Nancy.

— Ah!

— Du moins pour moi. — Galaor et Idoline, qui continuaient à se tenir par la main et se faisaient les plus doux yeux du monde, regardèrent alors Nancy. — Mes mignons, — fit cette dernière, — restez donc là dans mon oratoire, devisez à votre aise, et ne vous occupez pas de moi. Je veille sur vous. — Bien qu'il fût un peu inquiet du résultat que pouvait avoir l'entretien de Fritz et du roi, Galaor accueillit avec empressement cette occasion d'un tête-à-tête avec Idoline, qu'il aimait d'autant plus qu'il avait eu quelques torts avec elle, et que le souvenir de Périne à Amboise était un joli remords qui lui faisait paraître la jolie chambrière mille fois plus belle. Idoline, toute rougissante, se laissa prendre par la main, et Nancy, soulevant une draperie, poussa une porte et les introduisit dans un joli réduit qu'elle appelait son oratoire, et qui avait été jadis celui de madame Marguerite avant qu'elle ne fût reine de Navarre. Puis elle referma la porte et laissa retomber la draperie. Alors elle murmura en souriant : — Le Louvre du roi Henri est toujours le Louvre des Valois, et le roi Henri le connaît moins bien que moi.

Sur ces mots, elle se pencha dans un coin de la chambre en écartant doucement du mur un petit bahut.

Sa jolie main se promena un instant sur le parquet et poussa un ressort. Aussitôt un des panneaux de la boiserie se souleva. Derrière ce panneau il y avait un tuyau d'ivoire semblable à ceux qui servent de nos jours à transmettre des ordres d'un étage à l'autre par un boyau de caoutchouc. Ce tuyau, dissimulé dans le mur, était un appareil acoustique imaginé autrefois par madame Catherine, laquelle avait occupé l'appartement de Nancy du temps du roi Charles IX. Henri IV, en s'installant au Louvre, n'avait pas soupçonné l'existence de cet appareil, et il avait choisi pour son logis justement le cabinet du roi Charles IX.

C'était là qu'il se tenait d'ordinaire, recevait ses familiers et ses courtisans, soupait avec ses favoris et ses maîtresses, et travaillait avec l'austère monsieur de Sully.

Nancy s'assit par terre et colla son oreille au tuyau d'ivoire.

La voix du roi montait nette et courroucée par intervalles, interrompant le récit de Fritz.

. . . .

Nancy entendit distinctement les ordres que donnait le roi au lieutenant des lansquenets.

— Oh! oh! — se dit-elle, — je crois que Galaor fera bien de ne pas compter sur la pension que je demandais au roi pour lui. — Quand le roi eut donné l'ordre à Fritz d'arrêter Galaor, Nancy referma le panneau de boiserie. Puis, jetant un rapide regard autour d'elle : — Il faut voir, — se dit-elle, — à sauver notre Gascon de la première colère du roi. — La draperie qui couvrait les murs cachait si parfaitement la porte de l'oratoire que Nancy était persuadée que l'Allemand ne la découvrirait pas. Aussi, soulevant un moment cette draperie, elle cria à travers la porte : — Galaor, tenez-vous prêt.

— A quoi? — demanda le Gascon.

— A me suivre. Prenez votre manteau et rebouclez le ceinturon de votre épée.

C'était le bourdonnement de ces paroles que Fritz avait entendu tandis que le page Olivier frappait à la porte.

. . . .

Nancy laissa retomber la draperie, alla ouvrir, donna à Fritz étonné, comme nous l'avons vu, une fausse indication ; puis, quand celui-ci se fut en allé, guidé par Olivier, qui le conduisait à l'étage supérieur, où Galaor, disait-elle, était chez Idoline, elle courut à la porte de l'oratoire, disant :

— Ouvrez! ouvrez vite!

Galaor apparut, tenant toujours par la main Idoline toute tremblante.

— Que se passe-t-il donc? — demanda-t-il.

— Il se passe que Fritz a tout dit.

— Bon!

— Qu'il vous a nommé.

— Oh! oh!

— Que le roi est furieux...

— Cela doit être.

— Et qu'il a donné l'ordre à Fritz de vous arrêter.

— Diable!

— Et de vous faire pendre.

Galaor porta la main à la garde de son épée.

— Qu'il y vienne! — dit-il fièrement.

— Il ne s'agit pas de résister, — dit Nancy, — mais de fuir.

— Fuir!...

— Oui... venez...

— Mon Dieu! — murmurait Idoline épouvantée.

— Je réponds de lui, — dit Nancy. Et elle prit Galaor par la main, en lui disant : — Venez; je sais un chemin par lequel on peut sortir du Louvre en toute sécurité.

IV

Il n'y avait pas une minute à perdre.

Nancy entraîna Galaor hors de chez elle, et, au lieu de lui faire suivre le corridor qui conduisait au grand escalier, ce qui était le chemin qu'avait pris le page Olivier et Fritz, elle tourna brusquement à gauche, tira de sa poche une clef, et, à l'aide de cette clef, ouvrit une petite porte pratiquée dans l'épaisseur du mur, et certes les murs étaient épais au Louvre.

Cette porte ouverte, ils se trouvèrent au seuil d'un étroit couloir, lequel était plongé dans une obscurité profonde.

— Marchez hardiment, — dit Nancy. — Il n'y a ni chausse-trappes ni oubliettes. — Elle l'entraîna dans le couloir et referma la porte. Galaor chemina pendant quelques minutes dans une obscurité absolue. — Vous ne connaissez aucune personne à Paris? — lui dit Nancy.

— Personne absolument, — répondit Galaor.

— En quelle hôtellerie êtes-vous descendu?

— A la *Croix-du-Trahoir*, rue de l'Arbre-Sec.

— C'est trop près du Louvre : il faut vous en aller ailleurs, et je vous conseille de passer l'eau.

— Bon! — fit le Gascon.

— Vous traverserez le pont au Change, la Cité, vous gagnerez le pont Saint-Michel, et vous vous en irez rue Saint-André-des-Arts.

— Et puis?

— Il y a une hôtellerie, fréquentée par les écoliers et les clercs, à l'enseigne du *Cheval-Noir*. Vous direz à l'hôtelier que vous êtes de mes amis, et il vous logera. Enfermez-vous en la chambre qu'il vous donnera, et tenez-vous tranquille jusqu'à ce que vous ayez de mes nouvelles. — En même temps Nancy poussa une seconde porte. — Prenez garde, — dit-elle, — voici un escalier. — Et elle descendit la première, tenant toujours Galaor par la main. Cet escalier dans lequel il venait de s'aventurer était celui-là même qui aboutissait à la poterne du bord de l'eau, et que jadis le sire de Coarasse avait pris si souvent pour aller voir en cachette la princesse Marguerite. Comme toujours, il y avait une sentinelle derrière la poterne. Mais la sentinelle connaissait Nancy, et d'ailleurs elle n'avait pas d'ordre. Nancy lui commanda donc d'ouvrir la poterne, et elle lui obéit. Alors l'ancienne camérière de Marguerite mit une bourse dans la main de Galaor, et lui dit : — Vous devez être à vos dernières pistoles. Quand vous aurez fait votre paix avec le roi, il me rendra ce que je vous prête. — Et, sur ces mots, Nancy poussa Galaor hors du Louvre en ajoutant : — Partez vite ! remontez la berge de la rivière. Le premier passant que vous rencontrerez vous indiquera le pont au Change.

Galaor lui baisa les mains, enfonça son feutre sur ses yeux, ramena un pan de son manteau sur son visage, et s'éloigna. Il n'eut pas besoin de chercher son chemin. La rivière était le meilleur guide qu'il pût trouver ; et le pont au Change fut le premier qu'il rencontra, car le pont Neuf était en construction alors et n'était point terminé.

La nuit était noire, bien que les étoiles brillassent au ciel. Mais l'absence de la lune et la rareté des lanternes suspendues au coin des rues, de distance en distance, empêchaient de voir distinctement les objets. En outre, il faisait froid, le couvre-feu était sonné et les passants étaient rares.

Néanmoins, comme il arrivait sur le pont, Galaor fut dépassé par deux hommes qui marchaient d'un pas rapide, causant à voix basse.

L'un d'eux le heurta en passant.

— Hé! mordioux ! — dit Galaor, — prenez donc garde, mon gentilhomme.

Les passants se retournèrent.

— Qu'a donc ce maroufle? — dit l'un d'eux d'un ton hautain.

— Maroufle vous-même ! — répondit Galaor.

— Insolent !

Et les deux hommes s'avancèrent menaçants sur Galaor.

Galaor porta la main à la garde de son épée.

— Mes petits messieurs, — dit-il, — quand je trouve en mon chemin des gens qui manquent de courtoisie, j'ai coutume de les châtier.

Et il mit flamberge au vent.

Les deux gentilshommes, car on pouvait voir à leurs habits et à la fine épée de cour qu'ils portaient à leur côté que c'étaient des gens de qualité, les deux gentilshommes, disons-nous, laissèrent échapper une double exclamation de colère.

Le plus jeune, il y avait un jeune et un plus âgé, le plus jeune s'avança vers Galaor et lui dit :

— Mon bel ami, je vous ai touché sans le vouloir et je vous en fais mes excuses; mais contentez-vous de cela et laissez-nous continuer notre chemin.

— Vous m'avez appelé maroufle, — dit Galaor, — et vous allez m'en rendre raison.

— Sur-le-champ?

— Sans doute.

— Impossible, mon cher, nous sommes pressés.

— Alors, — dit froidement Galaor, — je vais vous souffleter du plat de mon épée.

Le plus âgé des deux gentilshommes s'interposa.

— Mon ami, — dit-il à Galaor, — vous ne savez pas qui nous sommes, et je crois deviner à votre tournure que vous êtes un cadet de famille, à votre accent que vous êtes Gascon, et que vous vous en venez chercher fortune à Paris. Vous avez plus besoin de protecteurs que d'ennemis.

— Monsieur, — dit Galaor, — il fait froid et je ne veux pas m'enrhumer. Je vous conseille de mettre votre épée à l'air.

Et il porta la pointe de la sienne au visage des deux gentilshommes.

— Quel entêté! — murmura le plus âgé des deux gentilshommes, — il va nous faire perdre un quart d'heure à lui trouer la peau, et nous sommes pressés.

Et il dégaina.

— Pardon, Armand, — dit le plus jeune, — c'est à moi que monsieur en a.

— A tous deux si vous voulez, — dit Galaor, qui se mit sur la défensive.

Le plus âgé intervint encore.

— Monsieur, — dit-il, — on voit que vous arrivez de province et que vous ignorez les édits. Si nous nous battions ici, le guet nous surprendrait certainement et nous ferait une méchante affaire, car le roi a défendu les combats singuliers. Au lieu de demeurer sur le pont, allons nous mettre dessous. Nous y serons à notre aise, et personne ne viendra nous y déranger.

— Comme vous voudrez, — dit Galaor.

Ils rebroussèrent chemin, pour gagner la tête du pont et un petit escalier qui descendait au bord de l'eau.

Les deux gentilshommes marchaient les premiers et avaient repris leur conversation.

— Tu sais pourtant, — disait le plus jeune, — que le roi vient chez Henriette chaque nuit.

— Sans doute.

— Et qu'il nous faut absolument la voir avant que le roi ne soit venu.

— Le temps de tuer ce petit Gascon, et nous courons chez Henriette.

Ces paroles, portées par le vent, arrivaient à Galaor, qui marchait à deux pas de distance.

— Qu'est-ce donc que Henriette? — se dit-il; — et pourquoi ces gens-là la veulent-ils voir avant que le roi ne vienne? Voilà qui m'intrigue.

Et il s'engagea sur les pas de ses deux adversaires dans le petit escalier qui ouvrait sur le pont, dont la première arche était à sec.

Une des arches du pont était complètement à sec. Il s'y trouvait un gravier mince assez résistant sous le pied et qui constituait un joli champ clos qu'on eût dit fait exprès.

Galaor jeta son manteau et son chapeau et se mit en garde.

— Monsieur, — lui dit le plus âgé des gentilshommes, — nous sommes issus de trop bonne race pour faire métier d'assassins. A Dieu ne plaise que nous nous mettions deux contre un!

— Vous auriez peut-être raison de le faire, — dit Galaor d'un ton hautain.

— La jeunesse est présomptueuse, — dit le plus âgé. — Mais on lui pardonne. Choisissez donc votre adversaire, monsieur.

— Monsieur, en ce cas! — dit Galaor, qui désigna du doigt le plus jeune. Celui-ci tomba aussitôt en garde. Dès le premier engagement, Galaor comprit qu'il avait affaire à un maître en la noble science de l'escrime. Sa bonne et forte rapière se heurtait en vain au petit carrelet de cour de son adversaire, qui sifflait, se tordait et le harcelait que c'était une bénédiction. — Mordioux! — murmura le Gascon, — vous tirez bien, monsieur.

— Je suis sensible à vos éloges, monsieur, — ricana le gentilhomme.

— Mais, — poursuivit Galaor, — je vais essayer de tirer mieux que vous. — Et il lui porta un vigoureux coup droit qui n'avait jamais manqué son effet. A son grand étonnement, le coup fut paré. — Mordioux! — répéta-t-il, — vous êtes d'une jolie force, je vous le répète.

— Attendez donc, — dit le gentilhomme.

Le carrelet siffla, s'enroula autour de la rapière, la lia tierce sur tierce, et Galaor sentit qu'elle lui échappait.

Son épée venait de sauter à quatre pas et le gentilhomme posait le pied dessus en disant :

— Eh bien! monsieur, consentirez-vous maintenant à recevoir nos excuses et nous laisserez-vous aller à nos affaires?

— Pas avant que vous ne m'ayez tué! — répondit Galaor, ivre de rage, car c'était la première fois que semblable aventure lui advenait.

Et il croisa les bras sur sa poitrine et attendit.

Mais le gentilhomme se baissa, ramassa l'épée, la lui tendit courtoisement et lui dit :

— Défendez-vous, monsieur. — Galaor saisit son épée, se remit en garde, et le combat recommença. Le sang du Gascon s'échauffait, et il brûlait de prendre sa revanche. Son adversaire, au contraire, était froid comme glace et semblait jouer avec son épée. — Monsieur, — disait-il, — je ne doute pas plus de votre bravoure que vous ne pouvez douter de la mienne. Si vous m'en croyez, nous en resterons là, d'autant plus que je suis pressé.

— Mordioux ! — répliqua Galaor, — il fallait me tuer tout à l'heure, alors que vous en aviez le loisir, car, maintenant, je vous jure que vous me tiendrez compagnie jusqu'au bout.

Et il se rua avec une impétuosité nouvelle sur son adversaire.

Celui-ci lui dit froidement :

— Qu'il en soit fait ainsi que vous le désirez. — Et il se fendit, et son épée disparut dans l'épaule de Galaor qui laissa échapper un cri. Un moment notre héros demeura debout, comme un chêne déraciné par la tempête mais qui n'a point encore perdu l'équilibre, puis il tomba tout d'un bloc, tout d'une pièce, et son épée roula auprès de lui. — L'entêté ! — murmura le gentilhomme en remettant son épée au fourreau.

Son compagnon se pencha sur Galaor, disant :

— Est-il mort ?

La nuit était sombre, mais une clarté rouge brillait sur le fleuve en amont.

— Allons, Armand, — dit le jeune homm e, — allons nous en.

— Mon cher, — répondit le plus âgé des deux gentilshommes, — il est possible que ce garçon-là soit mort, ce qui serait un malheur, mais il est possible aussi qu'il ne soit que blessé, et il y aurait de la cruauté à le laisser ici.

— Vous savez pourtant bien que nous sommes pressés ?

— Sans doute.

— Qu'Henriette nous attend !

— Hé ! oui.

— Que le roi vient chaque soir à minuit.

Le son d'une horloge se chargea de la réponse. C'étaient dix heures qui sonnaient au beffroi de Saint-Germain-l'Auxerrois.

— Comptez, — dit le gentilhomme à qui son compagnon avait donné le nom d'Armand : — Dix heures, nous avons deux heures devant nous.

— Mais que voulez-vous que nous fassions ?

Armand étendit la main dans la direction de la lueur qui flottait au-dessus de l'eau et semblait venir à eux :

— Voyez-vous cette lumière ?

— Oui.

— C'est une barque qui descend le fleuve.

— Eh bien ?

— Nous allons appeler ceux qui la montent. Ils s'arrêteront un moment, nous prêteront le falot qu'ils ont à leur proue et avec ce falot nous pourrons voir si ce jeune homme est mort ou non.

L'adversaire de Galaor s'était penché sur lui à son tour.

— Il est évanoui, — dit-il, — mais il n'est pas mort. Son cœur bat.

— Raison de plus pour attendre. D'ailleurs, mon cher Rémy, — reprit Armand, — votre dernier duel a déjà fait grand bruit ; le chevalier du guet a l'œil sur vous, et le roi, qui ne vous aime qu'à moitié...

— Oh ! cela m'est bien égal, — fit le jeune homme avec dédain.

— Si on trouvait demain matin ce jeune homme mort de froid à la suite du coup d'épée qu'il a reçu, on ne manquerait pas de vous accuser, d'autant mieux que la blessure que lui a faite votre épée est tout à fait singulière, et que tous vos adversaires sont frappés de la même façon, de bas en haut.

— C'est vrai, — dit celui qui s'appelait Rémy.

— Le roi donc, — poursuivit Armand, — jaloux déjà de vos assiduités auprès d'Henriette...

Le jeune homme haussa les épaules :

Tant que le roi aimera Henriette, — dit-il, — je ne crains rien, surtout...

— Chut ! — fit Armand, — ne nous flattons pas du succès aussi vite. Qui sait ?

Tandis qu'ils parlaient ainsi, le falot arrivait sous la deuxième arche du pont, et les deux gentilshommes virent fort distinctement, à sa lueur, une barque montée par deux hommes et qui s'en allait au fil de l'eau.

— Hé ! bateliers, si vous voulez gagner deux pistoles chacun, accostez donc un moment.

L'or fera toujours des miracles.

L'un des deux hommes monta sur le bordage de la barque, saisit une corde, et sauta lestement sur la berge tirant après lui cette corde en guise d'amarre.

La barque s'arrêta. Alors la lueur du falot vint tomber d'aplomb sur Galaor évanoui et qui perdait beaucoup de sang.

Le batelier recula épouvanté.

— Il s'agit de porter secours à ce gentilhomme, — dit Armand.

— Bon ! — fit Rémy ; — mais où le transporter

— Dans une maison où on pourra lui donner des soins. Ces braves gens vont s'en charger...

— Armand, — s'écria Rémy, — il me vient une idée.

— Laquelle ?

— Si nous le placions dans la barque.

— Bon. Après ?

— Si la barque allait atterrir auprès de l'ancien bac de Nesle.

— Et puis ?

— Et si de là nous le transportions chez Henriette qui a son hôtel à deux pas, carrefour Buci.

— Mais...

— Puisque vous craignez les édits du chevalier du guet, — reprit Rémy, — nous serons bien certains que Henriette ne nous trahira pas.

— Au fait, — dit Armand, — vous avez peut-être raison. Qu'il soit donc fait comme vous le désirez, Rémy.

Et les deux gentilshommes aidèrent le batelier à placer Galaor évanoui au fond de la barque, et y sautèrent tous deux ensuite.

On voyait alors au carrefour Buci une maison de grande apparence dont le rez-de-chaussée était en retraite et dont les deux ailes étaient flanquées de petites tourelles en poivrière.

Sous le portail, un écusson taillé soigneusement représentait les armoiries de messire François de Balzac, seigneur d'Entraigues, haut et puissant seigneur, disait-on dans le quartier, et qui était en passe de devenir plus puissant et plus grand seigneur encore.

Car, depuis un mois environ, un singulier bruit s'était répandu aux alentours du carrefour Buci. On disait que chaque nuit un gentilhomme, tantôt accompagné d'un autre, tantôt seul, mais dissimulant son visage sous un pan de son manteau et prenant mille précautions pour n'être point reconnu, venait soulever le heurtoir de la porte, qui s'ouvrait discrètement et se refermait sur lui aussitôt.

Souvent même les gens attardés, ou plutôt les bourgeois qui, ayant obéi au couvre-feu, entr'ouvraient leurs croisées pour respirer l'air, apercevaient au premier étage une fenêtre éclairée en dépit de l'heure avancée et derrière les rideaux de soie rouge de cette fenêtre une tête de femme anxieuse.

Quand le cavalier mystérieux arrivait, le rideau soulevé un moment retombait.

Quel était ce cavalier?

Pendant plusieurs jours, personne ne l'avait su. Mais il était arrivé que, un soir de brouillard, un échevin de Paris, qui logeait en la rue Saint-André-des-Arts et qui usait du privilége qu'avaient ses pareils de porter une lanterne dans les rues, se trouva face à face avec ce personnage, qui, vu le brouillard, n'avait pas jugé nécessaire de rabattre son manteau sur son visage.

La lumière de la lanterne frappa le visage du cavalier, et l'échevin stupéfait jeta un cri.

— Mon ami, — lui dit le cavalier, — je vous engage à être prudent et à ne jamais parler de notre rencontre.

Puis il s'éloigna d'un pas rapide et s'en alla frapper à la porte de l'hôtel d'Entraigues.

Dès lors, pour l'échevin, il n'y eut plus aucun doute, et il sut à quoi s'en tenir sur ce visiteur nocturne.

Si l'échevin eût été célibataire, le secret du cavalier aurait été bien gardé. Malheureusement l'échevin était marié à une commère qui était curieuse, comme le sont toutes les femmes, et à qui il eut le malheur de raconter son aventure en lui recommandant de n'en pas parler.

Le lendemain, sous le sceau du plus grand secret, la femme de l'échevin confia la chose à une demi-douzaine de voisines, qui la racontèrent à leurs connaissances, et, au bout de huit jours, tout le monde savait au pays latin que le cavalier mystérieux n'était autre que le roi, qui commençait à se lasser de la belle Gabrielle et était tombé amoureux de mademoiselle d'Entraigues.

Dès lors, on supposait avec quelque raison que messire François de Balzac, père de la demoiselle, aurait au premier matin une charge importante à la cour, et que son neveu Rémy serait pour le moins colonel d'un régiment de Suisses.

Dès lors aussi on salua plus bas encore que de coutume ces deux seigneurs, et cela d'autant plus facilement qu'on redoutait beaucoup messire Rémy, cousin germain de la belle Henriette, lequel était querelleur, mauvais sujet, fréquentait de mauvaises connaissances, rossait les sergents du chevalier du guet, et avait au jeu de l'épée une habileté dangereuse.

Or, ce soir-là, une heure environ après le duel de Galaor et de messire Rémy, car c'était bien avec le cousin d'Henriette d'Entraigues que notre héros avait croisé le fer, une troupe d'hommes, et non plus un cavalier, vint heurter à la porte de l'hôtel.

Ces hommes étaient au nombre de quatre. Les deux qui marchaient en avant étaient les deux gentilshommes; les deux autres, les bateliers qu'ils avaient hélés sous l'arche du pont au Change. Ces derniers portaient sur leurs épaules Galaor, toujours évanoui, mais sur la blessure duquel on avait posé un premier appareil pour arrêter le sang.

Au bruit du heurtoir qui retomba sur le chêne ferré, la porte s'ouvrit.

— Voilà vos deux pistoles, — dit Armand au batelier, — allez-vous-en, et, si vous tenez à vivre vieux, ne parlez à personne de ce que vous avez vu et entendu.

Puis, tandis que les deux bateliers s'en allaient, Armand et Rémy prirent Galaor dans leurs bras et le portèrent dans l'immense vestibule.

A peine la porte s'était-elle ouverte, que le haut de l'escalier s'éclaira et qu'une femme apparut, une lampe à la main, sur la dernière marche.

— C'est encore toi, Rémy? — dit-elle.

— Oui, ma belle cousine, et avec de la compagnie, encore.

— Avec messire Armand! — fit la belle Henriette d'un ton dédaigneux.

— Lui-même, ma belle demoiselle, — répondit le plus âgé des deux gentilshommes.

— Vous sortez sans doute de quelque tripot ou de quelque cabaret? — Comme elle faisait cette question, Henriette d'Entraigues descendit quelques marches, et les rayons de la lampe tombèrent sur Galaor, qu'ils avaient couché dans un coin. Mademoiselle d'Entraigues jeta un cri d'horreur. — Un cadavre! — dit-elle.

— Et non! — fit Rémy; — un blessé... pour qui nous te demandons l'hospitalité.

— Ici?

— Oui.

— Tu es fou, Rémy!

— Non, je suis humain, et je répare autant qu'il est possible le mal que j'ai fait.

— Que veux-tu dire?

— Cet homme, que je ne connais pas, m'a cherché querelle. Nous nous sommes battus. Mais il n'est pas mort... et j'ai eu l'idée de le faire transporter ici.

— Mais, malheureux! tu sais bien...

— Je sais que nous avons le temps de le mettre dans un lit et de le panser avant que le roi n'arrive.

— Tais-toi!

Henriette s'était approchée peu à peu de Galaor, qui gisait toujours inerte sur les dalles du vestibule.

Tout à coup elle tressaillit et jeta un cri.

— Qu'est-ce donc? — fit Rémy.

— Oh!

— Tu le connais, peut-être?

— Non... mais... cette ressemblance...

— Avec qui?

— Avec le roi.

— Tu es folle, — dit Rémy, — le roi a la barbe grise.

— Oui. Mais j'ai vu un portrait de lui quand il avait vingt ans.

— Et ce portrait?

— En voilà l'image vivante.

Et mademoiselle d'Entraigues se pencha, anxieuse, sur Galaor, dont le cœur continuait à battre.

— Voilà qui est singulier! — murmura Rémy.

— Oh! très-étrange! — dit mademoiselle d'Entraigues.

— Enfin, veux-tu prendre soin de lui?

— Certainement.

— D'autant plus, — ricana le gentilhomme qu'on appelait Armand, — qu'une pareille ressemblance peut toujours servir à quelque chose. On ne sait pas ce qui peut arriver.

— Mais où le coucher? — fit Rémy.

— Dans la chambre qui est à côté de la mienne.

Rémy et Armand reprirent Galaor dans leurs bras, et Henriette, un flambeau à la main, gravit l'escalier la première, disant :

— Ne faisons pas de bruit, mon père dort, et il est inutile qu'il soit dans la confidence.

Lorsque Galaor revint à lui, il avait la fièvre, mais non pas le délire. Il se rappela parfaitement s'être battu sous un pont et avoir reçu un joli coup d'épée, à la suite duquel il ne se souvenait plus de rien.

D'abord il se crut dans l'autre monde; mais, comme il éprouvait une vive douleur à l'épaule, il pensa que les morts ne sont point soumis aux souffrances physiques, et il en conclut qu'il n'avait pas encore entrepris le voyage des sombres bords.

Seulement où était-il? Il se trouvait couché dans un lit bien chaud, et une clarté mate et habilement ménagée régnait autour de lui. Son regard y fut bientôt habitué, et alors il se prit à examiner les objets qui l'entouraient.

Il était dans une petite salle dont les meubles, les tentures, annonçaient l'opulence et le bon goût, et la clarté qui avait frappé ses yeux était celle d'une veilleuse placée sur un guéridon auprès de son lit. Sur ce même guéridon se trouvait un hanap d'argent ciselé, et dans ce hanap une liqueur d'un jaune fauve qui lui parut être une potion.

Galaor possédait toutes les naïvetés, toutes les audaces et toute la philosophie des gens de guerre.

Il prit le hanap, le porta à ses lèvres et en vida le contenu.

— Mordieux! — murmura-t-il, — voilà une boisson qui ne me déplaît pas. — Et il continua à regarder autour de lui. — Bon gîte! — fit-il avec un soupir de satisfaction. — Quels qu'ils soient, les gens qui m'ont recueilli sont de parfaits gentilshommes.

Comme il murmurait ces paroles à mi-voix, il entendit un léger bruit.

Un pas glissa sur le tapis, une ombre se fit dans la chambre entre la veilleuse et lui, et une femme s'approcha du lit, une femme jeune et belle, qui éblouit Galaor à ce point qu'il ne trouva pas un mot, ni un geste, ni une simple exclamation.

La jeune femme posa sa belle main blanche sur la courtine du lit et dit à Galaor :

— Comment vous trouvez-vous, messire?

— Je suis certainement chez une fée, — répondit Galaor, qui retrouva sa galanterie habituelle.

— Une fée terrestre, — dit-elle en souriant. — Comment vous trouvez-vous, messire? — reprit-elle, répétant sa question.

— Oh! fort bien, — dit Galaor.

— Souffrez-vous de votre blessure?

— Pas quand je vous regarde!

Elle eut un nouveau sourire et murmura à mi-voix.

— Mais il est charmant!

— Vrai, madame, — dit Galaor, — vous n'êtes pas une fée?

— Non, certes.

— Oh!

— Et pourquoi me prendriez-vous pour une fée?

— Parce que je ne croyais pas jusqu'ici qu'il y eût des femmes aussi belles.

— Vous êtes un flatteur, mon gentilhomme.

— Madame...

— Et vous allez me faire repentir de vous avoir recueilli. Car, enfin, monsieur, — poursuivit-elle d'une voix harmonieuse, qui parut être une mélodie du ciel à l'inflammable Galaor; — car enfin mon cousin Rémy, qui est un véritable sacripant, après avoir eu la mauvaise idée de vous trouer la peau, a eu la bonne pensée de vous faire transporter ici.

— Mon adversaire! — exclama Galaor.

— Oui, certes.

— Et vous êtes... sa cousine?

— Hélas!

Cet hélas! rassura Galaor, qui craignait déjà que messire Rémy ne fût aimé.

En même temps le Gascon se souvint des lambeaux de conversation échappés aux deux gentilshommes tandis qu'ils descendaient sous le pont.

— Oh! oh! Galaor, mon ami, — pensa-t-il, — je crois que tu es en présence de cette belle Henriette que le roi vient voir chaque soir : tu as déjà fait pas mal de sottises, tâche de te bien conduire et de ne pas chasser le gibier royal.

Henriette d'Entraigues, car c'était elle, regarda au fond du hanap qui était vide.

— Vous avez bu? — dit-elle.

— Oui. Était-ce donc du poison?

— Au contraire, c'est une potion calmante. Armand, qui a pansé votre blessure, a dit qu'elle n'était point dangereuse, et m'a bien recommandé de vous faire tenir en repos. Essayez de dormir.

— Ce ne sera pas difficile, — répondit Galaor.

— Je reviendrai vous voir demain matin, — acheva la belle Henriette.

— Oh! — dit Galaor, — vous êtes aussi bonne que belle.

Et il effleura de ses lèvres la main qu'elle laissait nue sur la courtine.

— Soyez sage, — dit-elle, — et... bonne nuit...

Sur ces mots elle s'éloigna.

Galaor lui vit soulever une draperie ; puis il entendit le bruit d'une porte qui se refermait, et il se trouva seul.

— Mordieux! — murmura-t-il alors, — je tombe d'aventure en aventure ; et, si le roi me fait pendre, il ne me pendra pas pour rien, car je veux savoir ce qui se passe ici.

Il avait promis à Henriette de dormir. Mais, la fièvre aidant, il ne ferma point l'œil.

Une curiosité ardente s'était emparée de lui. Le roi aimait une femme du nom d'Henriette, alors que tout le monde prétendait qu'il se mourait d'amour pour la duchesse de Beaufort, au point de la vouloir faire monter sur le trône de France.

Qu'était-ce que Henriette? Qu'était-ce que le cousin Rémy? Voilà ce que Galaor ne savait pas et ce qu'il voulait savoir. Son esprit errait à l'aventure dans le monde des suppositions depuis environ une heure, lorsqu'il entendit se rouvrir cette porte derrière laquelle la belle Henriette avait disparu.

Galaor eût été le pire des maladroits s'il n'eût alors fermé les yeux et feint de dormir d'un profond sommeil.

Des pas retentirent de nouveau et s'approchèrent du lit. Mais, à côté du pied léger d'Henriette, il y avait celui plus lourd d'un homme.

Galaor entendit distinctement ces paroles :

— Croyez-vous qu'il dorme?

— Oui. — Il comprit qu'on était tout près de lui, et une voix, qu'il reconnut pour celle d'Henriette, dit : — Tu vois? Et son sommeil est même profond.

— S'il allait s'éveiller tout à l'heure?...

— Oh! non. Il a pris une potion qui contient un narcotique suffisant pour le tenir endormi jusqu'à demain.

— Ah!

— D'ailleurs il est trop faible pour se lever.

— Oui, mais il peut entendre; et nous avons à causer de choses sérieuses, ma belle cousine.

— Vraiment?

— Oh! très-sérieuses, et tu verras si je ne m'entends pas à faire une reine de France.

Henriette eut un petit rire sec où perçait le dédain.

— Ne crains rien, mon cousin, — dit-elle, — les draperies qui recouvrent la porte qui sépare mon oratoire de cette chambre sont épaisses. On ne saurait nous entendre.

— Eh bien! viens alors, — dit Rémy, dont Galaor avait pareillement reconnu la voix.

Tous deux s'éloignèrent, et le bruit de la porte qui se refermait arriva jusqu'à Galaor.

Alors le Gascon, malgré sa faiblesse, se glissa hors de son lit, prit son épée, qu'on avait laissée sur un meuble en le déshabillant, puis, sur la pointe du pied, il se glissa jusqu'à cette porte qui s'était refermée sur Henriette, et il souleva la tenture qui la masquait.

La draperie soulevée, Galaor vit un rayon de lumière qui filtrait à travers la porte.

Il approcha son œil du trou de la serrure et aperçut la belle Henriette debout au milieu de son oratoire, la tête rejetée en arrière, l'air hautain et la lèvre dédaigneuse.

Son cousin Rémy s'était fort négligemment étendu dans un large fauteuil, et avait pris l'attitude d'un homme qui se croit chez lui et se soucie fort peu du respect qu'on doit à une femme.

— Tu as bien tort, mon cousin, — disait Henriette

d'Entraigues, — de vivre perpétuellement en la compagnie de cet Armand de Maurevers, qui est un soudard et un ivrogne.

— Je ne dis pas non, — répondit Rémy; — mais, outre qu'il me sert de Mentor et de conseil, et que sans lui j'eusse été dépouillé vingt fois par les escrocs italiens qui volent au jeu, tu vas voir qu'il est fort heureux pour toi que j'en aie fait mon ami.

— Pour moi? — fit Henriette avec étonnement.

— Ecoute... — Henriette ne perdit rien de son attitude dédaigneuse, et elle attendit que Rémy s'expliquât.

— D'abord, cousine, — reprit celui-ci, — laisse-moi te parler de ta situation vis-à-vis du roi. Le roi t'adore...

— Je le sais, — dit l'altière jeune fille.

— Il ne demanderait pas mieux que tu fusses simplement sa maîtresse. Mais, en présence de ta résistance opiniâtre, il t'a fait une promesse de mariage.

— Oui, certes, — dit Henriette.

— Et c'est pour cela qu'il recherche en ce moment toutes les preuves nécessaires pour faire casser son mariage avec madame Marguerite.

— Bon. Après?

— Mais le roi signe volontiers des promesses de mariage.

— Ah! — dit Henriette en tressaillant.

— Madame de Beaufort en a une.

Un altier sourire effleura les lèvres d'Henriette.

— Voilà, — dit-elle, — une rivale que je ne crains pas.

— En vérité?

— Le roi n'aime plus Gabrielle.

— C'est possible.

— Et dès lors?

— Dès lors, comme le roi veut un héritier et qu'il adore le petit César...

— Eh bien? — dit Henriette anxieuse.

— Le roi, qui adore Henriette d'Entraigues, épousera Gabrielle d'Estrées, duchesse de Beaufort, à la seule fin de légitimer le petit César pour en faire de la graine de rois de France.

— Oh! si cela était! — dit-elle.

— Cela sera, à moins...

— A moins?

Et Henriette regarda Rémy de Balzac avec une étrange curiosité.

— A moins que Armand et moi nous ne nous en mêlions.

— Que pourriez-vous donc faire?

— Tout ou rien; cela dépend de toi.

— Parle, — dit Henriette d'un ton impérieux.

— Il dépend de nous, — reprit le chenapan, — que madame de Beaufort disparaisse de la scène du monde.

— Un meurtre? — s'écria Henriette avec effroi.

— Non.

— Un empoisonnement?

— Pas davantage.

— Explique-toi donc, alors!

— Oh! pas tout de suite.

— Pourquoi?

— Mais parce que je veux, auparavant, faire mes conditions.

— Plaît-il?

Rémy prit sa cousine par la main et la fit asseoir auprès de lui.

— Voyons, mignonne, — dit-il, — causons un brin sérieusement.

— Soit! — dit Henriette, qui dissimulait mal le dégoût mêlé de terreur que lui inspirait ce personnage.

Rémy reprit :

— Tu es ma cousine; il y a un an au moins, tu devais être ma femme; je crois même que nous nous aimions lorsque le roi t'a remarquée.

— Après? — dit Henriette, dont la voix était pleine d'un sourd mépris.

— Je me suis donc effacé pour que tu deviennes reine de France. Mais un tel sacrifice, tu en conviendras, mérite salaire.

— Fais tes conditions, — dit sèchement Henriette.

— Je veux cent mille écus pour payer mes dettes, le jour où tu seras reine.

— Tu les auras.

— Je veux en outre un gouvernement de province, Bretagne ou Normandie.

— Est-ce tout?

— Non, — dit froidement Rémy; — je veux maintenant un centaine de pistoles, car je suis à sec.

Henriette se leva et se dirigea vers un bahut qui se trouvait dans un coin de l'oratoire.

Elle l'ouvrit, y prit une bourse en soie rouge, à travers les mailles de laquelle brillaient des pièces d'or, et elle la tendit du bout de ses doigts à son cousin.

— Maintenant, — dit-elle, — parleras-tu?

— Oui, — répondit Rémy. Henriette prit un fauteuil et se plaça à une certaine distance de son cousin, comme si elle eût redouté de se trouver en contact direct avec lui. — Ma chère, — dit alors Rémy, — tu sais que madame de Beaufort est superstitieuse.

— Oui.

— Qu'elle passe sa vie à mander auprès d'elle des bohémiens, des diseurs de bonne aventure et des tireuses de cartes; ce qui fait rire le roi et hausser les épaules à monsieur de Sully.

— Je sais tout cela, — dit mademoiselle d'Entraigues.

— Gabrielle, — poursuivit Rémy, — est toujours préoccupée de l'avenir. Sera-t-elle reine, ne le sera-elle pas? Vivra-t-elle longtemps, ou succombera-elle subitement à cet embonpoint qui l'écrase? Ces graves questions absorbent son esprit du matin au soir et troublent le sommeil de ses nuits. Un Italien lui a prédit, l'an passé, qu'un enfant lui ferait du tort. Lequel est-ce? A-t-elle à redouter César, son fils aîné, ou sa fille Henriette? La duchesse n'a point fermé l'œil à cause de cette prophétie pendant plusieurs semaines.

— Où veux-tu donc en venir? — demanda Henriette.

— Attends. L'Italien qui pronostiquait de vilaines choses a été remplacé par une belle fille de la campagne de Rome qu'on appelle Geronima. Celle-ci ne prédit que les choses heureuses. Qu'elle trace des signes cabalistiques sur le sable ou qu'elle interroge les cartes, l'avenir apparaît couleur de rose. Aussi madame de Beaufort enchantée ne veut plus s'en séparer. Elle l'emmène avec elle partout où elle va; elle l'a, pour le moment, chez le sieur Zamet, le riche banquier italien, son ami, chez lequel elle a coutume de loger, et Geronima partage la chambre de Gratienne, la chambrière de la duchesse.

— Geronima, — poursuivit Rémy, — ne quitte donc plus la duchesse. Cette dernière pousse même la faiblesse et la bonté jusqu'à lui permettre de recevoir dans sa chambre le signor Gaëtano.

— Qu'est-ce que cela? — demanda mademoiselle d'Entraigues.

— Le signor Gaëtano est Italien, comme son nom l'indique.

— Bien.

— Il est l'amant de Geronima.

— Je comprends.

— Non, tu ne peux comprendre encore. Le signor Gaëtano est l'ami de mon ami Armand de Maurevers, et le plus bel ornement d'un tripot où j'ai fait sa connaissance. Il m'a même volé fort galamment la première fois que j'ai joué avec lui. Mais Armand m'a pris sous sa protection, et nous sommes aujourd'hui les meilleurs amis du monde.

— Tu as de jolies connaissances, je le vois.

— Des connaissances qui m'aideront à te faire reine, — répondit froidement Rémy.

L'œil collé au trou de la serrure, l'oreille tendue, Galaor ne perdait pas le moindre détail de cette scène.

— Je ne sais ce qui va advenir, — pensait-il; — mais je crois, dans tous les cas, que le seigneur Rémy de Balzac a eu tort de ne pas me laisser mourir de froid sous l'arche du pont au Change.

Et il continua à écouter, s'intéressant déjà, malgré lui, à cette duchesse de Beaufort, qu'il n'avait jamais vue.

— Après? après? — dit Henriette, qui trouvait que le récit de son cousin n'en finissait pas.

— Dame! — reprit Rémy, — si je ne te donne pas certains détails, tu ne comprendras absolument rien à ce que je veux te dire.

— Continue, alors.

— C'est Geronima qui a dit à la duchesse que tout réussirait au gré de ses désirs, si toutefois elle versait une certaine quantité de larmes.

— Alors, — interrompit Henriette avec un sourire moqueur, — je m'explique ces averses de pleurs qui irritent les nerfs du roi, et dont il se plaint si fort.

Rémy poursuivit :

— Geronima est folle de Gaëtan, qui est un superbe cavalier. Ce que Gaëtan voudra, Geronima le fera. Or Gaëtan est un homme capable de tout, et il commande à Paris une bande de filous et d'escrocs comme lui, qui ont formé le projet de voler la caisse du financier Zamet, laquelle est dix fois remplie comme les coffres du roi. Mais Zamet a de nombreux serviteurs, un hôtel dont les portes sont solides et bien verrouillées, et l'entreprise n'est pas très-commode. Cependant Gaëtan espère la mener à bien.

— Comment cela? — demanda Henriette, que le récit de son cousin commençait à intéresser.

— A l'aide de Geronima.

— Elle est donc la complice de ce drôle?

— Naturellement.

— Ah!

— Geronima, — poursuivit Rémy, — a vu dans les cartes que la duchesse doit, pour que ses vœux soient exaucés, boire chaque soir une infusion de certaines plantes dont seule elle a le secret.

— Bon!

— Depuis huit jours, en se mettant au lit, Gabrielle vide un grand gobelet de cette liqueur, qui n'est qu'un mé ange inoffensif de fleurs de sureau et de tilleul.

— Et elle croit à la vertu de ce breuvage?

— Certainement. Or tu vas voir ce qu'a imaginé Gaëtan.

— D'empoisonner le breuvage?

— Non, mieux que cela. Le logis que Gabrielle occupe chez le sieur Zamet a une croisée qui donne sur une petite ruelle qu'on n'éclaire pas la nuit, les échevins de Paris trouvant que l'éclairage coûte fort cher Cette fenêtre est celle de la chambre que Geronima partage avec Gratienne, la chambrière.

— Après?

— Gratienne a un amoureux, un joli page du roi, qu'on appelle Olivier. Mais Gabrielle, qui permet à Geronima de recevoir les visites assidues du seigneur Gaëtan, ne veut pas que Gratienne reçoive Olivier; ce qui fait que chaque nuit, quand Gabrielle est endormie, Gratienne ouvre la fenêtre.

— Et elle descend à l'aide d'une échelle de soie?

— Non, Olivier vient appuyer contre le mur une bonne échelle de bois, bien solide, et Gratienne, à l'aide de cette échelle, quitte la maison de Zamet pour n'y rentrer qu'un peu avant le jour.

— Où va-t-elle?

— Rue aux Prouvaires, dans un logis que le page Olivier a loué mystérieusement pour l'y recevoir.

— Je ne vois pas encore où tu veux en venir.

— A ceci. Demain soir, Geronima mêlera au breuvage un narcotique puissant, qui plongera Gabrielle dans un sommeil si profond que toutes les cloches de Notre-Dame mises en branle ne la réveilleraient pas.

— Et puis?

— Il faut te dire, — continua Rémy, — que la chambre de madame de Beaufort communique avec l'appartement de Zamet par une porte dissimulée dans la tenture et qui est fermée au verrou du côté de la duchesse. La caisse de Zamet est dans l'alcôve où se trouve son lit. Il en porte toujours les clefs suspendues à son cou. C'est un coffre merveilleux tout en fer ouvragé, qui a été fabriqué à Milan, la ville des armuriers, et il faudrait le briser si les clefs venaient à s'égarer. En outre la serrure a un secret, et Zamet croit seul posséder ce secret. Il laisserait la clef dans la serrure qu'on ne parviendrait pas à l'ouvrir. Mais le signor Gaëtan a été armurier dans sa jeunesse, et il a même travaillé chez le maître forgeron qui a fabriqué le coffre de Zamet, il se fait fort donc de l'ouvrir, pourvu toutefois qu'il ait la clef. Or donc, quand Gratienne sera partie, comme à l'ordinaire, pour aller rejoindre le page Olivier, lorsque Gabrielle dormira d'un sommeil de plomb que lui aura procuré ce breuvage, Gaëtan appliquera une autre échelle contre la fenêtre de Geronima.

— Et il s'introduira dans la maison?

— Avec une douzaine de hardis compagnons, ses âmes damnées. Ils traverseront la chambre de Gabrielle endormie, pénétreront chez Zamet, qu'ils frapperont dans son premier sommeil et qui sera mort avant d'avoir pu appeler à son secours, puis, lui prenant au cou les clefs du coffre, ils le pilleront tout à leur aise et s'en iront avec l'or, les bijoux et les diamants par où ils sont venus.

— Fort bien, — dit froidement Henriette, — mais je ne vois pas en quoi l'assassinat de Zamet et le pillage de ses trésors me rapprocheront du trône de France.

— Attends. Je n'ai pas tout dit. Geronima suivra Gaëtan. En se retirant, ils auront soin de mettre le feu aux tentures de l'appartement de Zamet et de celui de Gabrielle. Avant qu'on ne soit parvenu à donner l'alarme, que les serviteurs réveillés n'aient pu organiser des secours, le corps de Zamet sera calciné, et Gabrielle, clouée dans son lit par ce sommeil léthargique, mourra pareillement.

— Mais c'est épouvantable ce que tu me racontes là! — dit Henriette d'Entraigues, obéissant à un mouvement d'horreur.

— Je ne dis pas non. Seulement, — continua Rémy avec cynisme, — je te ferai observer que nous ne sommes pour rien dans toute cette affaire.

— Soit.

— Et que la mort de Gabrielle, qui te fera reine de France, ne peut pas t'être reprochée.

— Mais cette mort, je puis l'empêcher! — s'écria la jeune fille.

— Comment?

— En révélant tout au roi.

Rémy haussa les épaules :

— D'abord, — dit-il, — je te crois assez sage pour ne point te mêler de ce qui ne te regarde pas.

— Ah! tu crois?

— Ensuite, j'ai tout prévu. — Henriette tressaillit. Rémy se leva, alla ouvrir une porte qui était au fond de l'oratoire et dit : — Il me prend fantaisie, ce soir, d'assister à ton entretien avec le roi.

— Misérable!

— Le roi vient seul ici, et nous sommes deux.

En même temps Rémy appela Armand de Maurevert à mi-voix. Celui-ci se montra alors au seuil de l'oratoire.

— Vous ici! — s'écria Henriette frémissante.

— Je l'ai caché tout à l'heure, — dit Rémy, — et je vais lui tenir compagnie dans cette chambre. Maintenant, écoute-moi bien, ma belle cousine : si le roi apprend de ta bouche le danger que court madame de Beaufort, il ne sortira pas vivant d'ici, et tu ne seras jamais reine.

— Vous êtes des misérables; partez, partez! — s'écria Henriette. Mais, comme elle disait cela, on entendit un bruit sourd, le bruit du marteau de la porte. — Le roi! — s'écria Henriette avec terreur.

— Eh bien! reçois-le, — dit Rémy.

Maurevers et lui disparurent derrière la porte de cette chambre plongée dans les ténèbres du fond de laquelle ils voulaient assister invisibles à l'entrevue du roi et de la belle Henriette d'Entraigues.

. . . .

Pendant ce temps, Galaor se disait :

— Outre que mademoiselle d'Entraigues aura peur pour la vie du roi, il est probable qu'elle se dira que ce n'est pas à elle à protéger la vie de madame de Beaufort. Un seul homme peut sauver Gabrielle, c'est moi. Mais comment sortir d'ici? — La veilleuse brûlait toujours sur le guéridon. A sa lueur, Galaor aperçut une fenêtre, et il s'en approcha, se souciant fort peu d'entendre les paroles d'amour que le roi allait débiter à Henriette. La fenêtre donnait sur une ruelle. Galaor parvint à l'ouvrir sans bruit. Alors, quoiqu'il fût bien faible encore et qu'il souffrît cruellement de sa blessure, il eut le courage de se vêtir à la hâte, d'attacher les draps du lit à la croisée en guise de corde et, son épée aux dents, de se laisser glisser dans la ruelle. Quand il eut touché le sol, il se dit : — Ma foi! tant pis, dût-on me pendre à mon arrivée, il faut que je retourne au Louvre.

V

Quand il eut touché le sol, notre héros chancela un moment sur ses jambes, tant il était faible encore.

Il avait perdu beaucoup de sang, et une nature moins énergique que la sienne eût été terrassée par le mal. Mais Galaor avait entrevu dans l'expédition qu'il allait tenter, non-seulement le pardon du roi, mais encore ses faveurs, et son âme aventureuse triomphait des défaillances de son corps.

D'ailleurs, Armand de Maurevers, le mauvais sujet à cheveux gris qui s'était fait l'âme damnée de Rémy, le cousin d'Henriette d'Entraigues, Armand de Maurevers, disons-nous, ne s'était nullement vanté en disant qu'il était chirurgien. Il avait merveilleusement pansé Galaor, en enduisant la blessure d'un baume qui devait singulièrement hâter la guérison, et qu'il tenait du seigneur Gaëtan lui-même, qui ne se contentait pas d'être un filou et était charlatan à ses heures.

Le grand air, après avoir éprouvé Galaor, lui donna des forces. Il se mit en marche.

Notre héros n'était à Paris que depuis quelques heures, mais il savait que tout chemin mène à Rome et que toute rue doit conduire au Louvre.

Il se mit donc à marcher au hasard devant lui, se disant que le couvre-feu ne devait pas être mieux observé à Paris qu'à Nérac, et que, malgré l'heure avancée, il finirait bien par rencontrer un bon bourgeois attardé qui lui enseignerait son chemin.

Et, marchant toujours droit devant lui, au hasard et sans savoir où il allait, il se trouva tout à coup au bord de l'eau.

— Mordieux! — murmura-t-il, — je n'ai plus besoin de personne, ce me semble.

. . . .

En effet, en quelques minutes, et bien que la nuit fût obscure et que Rémy eût eu raison de se plaindre de la parcimonie des échevins qui éclairaient si mal la ville de Paris, Galaor se fut orienté.

Il était sur la rive gauche de la Seine et non plus sur la rive droite. Il avait devant lui le Louvre, à droite la Cité et le nouveau pont en construction, à gauche les collines de Passy et de Chaillot.

Seulement, s'il voulait arriver au Louvre, il lui fallait gagner un pont en remontant à droite, et le premier qu'il trouverait devait être assez loin encore.

Passer la Seine à la nage était une folie à laquelle Galaor ne songea même pas, dans l'état de faiblesse où il était.

Mais il se souvint d'avoir souvent entendu parler à Nérac, par les vieux calvinistes de la province échappés au massacre de la Saint-Barthélemy, d'un certain bac de Nesle établi auprès de la vieille tour en ruine de ce nom.

Galaor reconnut, à la description qu'on lui en avait faite, la sombre silhouette de la tour se détachant sur le ciel à sa gauche. Et il se mit en marche, suivant le bord de l'eau en aval.

En quelques minutes il se trouva sous les murs de la tour.

Alors il lui sembla voir à fleur d'eau comme un moulin, une maison en bois à un seul étage, et auprès de cette maison une barque.

— Voilà ce que je cherche, — pensa-t-il.

Et il s'approcha de cette maison et frappa. Nul ne lui répondit. Mais un homme qui était couché au fond de la barque se souleva à demi et dit :

— Qu'est-ce que tout ce vacarme?

— Hé, l'ami! — dit Galaor.

L'homme se leva tout à fait.

— Que voulez-vous? — demanda-t-il.

— Êtes-vous le passeur?

— Cela dépend.

— Plaît-il?

— Je ne passe pas tout le monde, — continua le batelier avec une pointe d'ironie.

— Ah! vraiment?

— Et il ne me faut que des passagers de qualité.

— Oh! oh! — se dit-il, — je gage que c'est là la barque du roi. — Puis, tout haut : — Un simple gentilhomme ne vous conviendrait peut-être pas?

— Non, — dit le passeur.

— Un maréchal de France?

— Peuh!

— Le roi...? — Le passeur tressaillit, et Galaor s'en aperçut. — J'ai deviné juste, — se dit-il.

— Mon gentilhomme, — dit le passeur, — vous m'avez interrompu dans mon sommeil, je vous le pardonne, mais n'insistez pas. Ma barque n'est pas au service de tout le monde, et je suis retenu pour un seigneur qui va revenir tout à l'heure. Si vous voulez passer l'eau, remontez la berge jusqu'au pont Saint-Michel, vous traverserez la Cité et vous trouverez devant vous le pont au Change. Bonsoir!

Et celui qui avait dit tout cela d'un ton courtois, et qui n'annonçait rien moins qu'un homme de condition bien supérieure à celle du batelier, se recoucha tranquillement au fond de la barque, s'enveloppant de son manteau pour se préserver du froid de la nuit.

Mais Galaor ne se tint pas pour battu.

— Messire, — dit-il, — le seigneur que vous attendez m'envoie précisément vers vous.

— Vous plaisantez? — dit l'homme d'un ton incrédule.

— Je puis vous en donner une preuve.

— Plaît-il?

— Je viens du carrefour Buci, — poursuivit Galaor;

L'homme se dressa tout à fait. — Et celui qui m'envoie n'est pas un mince personnage.

— Vous venez du carrefour Buci? — répéta le batelier.

— Oui.

— Et celui qui vous envoie?...

— Je vais vous dire son nom à l'oreille. — Et, avant que le batelier fût revenu de sa surprise, Galaor sauta lestement dans la barque. — La personne que vous attendez, — poursuivit Galaor, — et celle qui m'envoie ne font qu'une.

— Ah! vous croyez?

— Et cette personne c'est le roi.

La bonne foi du batelier fut surprise. Il était évident pour lui que si ce gentilhomme savait que le roi était au carrefour Buci, c'est que le roi l'avait chargé d'un message.

— C'est bien, — dit-il, — parlez, mon gentilhomme. J'attends les ordres du roi.

— Je vous dirai donc, — reprit Galaor, — que madame Gabrielle, la bien-aimée du roi, court en ce moment un petit danger qu'il est urgent de conjurer. Le roi, qui se trouve retenu par son caprice aux pieds de mademoiselle d'Entraigues, ne peut aller lui-même chez la duchesse. Mais il m'a commandé de chercher sa barque au bord de l'eau, de traverser la rivière, et d'aller au Louvre quérir certains papiers dont il a besoin. Ainsi, messire, poussez au large. — Le batelier n'avait plus d'objection à faire. Il prit ses avirons et poussa au large. Alors Galaor, qui riait sous cape, fit cette réflexion : — Il est plaisant que le roi me veuille faire pendre, et que je lui prenne son bateau et son batelier pour me sauver. — En quelques minutes la barque eut t[illegible]ché l'autre rive, en face du Louvre et de cette poterne par laquelle Nancy avait fait sauver Galaor quelques heures auparavant. Galaor sauta sur la berge et dit au batelier : — Maintenant, mon ami, retournez attendre le roi et, dites-lui bien qu'il peut compter sur le dévouement de Galaor.

— Qu'est-ce que Galaor?

— C'est moi.

Le batelier salua et reprit le chemin de l'autre rive.

Alors Galaor se dirigea vers la poterne, riant en lui-même du bon tour qu'il jouait au roi.

Mais, comme il s'apprêtait à parlementer, à travers le guichet, avec la sentinelle placée à l'intérieur du corridor, et à lui prouver que la poterne se devait ouvrir devant lui, une main s'appuya sur son épaule.

Galaor se retourna et fit un pas en arrière, en même temps qu'une grimace.

L'homme qu'il avait en face de lui n'était autre que Fritz, le lieutenant des lansquenets, à qui le roi avait donné mission de pendre Galaor.

— Tarteifle! — dit le bon Allemand, — je vous tiens.

Et il prit Galaor par les deux épaules, de façon à l'empêcher de se servir de son épée. Mais Galaor n'y pensa pas.

La main de fer du lansquenet, en lui pressant l'épaule, avait appuyé sur la blessure, dérangé l'appareil et fait éprouver à Galaor une douleur si violente qu'il poussa un cri.

— Maladroit! butor! — s'écria-t-il.

Fritz ne le lâcha point.

Il laissa glisser une de ses mains de l'épaule au côté, et s'empara de l'épée de Galaor, qu'il tira lestement hors du fourreau, celui-ci demeurant vide à la ceinture de Galaor.

Galaor poussa un nouveau cri.

Il était désarmé.

— Tarteifle! — répéta Fritz, — je vous tiens.

— Soit, — dit Galaor, — vous me tenez... Après?

— Le roi m'a donné des ordres.

— Je le sais; il vous a commandé de me chercher dans le Louvre et par la ville.

— *Ya!* — dit Fritz.

— Et de me pendre.

— *Ya!*

Galaor se croisa les bras, regarda Fritz, et se mit à lui rire au nez, sans vergogne.

— Mon ami Fritz, — dit-il, — vous êtes un imbécile.

Fritz recula stupéfait. Mais comme il avait dans sa main l'épée de Galaor, il était bien tranquille. Si celui-ci faisait mine de se sauver, il lui enfoncerait l'épée dans les reins, entre les deux épaules, et tout serait dit.

— Ah! je suis un imbécile, Tarteifle! — dit-il, — C'est ce que nous allons voir.

Et il tira un paquet assez volumineux de la poche de ses larges brayes.

— Peste! — dit Galaor, — vous êtes un homme de précaution. Mille compliments, monsieur Fritz!

L'objet que Fritz avait maintenant à la main n'était autre chose qu'une belle corde de chanvre toute neuve.

— Cela vous coûte au moins douze sous, — dit Galaor.

— *Ya*, — dit le lansquenet.

— Douze sous de perdus. — Et Galaor continua à rire au nez de Fritz légèrement décontenancé. Celui-ci poursuivit : — Douze sous de perdus, monsieur Fritz, car vous n'aurez pas la joie de me pendre.

Fritz eut un signe de tête affirmatif.

— Je vous pendrai! — ajouta-t-il.

— Pour pendre un homme, — reprit Galaor, — il ne suffit pas d'une corde.

— Que faut-il donc encore?

— Un gibet.

Fritz étendit la main vers une des croisées du rez-de-chaussée du Louvre.

Cette croisée, haute de sept ou huit pieds, était garnie de barres de fer transversales.

— J'attacherai ma corde là-haut, — dit le lansquenet.

— Tout seul?

— Oh non! Vous allez voir...

Et il s'approcha du guichet de la poterne, sans cesser d'étreindre Galaor dans ses mains de fer.

— Si j'avais seulement un bout de dague au côté, — pensait Galaor, — comme je me débarrasserais de toi!

— De l'autre côté du guichet, dans le corridor, il y avait une sentinelle. Cette sentinelle était un lansquenet. Tous les lansquenets, étant Allemands, parlaient par conséquent le même langage, et Galaor avait oublié d'apprendre l'idiome tudesque. Il ne comprit donc pas ce que Fritz dit au lansquenet à travers le guichet; mais il devina que le lansquenet reconnaissait parfaitement l'autorité de Fritz, qui portait d'ailleurs sur son bras les insignes de son grade. — Ces Allemands, — pensa Galaor, — s'entendent comme des larrons en foire.

Le lansquenet ouvrit la poterne et sortit. Alors Fritz lui montra Galaor d'abord, la fenêtre grillée ensuite et enfin la corde.

— *Ya!* — dit le lansquenet avec le flegme d'un homme accoutumé à obéir sans discuter.

Fritz lui donna la corde. Le lansquenet la prit et se mit à escalader lestement les barreaux. Quand il fut tout en haut, il fixa solidement la corde et prépara tranquillement le nœud coulant.

— Diable! — pensait Galaor, — voilà qui devient sérieux. — Mais notre Gascon ne perdit pas courage; il regarda Fritz, continua à sourire et, lui dit : — Voilà une corde qui aura de la besogne.

— Oh! — répondit l'Allemand, — rassurez-vous, elle ne se cassera pas.

— Vous croyez?

— Elle est solide.

— Je ne dis pas non, mais vous êtes bien lourd.

Fritz eut un gros sourire et dit :

— Elle n'est pas pour moi, mais pour vous.

— Pour moi d'abord, je le veux bien, — dit Galaor avec flegme.

— Oh! tarteifle!

— Je vous ai dit tout à l'heure que vous étiez un imbécile, monsieur Fritz, et je vais vous le prouver. Que vous a ordonné le roi?

— De vous pendre.

— Non. Il vous a dit : Amène-le-moi d'abord. Or vous négligez une petite formalité, et quand le roi, qui voulait causer avec moi à mon heure dernière, saura que vous m'avez pendu, il donnera l'ordre qu'on vous en fasse autant.

Cette logique rigoureuse de Galaor le sauva.

Fritz se souvint en effet que le roi lui avait tout d'abord commandé d'amener Galaor en sa présence.

— Tarteifle! — dit-il, — vous avez raison.

— Ah! voyez-vous.

— Et je vous remercie.

— Enchanté que vous soyez mon obligé, mon cher monsieur Fritz, — dit Galaor riant toujours. — Ainsi vous allez me conduire chez le roi.

— Oui, mais...

— Mais quoi? cher monsieur Fritz.

— Le roi est couché, — dit l'Allemand, qui jeta un regard sur les croisées du Louvre, derrière lesquelles ne brillait aucune lumière.

— C'est ce qui vous trompe, — dit Galaor.

— Vous croyez?

— Non-seulement le roi n'est pas couché, mais encore il n'est pas au Louvre.

— Par exemple?

— Vous m'avez vu traverser la Seine tout à l'heure.

— Oui.

— Et sortir d'un bateau qui a repris le large.

— En effet, — dit Fritz.

— Eh bien! c'est le bateau du roi. La nuit est un peu froide, mais enfin on fait comme on peut, et si vous voulez simplement attendre une demi-heure ici.

— Nous verrons revenir le roi?

— Justement. Ce qui fait que, si le roi vous le commande, vous m'expédiez tout de suite.

On ne pouvait se montrer plus accommodant que ne l'était Galaor.

— *Ya!* — dit Fritz, — nous ferons comme cela.

Et il prit sous son bras l'épée de Galaor.

Le lansquenet de la poterne, après avoir attaché la corde, était redescendu et attendait un signe de Fritz pour passer le nœud coulant au cou de Galaor. Mais celui-ci posa à son tour la main sur l'épaule de Fritz.

— Écoutez! — dit-il.

— Quoi donc? — fit l'Allemand.

— La nuit est trop noire pour qu'on puisse voir. Mais n'entendez-vous pas un bruit d'avirons qui frappent l'eau?

— En effet...

— Eh bien! nous n'aurons pas longtemps à attendre.

— Et Galaor pensait :—Je viens de l'échapper belle. Mais je suis tranquille à présent : outre que le roi, si furieux qu'il soit, y regardera à deux fois avant de faire pendre un homme qui pourrait bien être son fils, il me suffira de lui toucher deux mots des projets du seigneur Gaëtan et du péril que court la belle Gabrielle pour que nous redevenions les meilleurs amis du monde.

Le bruit des avirons devenait plus distinct; bientôt Fritz et Galaor virent un point noir qui glissait rapidement sur le fleuve.

VI

A peu près au moment où Galaor débarquait sur la rive droite de la Seine, et se trouvait tête à tête avec le lansquenet Fritz, un gentilhomme soigneusement enveloppé dans son manteau sortait de l'hôtel d'Entraigues et murmurait d'une voix sourde et pleine de colère longtemps contenue :

— Au diable les femmes, ventre-saint-gris! — Ce gentilhomme, on le devine n'était autre que le roi; et le roi colère, mécontent, furieux. Un homme, immobile jusque-là sous le porche d'une maison, se montra alors en pleine lumière sous l'unique lanterne du carrefour. Puis il vint à la rencontre du roi. — Est-ce toi, Navailles? — dit le monarque.

— Oui, sire.

— Viens, allons-nous-en! — Et Henri prit familièrement sous le bras celui qui l'avait attendu. Monsieur de Navailles était un des gentilshommes les plus en faveur en ce moment. Béarnais comme le roi, il était devenu son ami le jour de la bataille d'Ivry, où il lui avait sauvé la vie. Navailles était discret. Aussi le roi lui faisait-il ses confidences amoureuses sans crainte de les voir courir la ville et les champs. Navailles était peut-être le seul, à la cour du Louvre, qui fût officiellement dans la confidence de la nouvelle intrigue du roi. Il accompagnait habituellement Sa Majesté dans ses nocturnes excursions de l'autre côté de l'eau, et, tandis que le roi était chez sa belle, il attendait dans les environs. Le roi le prit donc par le bras et lui dit : — Allons-nous-en?

Navailles ne se trompa point à cet accent.

— Le roi n'a pas l'air content, — dit-il.

— Content! — exclama Henri, — je suis furieux tout au contraire.

— Qu'est-il donc advenu à Votre Majesté?

— Rien .. si ce n'est que c'est toujours la même chose... cette femme est une coquette...

— Je ne dis pas non, — fit Navailles.

— Et une ambitieuse.

— Dame!

— Croirais-tu, — poursuivit le roi, qui arpentait les petites rues du pays latin avec la vitesse d'un diable qu'on aspergerait d'eau bénite, — croirais-tu qu'elle m'a déclaré formellement qu'elle était une honnête fille?

— Oh! — dit Navailles d'un air de doute.

— Qu'elle voulait se marier.

— Ah! bah!

— Et que, puisque j'étais en train de faire casser mon mariage avec madame Marguerite, qui ne me peut donner d'héritier, je n'avais qu'à la faire reine de France, et qu'elle me donnerait, elle, autant de petits princes que je le pourrais souhaiter.

— Mais, sire, — dit Navailles, — ce n'est pas la première fois que mademoiselle d'Entraigues tient ce langage.

— Oui, je n'y croyais pas.

— Et... maintenant?

— Maintenant je finirais bien par y croire, car je ne suis pas plus avancé que le premier jour. — Le roi poussa un gros soupir, puis il dit encore : — Les femmes sont vraiment extraordinaires, elles veulent toutes d'une place qui n'est pas encore vacante.

— Hein! — fit Navailles.

— Après [illegible]t, — reprit Henri, — le pape n'a pas encore cassé mon mariage, et madame Marguerite se cramponne à la royauté que c'est merveille! elle dit même que, si je suis devenu roi, c'est grâce à elle, et que la fille des Valois a tout à fait désencanaillé le Bourbon. — Navailles se prit à sourire. — Eh bien! voici que madame de Beaufort répand des fleuves de larmes chaque fois que je lui rends visite.

— Elle veut être reine?

— Naturellement, — dit Henri.

— Et mademoiselle d'Entraigues pareillement, je le vois.

Le roi poussa un nouveau soupir :

— Ah! mon pauvre Navailles, — dit-il, — sais-tu qu'en ce moment les souvenirs de ma jeunesse me montent au cerveau comme une odeur de sainfoin fraîchement coupé? Quand j'avais vingt ans, vois-tu, on m'aimait, non parce que j'étais roi, mais...

— Mais, — dit Navailles, — parce que le prince Henri de Navarre était un beau et gentil cavalier.

Le roi soupira une fois de plus.

— Ce n'est pas Corizande, — dit-il, — qui m'eût ainsi tourmenté, ni la belle madame de Sauves, ni cette pauvre Sarah l'argentière, ni Fosseuse de Montmorency, ni les autres...

— Mais enfin, sire, — dit Navailles, — Votre Majesté se désespère vraiment trop vite.

— Ah! tu crois?

— Votre Majesté n'a pas quarante ans, c'est la fleur de l'âge.

— Heu! heu! nous disons cela, mon pauvre Navailles, et nous le pensons quelquefois, mais les femmes... le pensent-elles?

— Je ne voudrais point médire de madame de Beaufort, — poursuivit Navailles, — mais...

— Eh bien?

— Si elle tourmente ainsi Votre Majesté, c'est qu'elle est folle de son fils, qui est du reste la vivante image de Votre Majesté.

Ces paroles firent tressaillir le roi et lui mirent en mémoire un événement de la soirée qu'il avait un peu oublié chez Henriette d'Entraigues.

— Ah! dit-il, tu trouves que César me ressemble?

— Oui, sire.

— Que dirais-tu si tu voyais Galaor?

— Qu'est-ce que Galaor, sire?

— Je ne sais pas. C'est un Gascon... qui se dit mon fils.. et, ma foi! c'est bien possible... mais il m'a mis dans une colère, le drôle!

Et le roi, qui avait besoin d'oublier les infernales coquetteries de mademoiselle d'Entraigues, commença, chemin faisant, à narrer à Navailles l'étrange façon dont Galaor s'était présenté lui-même; puis l'entrée de Fritz, la lettre du bailli d'Amboise, et la colère dans laquelle il s'était mis, lui le roi, et l'ordre qu'il avait donné à Fritz.

— Mais sire, — dit Navailles, — Votre Majesté n'a pas donné cet ordre sérieusement?

— Si, j'étais furieux. Mais, rassure-toi, mon drôle ne court aucun danger.

— Comment cela?

— Nancy l'a fait sauver du Louvre.

— Et si le lansquenet parvient à le retrouver et à l'arrêter?

— Il me l'amènera.

— Et Votre Majesté le fera pendre?

— Non, mais je le logerai dans le donjon de Vincennes jusqu'à ce que le pape ait cassé mon mariage avec madame Marguerite, à qui le drôle paraît tout dévoué.

— Comme le roi parlait ainsi, ils arrivèrent au bord de la rivière, à l'endroit où le roi avait laissé son bateau. Mais le bateau n'y était plus. — Hé! d'Estourbiac! — cria le roi; — car le batelier à qui Galaor avait eu affaire n'était autre que le jeune courtisan que nous avons vu causer avec le duc d'Épernon. D'Estourbiac ne répondit pas, mais on entendit le bruit de ses avirons sur le fleuve. Il revenait de conduire Galaor et, bientôt, on le vit qui regagnait la rive gauche à force de rames. — Mais d'où viens-tu donc? — lui dit le roi, au moment où la barque toucha la berge.

— De passer votre messager, sire.

— Quel messager!

— Celui que vous avez envoyé à la duchesse de Beaufort.

— Moi! — fit le roi.

— Sans doute.

— Je n'ai envoyé personne.

— Cependant, — dit d'Estourbiac, — ce gentilhomme, qui se nomme Galaor...

— Galaor! — dit le roi. — Ah! ventre-saint-gris! voilà une aventure qui devient par trop plaisante, et un drôle qui est encore plus effronté que je ne l'aurais pu croire!

Le chevalier d'Estourbiac était, comme on pense, quelque peu étonné des paroles du roi.

— Mais, sire, — dit-il, — puisque le seigneur Galaor, car c'est bien ainsi qu'il se nomme, m'a dit qu'il venait du carrefour Buci...

— Il t'a dit cela?

— Oui, sire. Il venait du carrefour Buci, où il avait laissé Votre Majesté.

— L'imposteur!

Navailles riait discrètement.

— Votre Majesté en convient, — dit-il, — Galaor est un vrai Gascon.

— Il a toutes les audaces, — dit le roi, — mais il s'en repentira.

Et il mit le pied dans la barque, et Navailles le suivit.

— Ce qu'il y a de plus curieux, — fit le chevalier d'Estourbiac, — c'est qu'il m'a dit que Votre Majesté l'envoyait chez madame la duchesse de Beaufort.

— Mais pourquoi faire?

— Pour la sauver d'un danger. Et, dame! — fit le batelier gentilhomme, — je dois dire à Votre Majesté qu'il avait un accent convaincu et même une certaine émotion dans la voix.

— En vérité!

— Il paraissait même si pressé que je n'ai pas hésité à le passer.

— Allons, pousse au large, — dit le roi, — et hâtons-nous! Il faut que j'éclaircisse tout cela.

La peur qu'avait le jeune homme de voir la colère du roi retomber sur lui doubla ses forces; il se mit à ramer vigoureusement, et la barque vola comme une flèche, coupant adroitement le courant.

Cependant le trajet dura bien encore sept ou huit minutes, et pendant ce laps de temps, qui parut énorme au roi, son esprit, mobile et parfois inquiet, se transporta chez Gabrielle.

Elle courait un danger avait dit Galaor. Ou ce Gascon était le dernier des drôles, ou il avait dit vrai. Dans ce dernier cas, il fallait le retrouver à tout prix.

Navailles, qui n'avait jamais vu Galaor, se sentait déjà pris pour lui d'une véritable sympathie. D'ailleurs Navailles était Gascon, et les Gascons s'aiment et se soutiennent. Navailles fort intrigué et le roi très-inquiet mirent le pied sur la berge.

A leur grand étonnement, ils aperçurent la silhouette de trois hommes devant la poterne par laquelle Henri espérait bien entrer furtivement au Louvre.

— Bon! — fit-il, — qu'est-ce encore que ces fâcheux? Je suis entouré de gens qui, au lieu de dormir, se promènent toute la nuit et se mêlent ainsi de ce qui ne les regarde pas.

Mais une voix claire, sonore, un peu railleuse et fortement empreinte de l'accent méridional, arriva à son oreille.

— Vous voyez bien, maître Fritz, — disait-elle, — que vous n'êtes qu'un bélître, que j'ai parfaitement raison, et que voilà le roi.

— Ventre-saint-gris, c'est lui, — dit Henri.

— Galaor? — fit Navailles.

— Oui, Galaor, et il va avoir affaire à moi.

Et le roi doubla le pas, et en quelques secondes il se trouva face à face avec Galaor, Fritz et le lansquenet de la poterne.

— Sire, — dit Galaor, — n'est-ce pas que vous aviez ordonné à maître Fritz de m'arrêter et me conduire en la présence de Votre Majesté avant de me pendre.

— C'est vrai, — dit le roi.

— Eh bien! ce butor voulait me pendre auparavant. Voyez plutôt!

Et Galaor prit dans ses mains le bout de la corde fixée aux barreaux de la fenêtre et la mit sous les yeux du roi.

Henri fronça le sourcil :

— Ah! il voulait te pendre? — fit-il.

— Oui, sire.

— Il était trop pressé.

— C'est ce que je me disais.

— Et il aurait dû savoir que tout vient à point à qui sait attendre.

— Hum! — pensa Galaor, — le roi est toujours furieux. Je ne veux pourtant pas être pendu. — Et, tout haut : — Il est probable, cependant, que si Votre Majesté me voulait voir avant qu'on ne me mît à mort, c'est qu'elle me voulait interroger sur différentes choses.

— En effet, — dit le roi.

— Et je suis prêt à répondre à Votre Majesté.

— Eh bien, dis-moi d'abord d'où tu venais tout à l'heure quand tu t'es servi de ma barque pour passer l'eau.

— Je venais du carrefour Buci, sire.

— Et tu as prétendu que je t'avais donné des ordres?

— Oui, sire.

— Tu mentais.

— Sans doute. Mais si je n'avais pas fait ce mensonge à votre batelier, il ne m'aurait point passé, et j'étais pressé, je vous jure.

— Pressé de te faire pendre?

— Oh! non. Et comme j'allais frapper à cette poterne, ce rustre d'Allemand s'est dressé devant moi, et c'est même par trahison qu'il m'a enlevé mon épée.

— Mais où allais-tu donc? — demanda le roi, que le calme et la bonne humeur de Galaor désarmaient peu à peu, et qui sentait renaître en lui cette mystérieuse sympathie qu'il avait tout d'abord éprouvée pour celui qui disait être son fils.

— J'allais au Louvre, sire.

— Dans quel but?

— Pour revoir madame Nancy.

— Et la remercier de t'avoir sauvé une première fois des mains de Fritz?

— Non. Pour lui demander en quelle rue demeure le sieur Zamet.

A ce nom le roi tressaillit.

— Tu connais donc Zamet? — dit-il.

— Non, sire.

— Alors que lui voulais-tu?

— Je voulais parler à madame la duchesse de Beaufort.

Le roi fronça de nouveau le sourcil.

— Et que lui voulais-tu dire à madame de Beaufort?

— Une chose excessivement importante.

— Comme la duchesse n'a pas de secrets pour moi, — dit le roi, — tu peux me la confier.

— Je ne demande pas mieux, sire... mais...

— Mais quoi?

— Outre d'abord que je ne le ferai que lorsque je me trouverai tête à tête avec Votre Majesté... je voudrais encore...

Galaor regardait toujours la terrible corde.

— Que voudrais-tu? — dit le roi en souriant.

— Que maître Fritz s'en allât coucher.

— Bon. Et puis?

— Et qu'il emportât sa corde.

Le roi se mit à rire :

— Je serais tenté de te croire, — dit-il, — tu es plein d'esprit. — Galaor salua. — Et maintenant, — acheva Henri en lui posant la main sur l'épaule, — viens avec moi, dans mon cabinet, et tu me conteras ce que tu voulais dire à madame de Beaufort. Bonsoir, Navailles!

Et le roi poussa Galaor devant lui et lui fit franchir le seuil de la poterne.

— Tartelfle! — murmura Fritz en les voyant disparaître tous deux, — le roi a donc changé d'avis!

— C'est probable, — dit Navailles en riant.

— Et le gentilhomme ne sera pas pendu?

— Je ne crois pas. — Fritz, qui avait de la rancune et qui attribuait à Galaor toutes ses mésaventures, Fritz, disons-nous, fit une horrible grimace. — Monsieur Fritz, — lui dit Navailles, — voulez-vous un bon conseil?

— Oui, — fit l'Allemand.

— Quand vous rencontrerez le seigneur Galaor, saluez-le courtoisement et faites-lui vos excuses.

— Oh! tarteifle!

— Car, — acheva Navailles, — cette corde toute neuve est bien plus près de votre cou que du sien.

Et le gentilhomme gascon tourna le dos à l'Allemand stupéfait et rentra au Louvre.

Le roi gravit lestement cet escalier en colimaçon qu'il avait monté tant de fois dans sa jeunesse, au temps où le sire de Coarasse était éperdument amoureux de madame Marguerite. Galaor suivait.

Chose bizarre! à mesure qu'il montait, le roi était pris à la gorge par tous les souvenirs de sa jeunesse, comme s'il se fût tout à coup senti revivre dans Galaor.

Il montait, tendant le jarret, relevant la tête avec un petit air conquérant, lui qui tout à l'heure avait tant médit des femmes. Pour un peu, Henri de Bourbon, roi de France et quatrième du nom, se serait cru le sire de Coarasse allant au rendez-vous de madame Marguerite. Et, comme si le hasard eût voulu compléter l'illusion, au moment où il arrivait au premier repos de l'escalier, lequel en cet endroit était éclairé par une petite lampe placée dans une niche creusée dans le mur, il aperçut Nancy immobile sur une des marches.

— Sire, — dit-elle, — comme si elle eût deviné ce qui se passait dans l'esprit du roi, le sire de Coarasse arrive bien tard. La princesse est couchée.

Le roi tressaillit et fit un si brusque mouvement qu'il démasqua Galaor, qui montait derrière lui.

— Hélas! ma pauvre Nancy, — dit-il, — ce beau temps est passé!

— Pour la princesse, peut-être, — dit Nancy, qui regarda Galaor avec une sorte de stupéfaction; — mais, pour le sire de Coarasse... qui se glisse, son manteau sur le nez, à deux heures du matin, dans les corridors du Louvre...

— Sais-tu d'où je viens? — fit le roi.

— Je m'en doute, sire.

— Non; tu ne peux pas le savoir. Je viens de sauver ce garçon-là.

Et le roi montra Galaor. Galaor salua Nancy.

— Alors, — dit la camérière de madame Marguerite, — il paraît que tout le monde le sauve aujourd'hui.

— Oui, — dit le roi; — mais, moi, je lui ai presque retiré la corde qu'il avait au cou.

— Et c'est Fritz qui avait passé la corde?

— Justement.

Nancy, qui devinait à l'accent du roi que Galaor était rentré dans ses bonnes grâces, mais qui ne savait ni comment ni pourquoi, et tenait à le savoir, Nancy reprit d'un ton moqueur :

— Si Votre Majesté n'avait elle-même fait le nœud

coulant, elle n'aurait pas eu besoin de le défaire.

— C'est vrai, — dit le roi; — mais Galaor m'a donné de très-bonnes raisons, et il a même un certain secret à me confier.

— Ah! fort bien! — dit Nancy, qui échangea un furtif sourire avec le Gascon.

— Tu te couches bien tard, Nancy, — dit le roi; — aurais-tu quelque amoureux par le Louvre?

— Oh! sire, — fit Nancy scandalisée.

— Peuh! — dit Henri, qui reprit Galaor par le bras, — je n'en mettrais pas la main au feu. Bonsoir, Nancy.

Et il emmena Galaor par le corridor qui était au bout de l'escalier et conduisait à son cabinet.

— Bon! pensa Nancy, qui regagna son logis en toute hâte. — grâce à mon petit appareil, je vais bien savoir ce qu'ils disent.

Cependant le roi poussa Galaor dans son cabinet, ferma la porte, prit lui-même une tige de fer, raviva le feu qui était dans la cheminée, se débarrassa ensuite de son manteau, s'assit dans son grand fauteuil et dit :

— Maintenant, mon garçon, parle, je t'écoute. — Galaor demeurait debout devant le roi, mais il ne paraissait nullement pressé de s'expliquer. Un soupçon traversa l'esprit du roi : — Mon compère, — dit-il, — tu es Gascon, et les Gascons sont pleins d'imagination. Je crois bien que tu n'as aucun secret à me révéler touchant madame Gabrielle, et que tout ce que tu m'as conté n'a d'autre but pour toi que de n'être pas pendu. S'il en est ainsi, je te fais grâce, et tu peux t'aller coucher. Seulement, souviens-toi que, si tu t'avises une seconde fois de délivrer madame Marguerite, prisonnière dans un de mes châteaux forts, je te traiterai en gentilhomme et te ferai trancher la tête.

— Sire, — dit Galaor, qui entr'ouvrit son pourpoint jaspé de quelques gouttes de sang, — depuis que j'ai eu l'honneur de souper avec Votre Majesté, j'ai reçu un galant coup d'épée dont j'ai failli mourir.

— Du sang! — exclama le roi.

— Voyez plutôt, sire.

Alors seulement le roi s'aperçut que Galaor était tout pâle et qu'il chancelait sur ses jambes.

— Mais que t'est-il donc arrivé? — s'écria-t-il avec une émotion subite qui sembla justifier la croyance de Galaor.

— Peu de chose en apparence, une véritable aventure en réalité. — reprit Galaor. — Votre Majesté m'a pardonné, je puis lui dire que madame Nancy, en me faisant sauver du Louvre, m'avait recommandé d'aller me cacher à l'hôtellerie du *Cheval-Noir*, rue Saint-André-des-Arts, et d'y attendre de ses nouvelles, car elle se promettait bien d'apaiser la colère de Votre Majesté.

— Bien. Après?

— En passant sur le pont au Change, je me suis heurté à deux cavaliers, et je me suis pris de querelle avec eux. Nous sommes descendus sous le pont, et, à la troisième passe, j'ai reçu un coup d'épée qui m'a laissé pour mort.

— Sous le pont?

— Oui, sire.

— Et c'est là d'où tu reviens?

— Oh! non, comme vous allez le voir. Quand je suis revenu à moi, j'étais dans un bon lit et dans une chambre inconnue, et on avait pansé ma blessure. Une femme était auprès de moi... une fort belle femme, sire. Elle m'a fait avaler une potion calmante, m'a bien recommandé de dormir, et m'a laissé seul. Mais je voulais savoir où j'étais, sire, et je me suis conduit comme un page ou une chambrière.

— Qu'as-tu donc fait?

— Je me suis glissé hors de mon lit et je suis allé écouter à une porte derrière laquelle j'entendais parler.

— Et tu as entendu?

— Un grand jeune homme qui parlait d'un complot organisé contre la vie de madame la duchesse de Beaufort. — Le roi fit un soubresaut et se leva avec vivacité.

— Sire, — dit froidement Galaor, — le complot n'éclatera que la nuit suivante.

— Ah!

— Nous avons donc le temps de prendre nos précautions.

— Mais...

— Que Votre Majesté daigne m'écouter jusqu'au bout.

— Parle, — dit le roi avec une émotion croissante.

— Le grand jeune homme qui parlait était celui-là même qui m'avait gratifié d'un coup d'épée. Son interlocutrice était la femme qui m'avait recueilli.

— Et... les conspirateurs?... — demanda le roi d'une voix étranglée.

— Sont des Italiens qui ont résolu de piller la caisse du sieur Zamet.

— Bon!

— Après l'avoir assassiné.

— Les misérables!

— Et de mettre ensuite le feu à sa maison, ce qui fait que madame de Beaufort, qui loge chez lui, périrait dans l'incendie.

— Ventre-saint-gris! — s'écria le roi hors de lui, — nomme-moi tous ces gens-là, et je les fais pendre dès demain.

— Non, sire, — dit Galaor avec fermeté. — D'abord, je ne sais pas leurs noms, ce qui est une raison plus que suffisante à mon refus; ensuite, je les saurais que je ne les dirais point.

— Mais, ventre-saint-gris! il faut pourtant que je sauve Gabrielle.

— Je la sauverai, moi! — dit fièrement Galaor.

Et il eut une attitude si vaillante et si superbe en ce moment, que Henri de Navarre se sentit revivre tout entier dans ce garçon de vingt ans, et murmura :

— Voilà pourtant comment j'étais, moi!

VII

Il y eut un moment de silence entre Galaor et le roi. Enfin celui-ci reprit :

— Je suis persuadé que tu es brave...— Galaor salua.

— Que tu as de l'esprit : tu me l'as prouvé. — Galaor salua de nouveau. — Enfin que tu as le désir de sauver Gabrielle du danger qu'elle court.

— Le désir et la conviction, — dit Galaor.

— Tout cela est bel et bien, mais, — dit le roi, — je me fierai encore plus à un demi-cent de Suisses ou de reîtres, que je vais loger en l'hôtel de Zamet, qu'à ta seule épée, si vaillante qu'elle puisse être.

— Et en cela, — dit Galaor, — Votre Majesté a raison et elle est dans son droit.

— N'est-ce pas?

— Mais si je demande à Votre Majesté de me donner le commandement des hommes qu'elle compte employer?

— Ceci est différent.

— Ensuite si, à la tête de ces hommes, non-seulement je sauve madame Gabrielle, mais encore la caisse et la maison du sieur Zamet, Votre Majesté m'accordera-t-elle ce que je lui demanderai.

— Oui, certes!

— Eh bien! — dit Galaor, — je voudrais que Votre Majesté me donnât l'ordre d'arrêter et de conduire à Vincennes ce joli gentilhomme qui m'a perforé d'un coup d'épée.

— Mais c'est lui qui connaît cette bande d'Italiens?

— Oui.

— C'est par lui que tu as été mis au courant du complot.

— Oui.

— Alors, je ferai mieux, — dit le roi, — il sera pendu.

Galaor se prit à rire.

— Votre Majesté en parle bien à son aise, — dit-il.

— Explique-toi?

— Car si elle savait le nom de ce gentilhomme...

— Tu le sais donc, toi?

— Peut-être bien.

— Alors pourquoi ne me le dis-tu point...?

Galaor demeura impassible.

— Sire, — dit-il, — Votre Majesté s'est calomniée quatre ou cinq fois aujourd'hui même.

— Comment cela?

— En disant qu'elle vieillissait.

— Hélas! — soupira Henri.

— Votre Majesté est toujours jeune. Je n'en veux pour preuve que les deux ou trois amours qui peuplent à la fois le cœur de Votre Majesté.

— Ah! mais c'est juste, — fit le roi, dont un souvenir traversa le cerveau. — Comment donc savais-tu que j'étais au carrefour Buci?

— Avant de répondre à Votre Majesté, je la supplierai de suivre mon raisonnement.

— Parle.

— Votre Majesté adore madame Gabrielle; mais elle est pareillement énamourée de la belle Henriette d'Entraigues.

— Ah çà! — fit le roi, — tu es à Paris depuis quelques heures seulement et tu sais déjà tout cela.

— Oui, sire.

— Mais comment le sais-tu?

— Peut-être suis-je sorcier.

Le roi tressaillit et se souvint que le sire de Coarasse en avait dit autant à René le Florentin stupéfait.

— Continue, — dit-il.

— Eh bien! que Votre Majesté s'imagine, — poursuivit Galaor, — que le gentilhomme en question est l'ami de l'une des deux ou trois femmes que le roi aime en ce moment.

— Bon!

— Le roi s'en plaint à sa maîtresse. Sa maîtresse pleure et jure au roi que je suis un calomniateur. La tentative n'a pas lieu. Cela prouve que j'avais tort. Mais, un mois après, quand personne n'est plus sur ses gardes, la catastrophe arrive.

— Ce que tu dis là est plein de sagesse, — reprit le roi, qui se rendait au fond justice et savait combien il était faible vis-à-vis du beau sexe; — mais, enfin, que veux-tu faire?

— Votre Majesté va me donner un mot pour le sieur Zamet, par lequel elle l'avertira qu'il doit avoir en moi pleine confiance.

— Il est inutile que j'écrive, — dit le roi. Et il tira une bague de son doigt et la remit à Galaor. — Tiens, — dit-il, — tu montreras cela à Zamet; c'est un signe convenu entre nous. Ce que tu lui demanderas, il le fera. — Galaor prit la bague. — Et puis? — fit le roi.

— Je ne serais pas fâché de prendre ma revanche avec ce butor de Fritz.

— Hein? — dit Henri en souriant.

— Je désirerais que Votre Majesté le mît sous mes ordres et le chargeât de recruter autant de soldats que je lui en demanderai.

— Accordé, — dit encore le roi.

— Oh! ce n'est pas tout, — fit Galaor.

— Quoi donc encore?

— Je voudrais que Votre Majesté me donnât sa parole de ne parler de tout ce que je viens de lui révéler à âme qui vive.

— Soit.

— Ni à madame Henriette, ni à madame Gabrielle ni à monsieur de Sully, ni même à monsieur Zamet.

— C'est bien, — dit le roi, — tu as ma parole.

— A présent, — dit Galaor, — je puis laisser Votre Majesté appeler ses pages et se mettre au lit.

— Mais toi, où vas-tu coucher?

— Oh! — dit Galaor en souriant, — je ne suis au Louvre que depuis quelques heures, mais il y a déjà de bonnes âmes charitables qui s'offrent à me loger.

— Ventre-saint-gris! — dit le roi, — je commence à croire que si, tu n'es pas mon fils, nous sommes au moins parents. J'étais comme toi à mon arrivée à Paris.

Galaor s'incline. Puis il s'approcha de la fenêtre qui était ouverte et se pencha en dehors.

Fritz était toujours assis sur la berge. Peut-être attendait-il que le roi lui envoyât Galaor et lui permit de le pendre.

— Ma foi! sire, — dit Galaor, — voilà une belle occasion de me donner Fritz sur-le-champ.

Le roi frappa sur un timbre et un des pages de service entra. C'était précisément le jeune Olivier.

A la vue de Galaor, qu'il ne soupçonnait pas dans le cabinet du roi, Olivier fit un haut le corps.

— Mets-toi à la fenêtre, — dit le roi. Le page obéit. — Vois-tu un homme assis sur la berge?

— Oui, sire, et je crois bien que c'est le lansquenet qui est arrivé d'Amboise.

— Justement, — dit Galaor.

— Va me le quérir, — ordonna le roi.

Le page se dirigea vers la porte. Comme il passait auprès de Galaor, celui-ci lui dit :

— Mon cher monsieur Olivier, avant de vous aller coucher, je vous dirai deux mots d'une personne qui vous intéresse. — Olivier tressaillit. — Elle se nomme Gratienne, — ajouta Galaor.

Le roi, qui l'entendit, s'écria :

— Bon! voilà maintenant que tu connais Gratienne?

— Oui, sire, ne suis-je donc pas sorcier?

Et Galaor se prit à rire, tandis que le page stupéfait sortait pour aller chercher le lansquenet Fritz.

Galaor ne s'était pas trompé. C'était bien le lansquenet Fritz qu'on apercevait sous la fenêtre.

Il s'était assis sur une grosse pierre, au bord de l'eau, et s'amusait à lancer des cailloux dans le fleuve pour y faire des ronds. Mais son esprit était ailleurs. La bonne tête carrée de l'Allemand se heurtait à des problèmes qui lui semblaient insolubles.

Le roi avait manifesté une grande colère en apprenant le rôle joué par Galaor à Amboise, et il avait ordonné de pendre Galaor. Jusque-là c'était fort bien et parfaitement logique. Mais voici que, Fritz voulant exécuter les ordres que le roi lui avait donnés, le roi revenait, prenait Galaor bras dessus bras dessous, et l'emmenait comme son meilleur ami, sans même donner la moindre explication à Fritz. Fritz ne comprenait plus.

Alors encore monsieur de Navailles lui frappait sur l'épaule et lui conseillait de faire des excuses à Galaor et de craindre pour lui-même la corde que d'abord il lui avait destinée. L'énigme devenait indéchiffrable.

Monsieur de Navailles parti, Fritz, hébété, s'était retourné vers la sentinelle de la poterne.

— As-tu entendu? — lui avait-il dit.

— *Ya.*

— As-tu compris?

— *Nein!*

Et le factionnaire se borna à cette affirmation et à cette négation. Il en avait vu bien d'autres depuis qu'il était au Louvre.

Fritz, désespéré de ne pouvoir mettre son intelligence de niveau avec les événements, Fritz, disons-nous, s'était assis sur une grosse pierre et lançait des cailloux dans l'eau, lorsque le page Olivier arriva et lui frappa sur l'épaule.

Fritz se retourna.

— Ah! c'est vous, meinherr Olivier? — dit-il.

— C'est moi.

— Si vous saviez ce qui m'arrive!...

— Je ne sais pas ce qui vous arrive, — répondit Olivier, — mais je sais que le roi veut vous parler.

— Le roi? — dit Fritz qui se leva joyeux.

— Oui.

— Oh! c'est qu'il va probablement me rendre le gentilhomme.

— Quel gentilhomme?

— Galaor.

— Pourquoi faire?

— Mais, dame! — fit naïvement le lansquenet, — pour le pendre.

— Bah! vous croyez ça? — dit le page d'un ton railleur.

— Il faut bien que ça finisse ainsi, — reprit Fritz. — Vous savez vous-même que le roi me l'avait commandé

— Oh! pas tout à fait, — rectifia Olivier. — Il vous avait dit: « Amène-le-moi, nous verrons. »

— Je n'avais pas compris ça, — dit Fritz, — si bien que, tout à l'heure, mon Galaor sort d'une barque, là, à deux pas, et vient heurter à la poterne. Moi qui le cherchais, je lui frappe sur l'épaule, je lui prends son épée... Tenez, la voilà...

— Après? — dit le page.

— J'appelle le lansquenet qui est derrière la poterne et je lui donne la corde que vous pouvez voir encore pendue à ses barreaux.

— Je la vois, — fit Olivier.

— Mais voilà que ce Galaor, qui a une langue d'enfer, me tient un tas de discours et m'enjôle si bien, que je consens à attendre l'arrivée du roi. Le roi arrive. Galaor prétend qu'il a un secret à lui confier. Le roi le prend par le bras et l'emmène...

— Eh bien, — demanda Olivier, — quelle conclusion tirez-vous de tout cela?

— Que Galaor a confié son secret au roi, et que, puisque le roi me fait demander, c'est pour me rendre Galaor, afin que je le pende. — Olivier secoua la tête. — S'il en était autrement, — dit Fritz, — le roi m'aurait commandé de lui rendre son épée.

— Je crains que vous ne vous trompiez, — dit le page, — mais croyez bien que, si le roi vous ordonne de pendre Galaor, ce n'est pas moi qui y verrai le moindre obstacle.

— Ah!

— Ce Gascon-là sait une foule de choses qui ne le regardent pas, — murmura entre ses dents le page, qui était jaloux depuis que Galaor lui avait parlé de Gratienne.

Ils arrivèrent chez le roi. Galaor était fort tranquillement assis en face du monarque et causait familièrement avec lui. Fritz fronça le sourcil et commença à perdre espérance.

Un homme qu'on va pendre, si brave qu'il soit, n'a pas l'air si tranquille.

Le lansquenet se tint debout, tête nue, et attendit.

— Fritz, — dit le roi, — tu sais le conseil que m'a donné dans sa lettre le bailli d'Amboise? Fritz sentit quelques gouttes d'une sueur glacée perler à ses tempes, tandis que ses cheveux se hérissaient légèrement. Il pensa que la situation était changée du tout au tout, et que c'était Galaor qui l'allait mener à la potence. Le roi poursuivit: — Le bailli me conseille de te faire pendre, et je suivrais certainement ce conseil si tu avais eu le malheur de ne pas écouter les sages remontrances de mon ami Galaor que voilà. — Fritz respira un peu plus librement. — Tu ne seras donc pas pendu, — dit le roi, — mais à une condition. — Fritz attendit impassible. — C'est que tu obéiras à mon ami Galaor comme à moi-même.

— Ya, — dit Fritz, qui avait le culte de l'obéissance passive.

— Tout ce qu'il te commandera, tu le feras.

— Ya, — répéta Fritz.

— Mon cher monsieur Fritz, — dit alors Galaor, — je vous conseille de remettre dans votre poche la belle corde neuve que vous aviez achetée à mon intention. Nous en aurons certainement besoin. Pour le moment, vous n'avez autre chose à faire qu'à vous aller coucher; mais demain je vous taillerai de la besogne. Connaissez-vous le cabaret du *Cheval-Noir*?

— Oui, — dit Fritz d'un signe de tête.

Il avait longtemps tenu garnison à Paris, et il connaissait la grande ville comme sa poche.

— Demain, à sept heures de relevée, — dit Galaor, — vous m'attendrez au cabaret du *Cheval-Noir* avec une douzaine de lansquenets que vous recruterez. — Et Galaor, d'un geste, congédia Fritz comme s'il eût été chez lui. — Maintenant, sire, — dit le Gascon, — je vais vous souhaiter une bonne nuit, et je vous demande la permission d'emmener ce joli garçon qui se nomme Olivier.

— Moi! — fit le page avec aigreur.

— Oui, j'ai deux mots à vous dire.

— Olivier, mon mignon, — dit le roi. — Je te donne à Galaor; ce qu'il te commandera, tu le feras.

— Oui, sire, — répondit le page, qui se mordit les lèvres.

Quand ils furent dans l'antichambre qui précédait le cabinet du roi, Galaor prit Olivier sous le bras.

— Mon cher monsieur Olivier, — dit-il, — vous aimez Gratienne?

— Que vous importe? — dit sèchement le page.

— Oh! rien absolument. Mais...

— Mais quoi?

— J'aurais besoin de la voir, et je vous serais reconnaissant de me ménager un rendez-vous avec elle. — Le page devint pâle de colère. — Service du roi, — dit froidement Galaor.

— Et que lui voulez-vous donc, à Gratienne? — demanda Olivier dont la voix tremblait.

— Bon! — fit Galaor en riant, — vous êtes jaloux! c'est peine perdue... Je ne puis pas aimer votre maîtresse, puisque je ne l'ai jamais vue.

— Ah! — dit Olivier qui respira.

— Service du roi, — répéta Galaor. — Je vous donne rendez-vous pour demain midi, dans la cour du Louvre, pour que vous me conduisiez chez Gratienne. Et maintenant, bonsoir! — Sur ces mots, Galaor quitta le page et se perdit dans les obscurs corridors du Louvre, murmurant: — Je finirai bien par trouver le logis de ma chère Idoline, et, comme elle m'attend pas, ce lui sera une surprise agréable.

VIII

A midi précis, le page Olivier était au rendez-vous que Galaor lui avait donné dans la cour du Louvre.

Olivier était fort intrigué. La nuit précédente, en quittant Galaor, il s'était glissé hors du Louvre, et comme à l'ordinaire il s'en était allé à ce logis mystérieux où Gratienne, la camérière de madame de Beaufort, le venait attendre. Il y était arrivé le sourcil froncé, le cœur plein d'une colère jalouse.

Gratienne l'avait écouté avec un profond étonnement d'abord, et avait fini par lui rire au nez ensuite, en lui disant qu'elle n'avait jamais vu le seigneur Galaor, et que c'était la première fois qu'elle entendait prononcer son nom.

Olivier s'était apaisé alors, mais il avait été surpris au plus haut point, et le lendemain, à midi, comme Galaor semblait se faire attendre, l'impatience du page n'eut plus de bornes.

Enfin Galaor parut. Olivier alla vivement à lui. Galaor posa la main sur l'épaule du page et lui dit :

— Je me suis fait attendre un peu ; mais il y avait si longtemps que je n'avais dormi, que je me suis rattrapé. — Olivier regardait Galaor avec une curiosité croissante. — Mon jeune ami, — dit Galaor, — vous avez certainement vu votre maîtresse cette nuit.

— Oui, certes.

— Elle vous a dit qu'elle ne me connaissait pas.

— En effet.

— Elle a dû être fort étonnée que j'eusse besoin de la voir.

— Son étonnement dure encore.

— Mon cher monsieur Olivier, — reprit Galaor, — écoutez-moi bien.

— Parlez...

— J'ai à demander à mamzelle Gratienne un petit service qui lui sera payé au centuple.

— Hein? — fit le page.

— Vous allez voir, — poursuivit Galaor, — que je suis au courant de bien des choses.

— Ah!

— Madame la duchesse de Beaufort aime Gratienne, mais elle ne vous aime guère.

— Vous savez encore cela! — exclama Olivier.

— Et bien d'autres choses avec. Si madame Gabrielle vous aimait, elle permettrait à Gratienne de vous recevoir dans sa chambre, comme elle tolère que l'Italienne Geronima reçoive le seigneur Gaëtan, un Italien de la plus belle venue.

— Mais vous êtes donc sorcier? — s'écria le page.

— Non. Et la preuve, c'est que j'ignore absolument pourquoi madame Gabrielle ne vous aime pas.

— Je le sais, moi.

— Eh bien, vous me conterez cela en route.

— Où allons-nous donc?

— Chez le sieur Zamet, et vous m'allez indiquer le chemin, que vous devez savoir beaucoup mieux que moi.

— Comment! vous voulez que je pénètre chez Gratienne en plein jour?

— Sans doute.

— Mais madame Gabrielle me fera jeter dehors.

— Je vous réponds du contraire.

— Allons! — murmura Olivier, que la confiance de Galaor commençait à gagner.

Et ils se dirigèrent tous deux vers la porte du Louvre qui donnait sur la place Saint-Germain-l'Auxerrois.

— Est-ce loin? — demanda Galaor.

— Vous n'êtes donc jamais allé chez Zamet.

— Jamais. — Et Galaor se prit à sourire. — Et vous verrez que je serai bien reçu, — ajouta-t-il. — Mais parlons de vous. Je disais donc que madame Gabrielle ne vous aime pas.

— C'est vrai.

— Eh bien, lorsque mamzelle Gratienne m'aura rendu le petit service que j'attends d'elle, non-seulement vous entrerez dans les bonnes grâces de madame de Beaufort, mais encore...

— Je pourrai voir Gratienne à mon aise?

— Vous pourrez l'épouser, si bon vous semble.

— Peuh! — fit Olivier, — ceci est une chose à voir. J'y réfléchirai. — Tout en causant ainsi, ils avaient gagné le bord de la rivière et ils remontaient la rive droite, l'hôtel du sieur Zamet étant situé, comme chacun sait, au bord de l'eau, proche celui de monsieur de Sully, aux environs de la rue des Lions et des ruines de l'ancien palais Saint-Paul. — Nous avons une bonne demi-heure de chemin, — dit Olivier.

— Eh bien, dites-moi pourquoi madame de Beaufort ne vous peut souffrir?

— La duchesse m'aimait beaucoup autrefois. Le roi me donnait à porter ses billets, et, comme les messages étaient toujours attendus avec impatience...

— Le messager était bien accueilli.

— Naturellement. La duchesse m'appelait « mon mignon » par-ci, « mon mignon par-là, » me glissait quelques pistoles dans ma bourse et me choyait à ravir. C'est ainsi que j'ai connu Gratienne.

— Et tout cela a changé?

— Du soir au lendemain.

— Comment cela?

— Vous allez voir. La duchesse est jalouse.

— Et elle a fort à faire en ce cas, — dit Galaor.

— Le roi passant une fois par la rue Saint-Denis, eut fantaisie d'une jolie drapière qui prenait le frais sur le pas de sa porte. La drapière avait un vieux mari qu'elle n'aimait pas, et elle venait de se brouiller avec un jeune galant qu'elle n'aimait plus. Le roi arrivait comme la marée en carême. Le roi est encore jeune, et, comme il est roi, on le trouve toujours beau. La drapière ne se défendit guère. Au bout de huit jours elle se rendit, comme une forteresse, avec armes et bagages. Cela dura huit autres jours. Le roi faisait d'une pierre deux coups.

— Comment cela?

— Je portais en même temps un doux billet à la drapière et un billet doux à madame Gabrielle. Un soir je me suis trompé. J'ai remis à madame Gabrielle le billet qui était pour la drapière.

— Ah! diable!

— La duchesse de Beaufort m'a chassé, et de huit jours elle n'a voulu voir le roi.

— Naturellement. — Puis le roi a obtenu son pardon?

— Et vous êtes demeuré sa bête noire, vous, mon jeune ami?

— C'est-à-dire que, si le roi ne tenait à moi, il y a longtemps que je serais congédié des pages, tant la duchesse me fait une guerre acharnée.

— Eh bien, je vous le répète, — dit Galaor, — les choses changeront du tout au tout.

— Bientôt?

— Avant vingt-quatre heures.

Comme Galaor faisait cette promesse, ils arrivaient à la porte de l'hôtel du sieur Zamet.

Un gros homme, vêtu de drap brun et de tournure campagnarde, parlementait avec deux grands valets chamarrés d'or qui ne le voulaient point le laisser entrer.

— Monseigneur ne reçoit pas, — disaient-ils.

Galaor s'approcha et une exclamation de surprise lui échappa :

— Pistache! — s'écria-t-il. En entendant prononcer son nom, le gros homme se retourna, jeta un cri en reconnaissant Galaor, et se précipita dans ses bras. C'était en effet maître Pistache, le bon hôtelier du *Cheval-Blanc*, à Amboise. Il était vêtu de ses habits du dimanche et avait sous le bras une valise qui paraissait fort lourde. — Toi, à Paris? — dit Galaor.

— Oui, monseigneur, depuis une heure.

— Mais qu'y viens-tu faire?

— Oh! c'est toute une histoire, allez!

— Eh bien! conte-la-moi. Vous permettez, Olivier; — dit Galaor.

— Comment donc! — fit le page.

— Je ne suis plus hôtelier, — dit Pistache.

— Bah!

— Par la raison toute simple que je n'ai plus d'hôtellerie.

— Tu l'as vendue?

— Non, on me l'a brûlée.

— Qui donc?

— Cet horrible Pont-Ribaud, qui a voulu se venger de ce que je vous avais logé et servi.

— Pont-Ribaud n'est donc pas mort?

— Certes non.

— Je croyais qu'il se devait passer son épée au travers du corps.

— Ah! bien oui, — dit Pistache; — il s'est soûlé, voilà tout.

— Et le bailli?

— Le bailli, à qui je suis allé me plaindre, m'a dit que je devais m'estimer fort heureux.

— Qu'on t'eût brûlé ton auberge?

— Et qu'on ne m'eût point pendu.

— Bon! — dit Galaor, — un de ces jours je réglerai ces comptes-là avec Pont-Ribaud et le bailli.

— Heureusement, — dit Pistache, — qu'ils n'ont brûlé que la maison.

— Eh bien?

— Et que le feu n'a pas gagné les caves.

— Alors tu as sauvé ton vin?

— Mon vin et ça.

Et Pistache montra sa valise.

Galaor la palpa des deux mains et s'aperçut qu'elle était pleine d'or.

— Peste! — dit-il.

— Ce sont mes économies, — fit modestement Pistache.

— Et tu les apportes à Paris?

Pistache cligna de l'œil:

— Je les viens faire travailler, — dit-il.

— Hein? — fit Galaor.

— Je connais un peu le sieur Zamet, — reprit Pistache.

— Ah!

— Il a logé chez moi, voilà deux ans.

— Et c'est à lui que tu apportes ton argent?

— Justement. Le sieur Zamet m'a dit: Je suis le premier financier du royaume.

— C'est vrai.

— Quand on me confie dix pistoles, j'en rends onze au bout de l'année.

— C'est un joli intérêt.

— Or donc, comme j'ai confiance en monsieur Zamet je lui apporte mon argent.

— Et ces imbéciles ne te veulent pas laisser entrer?

— Parce qu'ils disent que je suis un homme de la campagne, un manant.

— Et ils ne se doutent pas que tu as assez d'argent pour les prendre à ton service.

— Oh! bien sûr.

— Dame! mon pauvre Pistache, — dit Galaor, — tu sais le proverbe: Si l'habit ne fait pas le moine...

— Il le fait respecter, — dit Pistache.

— C'est précisément cela. Heureusement nous voilà, et, grâce à nous, tu pourras parler à monsieur Zamet. N'est-ce pas, Olivier?

— Oui, certes, — dit ce dernier. En effet, les deux valets, en voyant un page du roi et un cavalier de grande mine comme Galaor causer avec le bonhomme, étaient maintenant tout confus de l'avoir rudoyé. — Çà, drôles! — leur dit Olivier d'un ton impérieux, — tirez-moi donc votre chapeau à ce brave homme qui a sa valise pleine d'or! — Les varlets saluèrent. — Venez, — dit Olivier à Galaor. — je vais vous conduire au logis du sieur Zamet.

Et il franchit le seuil de la porte cochère, que les varlets ouvrirent à deux battants devant lui. Galaor et Pistache le suivirent.

La cour d'honneur était encombrée. Il y avait à dasel seigneurs, des courtisans, des varlets galonnés, de belles dames en litière.

Tout ce monde attendait que son tour d'audience fût arrivé. Car, chaque jour, de midi à deux heures, le financier tenait non point un lit de justice, mais un lit de finances.

Les riches lui venaient confier leur argent, les endettés venaient en emprunter. Les belles dames venaient trafiquer d'un sourire contre une pierrerie.

Chacun attendait son tour patiemment.

On se fût cru au Louvre, et non point chez un homme qui, avant d'être le banquier du roi, avait été son cordonnier.

Olivier cria tout haut:

— Service du roi!

La foule s'ouvrit devant lui.

— Service du roi! — répéta Galaor.

Les varlets qui se trouvaient à la porte du cabinet de Zamet voulurent empêcher Pistache d'entrer, mais Olivier dit pour la seconde fois:

— Service du roi!

Et Pistache entra.

Le sieur Zamet, un assez bel homme qui avait tout au plus quarante ans, était assis devant une grande table encombrée de papiers et de parchemins. En voyant entrer Olivier, il leva la tête et dit:

— Ah! c'est toi, mignon?

— Oui, monsieur Zamet.

Puis, regardant Galaor:

— Ce gentilhomme t'accompagne?

Olivier fit un signe de tête. Galaor salua et démasqua ainsi le digne Pistache, qui était demeuré près de la porte. Zamet le reconnut sur le champ.

— Hé! mon bon Pistache, dit-il, c'est donc vous?

— Oui, monsieur Zamet, — dit Pistache; — je vous apporte mes petites économies, pour que vous en fassiez ce que bon vous semblera.

Et, ce disant, Pistache laissa tomber sur la table sa lourde valise, qui rendit un son métallique.

— Peste! — dit Zamet. En même temps, Galaor tira de son doigt l'anneau du roi et le tendit à Zamet. Le financier tressaillit, salua vivement, et, regardant Galaor: — Messire, — dit-il avec un empressement courtois et presque obséquieux, — je suis tout à fait à vos ordres.

— Alors, — dit Galaor, — nous allons causer. — Et il s'assit, ce que les plus grands seigneurs ne faisaient guère en présence de Zamet, tant l'argent a eu et aura toujours de puissance. Ayant ainsi parlé, Zamet attendit que Galaor lui exposât le but de sa visite. — Monsieur, — lui dit Galaor, — je désirerais que vous fissiez attendre tous les solliciteurs qui vous ont demandé audience. J'ai besoin de vous pour une bonne demi-heure.

— Si vous le désirez, messire, — dit Zamet, — je les congédierai.

— C'est inutile, — dit Galaor. Puis, regardant Olivier et Pistache: — Ces messieurs sont des amis, et je puis parler devant eux. — Zamet fit un signe d'assentiment.

— Monsieur Zamet, — poursuivit Galaor, — vous êtes riche, dit-on, fabuleusement riche même.

— Oui, comme ça! — fit le banquier d'un air modeste.

— Votre caisse regorge, — poursuivit Galaor.

Zamet crut que Galaor lui venait emprunter de l'argent, et il s'empressa de dire:

— Et elle est tout entière à votre service.

— Attendez, — reprit Galaor. — Je disais donc que votre caisse est pleine.

— Soit, — dit Zamet.

— Joyaux, pierreries, or monnayé, billets de caisse sur vos correspondants d'Espagne et d'Italie, s'y trouvent entassés.

— Eh bien? — fit Zamet.

— On dit même, — poursuivit Galaor, — que ladite caisse est un chef-d'œuvre de solidité, et que personne au monde, excepté l'armurier qui l'a construite, ne peut l'ouvrir.

— Cela est parfaitement vrai.

— Même avec la clef?

— Même avec la clef.

— Eh bien! cher monsieur Zamet, — continua Galaor, — vous êtes dans l'erreur.

— Oh! par exemple!

— Il y a un homme qui se fait fort d'ouvrir votre caisse.

Zamet tressaillit.

— Sans la clef? — dit-il d'un ton railleur.

— Non, avec la clef.

— Alors je ne garderai de la lui confier.

— Voilà précisément où vous vous trompez, cher monsieur Zamet. — Le financier pâlit. — Pour avoir votre clef, l'homme dont je parle se passera de votre consentement.

— Comment donc fera-t-il?

— Oh! tout simplement : il vous la prendra au cou quand vous serez mort.

— Quand je serai mort?

— Oui, car on vous doit assassiner la nuit prochaine.

—Zamet bondit dans son fauteuil et devint livide. Galaor ajouta : — Si le roi m'a donné son anneau, c'est qu'il a confiance en moi.

— Oh! une confiance aveugle. — dit Zamet, qui savait bien que le roi ne confiait pas son anneau facilement.

— Par conséquent, vous avez confiance en moi, vous, monsieur Zamet n'est-il pas vrai?

— Très certainement.

—Alors, puisque je viens pour vous sauver, vous serez assez aimable pour faire tout ce que je vous dirai.

— Je suis entièrement à vos ordres, — dit Zamet, qui était un homme de chiffres et non un homme d'épée, et faisait médiocre profession de bravoure.

Il tremblait en parlant et chancelait quelque peu sur ses jambes. Galaor reprit :

— Cher monsieur Zamet, je désirerais visiter l'endroit où se trouve votre caisse.

— Elle est dans ma chambre à coucher, — dit Zamet.

— C'est bien cela, mes renseignements sont exacts.

Zamet se dirigea vers le fond de la vaste salle qui lui servait de cabinet, souleva une draperie et poussa une porte.

Galaor entra. Il était au seuil de la chambre à coucher du financier ; mais il ne prêta qu'une attention médiocre aux richesses artistiques entassées dans ce réduit, et il alla droit à l'alcôve. C'était là, avait dit Rémy à sa cousine, que se trouvait la caisse du financier.

Le Gascon écarta les rideaux et, à son grand étonnement il ne vit absolument rien.

Rien qu'un lit à colonnes torses, élevé sur une estrade avec un baldaquin de velours rouge, au fond duquel se trouvait la plus grande glace de Venise qui existât certainement en France.

Galaor se retourna étonné vers Zamet, qui l'avait suivi. Zamet, en dépit de son émotion, se mit à sourire.

— Vous cherchez la caisse? — dit-il.

— Sans doute.

— Et vous ne la voyez pas.

— Non.

— Attendez.

Et Zamet s'approcha du lit, pressa un ressort dans le dossier, et soudain le lit s'ouvrit comme un coffre et la caisse apparut au-dessous. C'était un merveilleux coffre large de quatre pieds et long de six, en acier forgé, et garni de clous de cuivre. A première vue, on ne pouvait pas percevoir la serrure. Mais, en pressant un des clous, il tournait et laissait à découvert l'entrée de la clef.

— Fort bien! — dit Galaor, — et je vois que, pour parvenir jusqu'à la caisse, il faut ouvrir le lit.

— Et connaître le secret.

— Fort bien! Par conséquent, — continua Galaor, — il est nécessaire de vous assassiner pour parvenir jusqu'à elle.

— Oui, — dit Zamet en frissonnant.

— C'est là précisément ce que l'on compte faire.

— Mais, — dit Zamet qui tremblait, — je crois être sûr de mes gens pourtant.

— Ah!

— Le suisse surtout est un honnête homme.

— Je ne dis pas non, — dit Galaor.

— Il y a dix varlets dans les antichambres toute la nuit, dix varlets bien armés.

— Qui ne vous serviront absolument à rien.

— Ah!

— Sans doute, car les assassins n'entreront point par là.

Et Galaor montrait la porte demeurée ouverte.

— Par où entreront-ils donc?

— N'y a-t-il pas une autre porte ici?

— Oui ; mais cette porte...

— Communique avec l'appartement de madame de Beaufort.

— Vous savez cela!

— Sans doute. Eh bien! c'est le chemin que prendront ces assassins.

— Mais comment entreront-ils chez la duchesse?

— Oh! — dit Galaor, — voilà pour le moment ce qu'il est inutile que je vous dise. — Zamet recula d'un pas. — Cher monsieur Zamet, — dit froidement Galaor, — vous êtes trop riche pour ne point tenir énormément à la vie.

— J'en conviens.

— Eh bien! si vous voulez vivre....

— Que faut-il faire?

— M'obéir aveuglément.

— Quel diable d'homme! — murmurait Olivier en regardant Galaor; — je veux être pendu si je comprends un mot à tout ce qu'il nous conte depuis dix minutes.

Et il attendit que Galaor devînt plus clair dans son récit. Galaor continua :

— Cher monsieur Zamet, votre vie tient à votre discrétion.

— Comment cela?

— Tout à l'heure, vous allez recevoir successivement vingt-cinq ou trente personnes, n'est-ce pas?

— Comme tous les jours.

— Certainement, parmi elles, il s'en trouvera une ou deux qui feront partie du complot ourdi contre vous.

— Seigneur Dieu!

— Si un muscle de votre visage, si un geste d'effroi, si une parole imprudente trahissent votre émotion, tout est perdu. Les assassins remettront leur projet à un autre jour, et un autre jour je serai peut-être impuissant à vous défendre.

— Eh bien! — dit Zamet, — que dois-je faire?

— Être muet et impassible.

— Bon!

— C'est comme notre ami Pistache, — dit Galaor en regardant le bon hôtelier — Je l'engage bien, quand il sortira d'ici, de s'aller enfermer en son hôtellerie et de ne parler à personne de ce qu'il a vu et entendu.

— Oh! vous pouvez être sans crainte, — dit Pistache, — je suis muet comme la tombe.

— Et notre ami Olivier... — poursuivit Galaor.

— Eh bien! — fit le page.

— Je lui conseille de ne plus me quitter maintenant jusqu'à ce soir.

— Soit, — dit Olivier.

— Et d'envoyer quérir Gratienne, la reine de son cœur, par un de vos varlets, monsieur Zamet.

— Pourquoi faire? — demanda Olivier.

— Vous le verrez bien, — répondit le Gascon.

Zamet frappa sur un timbre. A ce bruit, un valet entra.

— Mon garçon, — lui dit le financier, — va-t'en chez madame la duchesse de Beaufort, en passant par le grand escalier. — Le valet s'inclina. — Quand tu seras chez elle, tu diras à mamzelle Gratienne que je lui veux parler sans retard.

Le valet sortit.

Galaor faisait le tour de la chambre, dont les murs étaient couverts d'une étoffe soyeuse, et il frappait dessus avec son poing. Tout à coup le mur sonna creux.

— Ah! — dit-il, — c'est là qu'est la porte?

— Oui.

— Elle est condamnée?

— C'est-à-dire qu'elle est fermée au verrou des deux côtés.

Galaor souleva la draperie et tira le verrou.

— Que faites-vous? — demanda Zamet.

— Je m'arrange de façon à pouvoir entrer.

— Quand?

— Cette nuit.

— Vous viendrez donc par là?

— Oui.

— Et vous viendrez cette nuit?

— Une heure avant les assassins.

— Mais, messire, — dit Zamet, — ils seront plusieurs...

— Dix ou douze, pour le moins.

— Et vous serez seul?

Galaor sourit.

— Non, — dit-il, — quoique ma rapière en vaille bien dix autres. — Et Galaor repassa de la chambre dans le cabinet. Olivier et Pistache le suivaient. Au moment où Zamet laissait retomber la portière, une autre porte s'ouvrit et Gratienne parut. — Messire Olivier, — dit alors Galaor, tandis que la camériste, qui était fort jolie, du reste, le regardait avec étonnement, — veuillez me présenter à mademoiselle.

— Le seigneur Galaor, — dit Olivier.

Gratienne fit la révérence.

— Veuillez, — poursuivit Galaor, — lui dire que je suis votre meilleur ami, et que ce que je lui demanderai, elle doit le faire. Service du roi.

Ces derniers mots étaient magiques.

— Tu entends? — fit Olivier.

— Oui, — fit Gratienne en rougissant. — Eh bien?

— Mademoiselle, — reprit Galaor, — madame la duchesse de Beaufort n'a-t-elle pas coutume de prendre une potion chaque soir?

— Oui, certes, — dit la jolie fille.

— Et, quand elle est endormie, vous descendez par une échelle que notre ami Olivier applique contre le mur, de la fenêtre de votre chambre dans la ruelle qui est derrière l'hôtel? — Gratienne fit signe que oui. — Ce soir, — dit Galaor, — quand la duchesse sera endormie, vous attendrez, comme à l'ordinaire, que l'échelle soit posée.

— Oui, — dit Gratienne en baissant la tête.

— Elle le sera une heure plus tôt.

— Pourquoi cela?

— Tandis que l'Italienne Geronima sera encore auprès de madame la duchesse.

— Mais la duchesse ne sera pas endormie...

— Oh! peu importe! dites encore cela à mademoiselle, Olivier.

— Et puis? — fit le page.

— Alors, ce ne sera pas mademoiselle Gratienne qui descendra.

— Ce sera moi qui monterai! — dit Olivier.

— Non pas vous, mais moi.

— Vous! — fit Gratienne en reculant.

— Vous fais-je peur? — demanda galamment Galaor.

— Certes, non, — dit-elle, — mais...

— Mais vous attendez la permission d'Olivier? — Gratienne baissa les yeux. — Olivier, — dit Galaor, — dites donc à mademoiselle qu'elle n'a rien à craindre.

Olivier fit un signe de tête affirmatif.

— Je vois que vous aimez Olivier autant qu'il vous aime, — dit alors Galaor.

— Oui, — soupira Gratienne.

— Eh bien! souvenez-vous de ceci : Si vous dites un mot de ce que vous venez d'entendre à Geronima la diseuse de bonne aventure, vous ne reverrez jamais Olivier.

Gratienne fit un geste d'effroi. Mais comme Olivier ne démentait pas Galaor, elle répondit :

— Je vous jure que je me tairai.

Alors Galaor dit à Zamet :

— Vous pouvez maintenant donner vos audiences, cher monsieur Zamet.

— Vous partez?

— Sans doute. Pour le moment je n'ai plus rien à faire ici. — Et Galaor fit un pas de retraite, ajoutant : — Venez-vous, Olivier? viens-tu, Pistache?

— Oui, — répondirent-ils tous deux.

Zamet arrêta Galaor, qui avait déjà fait un pas vers la porte.

— Cher seigneur, — lui dit-il, — jamais un gentilhomme n'est entré ici, porteur de l'anneau du roi, sans emporter de l'argent. Quelle somme désirez-vous?

— Au fait, — dit Galaor, — puisque la bague du roi a tant de vertu, il ne faut pas la lui faire perdre. Donnez-moi une centaine de pistoles, monsieur Zamet. Je les distribuerai à mes compagnons de la nuit prochaine.

— Je vais vous en donner mille, — dit Zamet.

Et il ouvrit un tiroir plein d'or.

Galaor n'avait peut-être jamais vu autant d'or amassé en un même endroit.

En Gascogne, comme chacun sait, les écus sont plus rares que les cailloux, et jamais le poids de sa bourse n'avait incommodé notre héros.

Zamet plongea la main dans le tiroir. Mais, au moment d'y puiser, il regarda Galaor et lui dit en souriant :

— Pardonnez-moi, je suis le pire des étourdis et des maladroits.

— Comment cela? — demanda le Gascon.

— Au lieu de vous demander en quel endroit je dois vous envoyer de l'argent par un de mes commis, je m'apprête à vous en charger vous-même.

En effet, Zamet trouvait beaucoup plus convenable de faire porter un sac d'or à l'hôtellerie de Galaor que lui bourrer ses poches de pistoles.

Mais Galaor, bien qu'il comprît cette nuance de parfaite courtoisie, répondit :

— Cher monsieur Zamet, il est inutile que vous vous donniez tant de peine, d'autant plus que nous ne savons pas très-bien, Olivier et moi, où nous allons en ce moment. Baillez-moi donc une centaine de pistoles qui tiendront à l'aise en ma bourse, et que, je vous l'ai déjà dit, je distribuerai à ceux que je vais enrôler pour votre défense.

— Soit, — dit Zamet en souriant, — mais demain vous m'indiquerez votre logis.

— Je demeure au Louvre.

— Ah! fort bien.

Et Zamet prit deux poignées d'or qu'il tendit à Galaor et que celui-ci fit disparaître dans les poches de ses larges chausses.

Olivier regardait le tiroir plein d'or, et se disait :

— Zamet est fort généreux aujourd'hui. Comment diable en profiter?

Le page eut une belle inspiration.

Il dit à Galaor :

— Cher seigneur, vous avez bien songé à vos compagnons, mais pas à tous.

— Ah!

— Vous en avez oublié un.

— C'est juste, — dit Galaor, qui comprenait à demi-mot. — Je ne pensais plus à l'homme de l'échelle. C'est celui qui coûtera le plus cher.

Et Galaor voulut retirer de sa poche une poignée d'or en disant à Olivier :

— Chargez-vous de ce soin.

Mais Zamet l'arrêta d'un geste.

— Combien te faut-il? — dit-il à Olivier d'un ton de familiarité protectrice.

— Vingt-cinq pistoles pour le moins, — répondit le page avec effronterie.

— En voilà cinquante, — dit Zamet.

Galaor se mordit les lèvres pour ne point sourire.

Puis, tendant la main au financier :

— Adieu, monsieur Zamet, — dit-il; — à ce soir.

Et cette fois il se dirigea tout de bon vers la porte.

Mais Pistache s'adressant au financier :

— Seigneur Zamet, — dit-il, — vous ne voulez donc pas de notre argent?

— Mais si, mon ami, — répondit Zamet. — Laisse-moi ta valise, garde la clef du cadenas. Reviens demain, et, si je suis encore de ce monde, je te ferai ton reçu.

Zamet avait essayé de sourire; mais un léger tremblement l'avait repris.

Au moment d'ouvrir la porte, Galaor se retourna :

— Monsieur Zamet, — dit-il, — il est bien convenu que vous serez muet et impassible.

— Oui, oui, — répondit le financier.

— Messire Galaor, — dit Pistache, — je vais avec vous.

Et il sortit avec le Gascon et le page.

La foule augmentait toujours dans la cour d'honneur, et les laquais avaient grand'peine à la contenir.

Galaor se mit à jouer des coudes et fit une percée au travers, comme un sanglier dans un hallier.

Olivier et Pistache le suivaient toujours.

Quand ils furent hors de l'hôtel et parvenus au bord de la rivière, Galaor se retourna vers ses deux compagnons :

— Je me suis levé tard, — dit-il, — ce qui fait que je n'ai pas déjeuné.

— Ni moi, — dit Pistache. — J'avais hâte de me débarrasser de mon argent, crainte des voleurs.

— Moi, — dit Olivier, — j'ai déjeuné; mais comme je déjeune souvent deux fois, je vous tiendrai compagnie. Où allons-nous?

— A l'hôtellerie du *Cheval-Noir*, pardi! — répondit Galaor. Puis frappant sur l'épaule de Pistache : — Ainsi te voilà à Paris?

— Oui, messire.

— Et tu comptes y rester?

— Certainement.

— Qu'y feras-tu?

Pistache se gratta l'oreille et prit un air confus et embarrassé.

— Ah! dame! — fit-il, — c'est difficile à dire.

— Songerais-tu à acheter une autre hôtellerie?

— Pouah! — fit Pistache avec dédain.

— Une boutique de drapier ou de peaussier?

— Pas davantage.

— Voudrais-tu prier monsieur Zamet de te prendre en ses bureaux?

— Non, — dit encore Pistache.

Et il se grattait l'oreille de plus en plus fort.

— Ma foi! — dit Galaor, — je jette ma langue aux chats.

— Je n'ai pas encore cinquante ans, — dit Pistache.

— Bon!

— Je suis fort comme un Turc.

— Je le crois. Tu as de bien belles épaules.

— Je ne manierais pas trop mal une rapière.

— Ah! bah!

— J'ai fait mes preuves au temps de la religion, — dit orgueilleusement Pistache.

— Où veux-tu en venir

— Quand j'enfourche un cheval, si rétif qu'il soit, je suis son maître, — continua Pistache,

— Eh bien?

— Enfin, je ne suis pas venu à Paris, à la seule fin de placer mon argent cher monsieur Zamet.

— Mais explique-toi donc!

— Je me suis dit : Certainement à Paris, je retrouverai messire Galaor.

— Et tu ne te trompais pas.

— Il a sans doute besoin d'un écuyer...

— Mardious! — s'écria Galaor, — c'est une belle idée que tu as eue là; mais...

— Mais quoi?

— Je suis un pauvre diable de soldat d'aventure, et tu as des sacs d'or. Jamais je n'oserai te commander.

— Bah! — dit Pistache, — ça vous gênera peut-être un peu le premier jour, mais vous vous y ferez.

— Ainsi tu veux être mon écuyer?

— Oui.

— Eh bien! tope! — dit Galaor, — le marché est conclu. — Et il tendit la main à Pistache, ajoutant : — Mais allons donc déjeuner!

IX

Laissons à présent un moment Galaor, Pistache et le page Olivier pour retourner au carrefour Buci et pénétrer de nouveau à l'hôtel d'Entragues.

Une certaine agitation y régnait, comme on va le voir et pour le comprendre, il faut nous reporter aux événements de la nuit.

On s'en souvient, après avoir constaté que Galaor dormait dans son lit, Henriette et son cousin Rémy, revenus dans une pièce voisine, s'étaient mis à causer fort librement, ne se doutant guère que le sommeil du Gascon n'était qu'apparent et qu'il allait entendre tout ce qu'ils disaient.

C'était ainsi, on se souvient encore, que Galaor avait été initié, invisible, au plan d'attaque de l'hôtel de Zamet.

La conversation des deux cousins avait été interrompue par l'arrivée du roi.

Rémy et Armand de Maurevers, cachés dans un cabinet voisin, avaient assisté, invisibles, à la scène d'amour que le roi venait jouer tous les soirs aux genoux de la belle Henriette et qui ne s'avançait guère. Puis, quand le roi avait été parti, furieux et jurant qu'il ne reviendrait plus, Armand de Maurevers et Rémy étaient sortis de leur cachette.

Henriette avait appelé ses gens. Ceux-ci s'étaient empressés d'apporter une table toute chargée d'un souper délicat, et Henriette s'était mise à table avec ses deux convives.

Pendant le souper, qui avait été fort gai, du reste, Rémy et Maurevers avaient parfaitement démontré à Henriette qu'elle n'était pour rien dans la méchante aventure qui allait advenir à madame de Beaufort.

Henriette se débattit bien encore un peu pour la forme; puis elle céda. Elle n'avait rien dit au roi, elle ne dirait rien.

D'ailleurs, le roi qui s'en était allé courroucé, ne reviendrait peut-être pas le soir, et s'il revenait, ce serait précisément à l'heure où le seigneur Gaëtan mettrait son plan d'attaque à exécution.

Par conséquent, il serait trop tard, même apprenant tout, pour sauver Zamet et la duchesse.

— Laisse-toi donc faire reine de France, — avait dit Rémy. Henriette n'avait plus répliqué. Le souper s'était prolongé jusqu'au jour, et l'on n'avait plus songé à Galaor. Cependant, comme Rémy et Maurevers pensaient à se retirer, le premier dit : — Pourvu que nous n'ayons pas parlé trop fort.

Henriette tressaillit.

— Les Gascons ont l'oreille fine, — dit Maurevers.

Henriette prit un flambeau, alla ouvrir la porte qui séparait son oratoire de la chambre où l'on avait couché Galaor, fit deux pas dans cette chambre et jeta un cri.

A ce cri, Rémy et Maurevers accoururent. Le lit était vide, la chambre déserte, la fenêtre ouverte, et les draps pendaient dans la rue. Le blessé s'était évadé. Pourquoi?

— Il a tout entendu! — s'écria Rémy.

— Et il sera allé tout dénoncer au roi.

Henriette était devenue fort pâle.

Tous trois, firent en frissonnant, le tour de la chambre Une circonstance les frappa. Le lit vide était froid. C'était une preuve qu'il y avait longtemps déjà que Galaor avait pris la fuite.

Il ne pouvait donc pas avoir entendu la conversation d'Henriette et de ses deux convives.

Mais enfin, pourquoi s'en était-il allé?

On le conçoit, mademoiselle d'Entragues, Rémy et Maurevers s'étaient séparés en proie à une émotion des plus vives.

Henriette s'était mise au lit mais elle n'avait point fermé l'œil. Quant à Rémy et à Maurevers, ils s'en étaient allés en se promettant de prévenir le seigneur Gaëtan.

A dix heures du matin, Henriette, frissonnante sous ses draps, entendit la porte se refermer sur un visiteur. Peu après, une de ses camérières entra et déposa sur un guéridon un petit coffret de bois de cèdre, disant :

— C'est un page aux couleurs du roi qui vient d'apporter cela.

Henriette bondit de son lit et s'empara du coffret qu'elle ouvrit.

Le coffret contenait un magnifique collier de perles.

Le cadeau était accompagné d'un billet qui commençait ainsi :

« Ma mie,

« Vous avez été cruelle pour moi. Mais je vous pardonne et tiens à me faire pardonner... »

Le billet échappa aux mains d'Henriette, qui respira bruyamment.

— Le roi ne savait donc rien!

Dix minutes après, Rémy arriva. — Il était calme et souriant :

— Nous avons eu grand'peur pour bien peu de chose, — dit-il,

— Le roi ne sait rien, — dit Henriette.

— Ni le roi, ni ce maudit Gascon.

— Pourquoi donc a-t-il pris la fuite?

— Il s'est éveillé sans doute quand le roi est venu.

— Ah!

— Et il s'est sauvé par peur de lui.

— Du roi!

— Oui.

Et Rémy conta qu'il s'en était allé au Louvre et que là on lui avait conté que, la veille au soir, un certain Fritz, lansquenet de profession, était à la recherche d'un Gascon, pour le pendre par ordre du roi. Aux détails qu'on lui avait donnés, Rémy avait reconnu Galaor.

— Cependant, — observa Henriette, quand son cousin eut terminé son récit, — il se peut que le Gascon ait prévenu Zamet.

— Bah!

— Zamet est riche, généreux. Tout le monde le sait. Pour un cadet de Gascogne, la possession d'un pareil secret est une fortune.

— Tu as raison, — dit Rémy, qui s'en alla à la recherche de Maurevers.

Il ne trouva celui-ci qu'à deux heures de l'après-midi et l'envoya rôder aux environs de l'hôtel Zamet.

Quand Maurevers y arriva, Galaor et Olivier en étaient partis depuis longtemps.

Maurevers pénétra dans l'hôtel. Il y vit l'affluence ordinaire des solliciteurs; il aperçut Zamet, fort calme, au milieu de ses courtisans, et il se dit :

— Si Zamet savait quelque chose, il aurait déjà demandé au roi une garde de cent soldats qui, à cette heure, encombreraient la cour, et lui-même il serait plus mort que vif. Je puis aller rassurer Rémy et Henriette, et laisser Gaëtan mener à bien sa petite expédition.

Et le drôle reprit le chemin du carrefour Buci.

Madame Gabrielle d'Estrées, duchesse de Beaufort et maîtresse en titre du roi, venait de se mettre au lit. Geronima était auprès d'elle.

Gratienne, ayant achevé de déshabiller sa maîtresse, n'avait plus rien à faire auprès de la duchesse et s'était retirée en sa chambrette.

Désormais, la belle et superstitieuse favorite appartenait tout entière à Geronima.

L'Italienne avait étalé un jeu de cartes sur la courtine blanche, et les cartes annonçaient de l'or, des dignités, une couronne. Gabrielle avait bu la potion mystérieuse, comme à l'ordinaire, potion qui devait conjurer le sort contraire. Enfin Géronima n'avait jamais parlé de l'avenir en termes plus souriants et convaincus.

— Ainsi, — disait Gabrielle, — tu crois que je serai reine.

— Je vous vois dans mes cartes, le manteau fleurdelisé sur les épaules, madame.

— Bientôt?

— Avant un an.

— Et mon fils?

— Votre fils régnera.

— Dieu t'entende, Geronima! — dit la duchesse, qui passa sa main sur son front.

— Madame, — dit l'Italienne, — est-ce que Votre Altesse est souffrante?

Gabrielle eut un sourire.

— Déjà! — fit-elle, — déjà tu m'appelles Altesse.

— Je vous appellerai bientôt Majesté. — Et comme si elle n'eût pas voulu reculer sa joie davantage : — Votre Majesté souffre donc, — dit-elle, — qu'elle porte ainsi la main à son front?

— J'ai la tête lourde.

— Ah!

— Il me semble que la boisson que tu m'as donnée me brûle la gorge et le cœur.

— Vrai! — fit Géronima, qui manifesta une grande joie.

— Eh bien! qu'est-ce que cela signifie? — demanda la duchesse.

— Cela signifie, madame, que le breuvage commence à opérer.

— Ah!

— Et que sa vertu devient toute-puissante. — Gabrielle porta ses deux mains à sa tête qui s'alourdissait de plus en plus. — Vous serez reine! — dit Geronima.

— Je serai reine, — murmura Gabrielle dont les yeux se fermèrent.

Elle se débattit un moment contre ce sommeil de plomb qui l'étreignait; ses lèvres s'entrouvrirent une dernière fois pour répéter : Je serai reine! Puis elle demeura immobile, ses beaux cheveux dénoués flottant sur les oreillers garnis de dentelles.

Alors Geronima se leva. Sur le guéridon était encore

la bouteille qui avait renfermé la potion soporifique que Gabrielle venait de prendre, tandis que le jeu de tarots, avec lequel elle avait consulté l'avenir, était éparpillé carte par carte sur la courtine. Geronima rassembla les cartes et les replaça méthodiquement dans un étui de chagrin noir. Mais elle ne serra point la bouteille qui renfermait encore à peu près un verre du breuvage narcotique.

— Quand Gaëtan viendra, — murmura-t-elle, — il verra que je lui ai obéi.

Une porte s'ouvrit alors sans bruit et Gratienne entra.

— La duchesse dort ? — fit-elle.

— Oui, — dit Geronima.

— Alors je puis m'en aller.

— Oh ! sans doute.

— Chère Geronima, — dit Gratienne, — je compte toujours sur votre discrétion, n'est-ce pas ?

Geronima eut un sourire étrange.

— Vous pouvez être tranquille, — dit-elle. — La duchesse ne saura pas, ne saura jamais que vous vous en allez chaque soir.

— Revenez-vous en la chambre ?

— Non, — dit Geronima, — je reste ici.

— Bonsoir donc, chère Geronima.

— Bonsoir... Gratienne...

La camérière referma la porte qui séparait sa chambrette de la luxueuse chambre à coucher de la duchesse, puis elle attendit...

Elle attendit que la fameuse échelle se dressât contre le mur.

Elle avait ouvert la fenêtre et éteint en même temps la lampe qui brûlait sur une table. Elle se pencha au dehors.

La nuit était silencieuse et obscure. Personne ne passait dans la ruelle.

Un quart d'heure s'écoula ; puis Gratienne entendit des pas dans l'éloignement, et enfin la silhouette de deux hommes apparut au détour de la ruelle.

Comme l'un d'eux portait une échelle, Gratienne ne douta plus. C'était, en effet, Galaor et Olivier.

Elle reconnut ce dernier à sa démarche quand il fut sous sa fenêtre.

L'échelle fut appliquée, Gratienne était toute tremblante, car elle ne savait trop ce que tout cela voulait dire.

Olivier s'appuya sur le bas de l'échelle de façon à en consolider le point d'appui. Alors Galaor monta.

Gratienne s'était rejetée un peu en arrière.

— Ma petite, — dit Galaor, qu'il la devina plutôt qu'il ne la vit, quand il fut en haut de l'échelle, — pas de bruit. . ou tout est perdu ! — Et il sauta dans la chambre, mais si lestement qu'on n'entendit pas le bruit de ses pieds touchant le parquet. — Gratienne ! — dit-il tout bas.

— Me voilà, — dit-elle.

— Êtes-vous seule ?

— Oui.

— Où est Geronima.

— Dans la chambre de la duchesse.

— La duchesse dort-elle ?

— Oui, voyez plutôt.

Et Gratienne prit Galaor par la main et le fit s'approcher de la porte, au milieu de laquelle brillait un point lumineux.

C'était le trou de la serrure.

Galaor se baissa, y appliqua son œil, et vit fort distinctement la duchesse endormie et Geronima assise à son chevet.

— Fort bien, — dit-il. Puis se tournant vers Gratienne : — Appelez Geronima, — dit-il.

Et il s'effaça derrière la porte que Gratienne entr'ouvrit, disant :

— Geronima ! Geronima ! Venez donc !

— Qu'est-ce donc ? — fit l'Italienne.

Et elle accourut et entra sans défiance dans la chambrette qui était plongée dans les ténèbres.

Soudain une main de fer la prit à la gorge, et en même temps la pointe d'un stylet la piqua légèrement. Et une voix qui lui était inconnue lui dit :

— Si tu pousses un cri, tu es morte ! — L'épouvante glaça le sang dans les veines de Geronima. Galaor la sentit s'affaisser palpitante sur son bras. — Mamzelle Gratienne, — dit-il alors, — tenez-vous auprès de la fenêtre et si Olivier vient à siffler prévenez-moi. — Et il prit Geronima palpitante d'effroi dans ses bras et la porta dans la chambre de la duchesse où une veilleuse, posée sur un guéridon, répandait autour d'elle une faible clarté. Alors Geronima put voir à qui elle avait affaire. Galaor était un beau et jeune cavalier qui n'avait rien d'effrayant. Mais son poignard menaçait toujours la poitrine de Geronima, et Geronima se tut. Elle eut même une illusion. Elle crut que Galaor était un ami du page Olivier, lequel ami était tombé amoureux d'elle et avait résolu de l'enlever. Un mot de Galaor la détrompa. — Mademoiselle, — dit-il, — si vous êtes bien raisonnable, il ne vous sera fait aucun mal, sinon, foi de Galaor, je vous tuerai.

— Que voulez-vous donc de moi ? — demanda l'Italienne, dont les dents s'entrechoquaient avec bruit.

— Un renseignement d'abord, et prenez garde de me tromper si vous voulez vivre.

— Que voulez-vous savoir ?

— La duchesse prend une potion chaque soir ?

— Oui.

Il avisa la bouteille qui était sur le guéridon.

— Cette potion était là-dedans sans doute ?

— Oui.

Galaor qui brandissait toujours son poignard, constata qu'il restait un grand verre de la potion au fond de la bouteille. Il prit cette bouteille et la tendit à Geronima.

— Il faut, — dit-il, — boire jusqu'à la dernière goutte.

— Mais...

— Il le faut. — Geronima voulut se défendre encore. Le poignard de Galaor effleura son cou blanc. — Buvez, ou mourez, — dit le Gascon. Geronima, éperdue, prit la bouteille et la porta à ses lèvres. — Buvez, buvez tout ! — répéta Galaor.

Et Geronima les yeux, toujours fixés sur le poignard dont la lame étincelait aux feux de la veilleuse, but le contenu de la bouteille jusqu'à la dernière goutte.

Le narcotique s'était mélangé inégalement au liquide. C'était une poudre brune assez pesante, dont la plus grande partie était allée au fond du vase, où elle avait achevé ne se dissoudre lentement. Ceci expliquait comment Gabrielle avait pu lutter quelques instants encore avec le sommeil. Geronima, au contraire, eut à peine reposé la bouteille sur le guéridon qu'elle se laissa tomber comme foudroyée dans le fauteuil où tout à l'heure elle était assise.

Galaor la regarda se débattre un moment contre le sommeil. Mais la lutte ne fut pas longue ; en moins de dix minutes, elle dormait.

. . . .

Geronima dormait comme dormait la duchesse de Beaufort, et les murs de l'hôtel s'écroulant ne les auraient pas réveillées. Alors Galaor l'arrangea dans le fauteuil et lui donna l'attitude d'un sommeil naturel. Puis il rejoignit Gratienne.

— Maintenant, ma belle enfant, — dit-il, — vous pouvez vous en aller.

— Hein ! — fit Gratienne, stupéfaite de tout ce qu'elle venait de voir.

— Vous pouvez rejoindre Olivier, — dit Galaor.

— Ah !

— N'avez-vous pas une chambrette par ici dans laquelle vous vous réunissez chaque soir ?

— Sans doute.

— Il faut y aller comme à l'ordinaire.

— Mais, — dit Gratienne inquiète, — vous ne ferez aucun mal, au moins, à madame la duchesse?

— Je vais vous dire toute la vérité, — répondit Galaor, — Cette nuit, on devait assassiner monsieur Zamet.

— Seigneur Dieu!

— Mettre le feu à l'hôtel et faire périr la duchesse.

— Est-ce possible? — s'écria Gratienne.

— J'ai conjuré le péril en partie, mais j'ai encore besoin de vous.

— Mais, — dit Gratienne, — si je m'en vais, je ne pourrai pas vous servir.

— Au contraire.

— Comment cela?

— Vous allez voir. Les assassins, qui étaient les complices de Geronima, devaient s'introduire ici par la fenêtre.

— Bon!

— Mais ils attendent pour cela qu'ils vous aient vue entrer au bras d'Olivier dans cette maison où vous allez tous les soirs.

— Ah! je comprends, — dit Gratienne.

— Et maintenant, — acheva Galaor, — fiez-vous à moi de tout ce qu'il adviendra.

— O mon Dieu! — murmura Gratienne, — si vous n'alliez pas être le plus fort.

— Soyez tranquille, j'aurai de la compagnie.

— Vrai?

— Et puisque le roi a confiance en moi...

— Le roi sait donc tout?

— Oui.

— Et c'est vous qu'il a chargé de protéger madame la duchesse?

— C'est moi. En voici la preuve.

Et Galaor montra à son doigt la bague magique.

Alors Gratienne n'hésita plus. Elle enjamba la croisée et posa son petit pied sur l'échelle qu'Olivier maintenait toujours d'en bas. Puis elle descendit.

Galaor les vit s'éloigner au bras, l'un de l'autre. Et quand ils eurent disparu, il posa deux doigts sur sa bouche, et se mit à siffler d'une façon particulière.

A ce bruit des ombres s'agitèrent aux deux extrémités de la ruelle. Puis ces ombres se rapprochèrent une à une de l'échelle qui était demeurée appliquée contre la croisée.

— Fritz? — dit tout bas Galaor, tandis que l'une d'elles commençait à gravir les échelons, — est-ce toi?

— Ya! — dit la bonne grosse voix de l'Allemand.

— As-tu tout ton monde?

— Ya!

— Monte alors, et surtout pas de bruit. — Puis Galaor murmura, tandis que Fritz montait le premier : — Je commence à croire que le seigneur Gaëtan trouvera à qui parler.

. . . .

Retournons une fois encore au carrefour Buci.

Il était onze heures du soir.

Un de ces brouillards blanchâtres comme on en voit, une ou deux fois par hiver, s'était étendu sur Paris, estompant les flèches des églises et les bords des toits.

— Une belle nuit pour les amoureux! — dit Rémy d'Entraigues, qui souleva en ce moment le marteau de la porte de sa cousine.

La porte s'ouvrit. Ils entrèrent. Henriette était assise dans son oratoire, les pieds auprès du feu sur les chenets, les mains gantées, vêtue d'une robe de velours bleue qui lui seyait à ravir.

— Encore toi! — dit-elle en voyant entrer Rémy.

— Encore nous, — répondit Rémy.

— Mais tu vas t'en aller... le roi va venir...

— Si le roi vient, nous savons tout ce que nous voulions savoir, — dit Maurevers. — Ainsi, vous êtes sûr qu'il viendra?

Henriette étendit la main sur une table et y prit un papier qu'elle tendit à son cousin.

C'était une lettre du roi.

Non point celle qui accompagnait le collier et qu'elle avait reçue le matin, mais une autre que le page Olivier avait lui même apportée dans la soirée.

Le roi écrivait :

« Vous ne m'avez point fait réponse, mon ange, à ma » lettre de ce matin. J'en tire la conséquence que vous » êtes toujours irritée contre moi, et je viens vous de» mander mon pardon. Un mot, de grâce, ne me re» poussez pas. Si vous me pardonnez, je vous irai faire » visite ce soir, à l'heure accoutumée.

» Votre Henri. »

— Eh bien, — dit Rémy en rendant cette lettre à sa cousine, — as-tu répondu?

— Oui.

— Quoi donc?

— Que j'étais prête à pardonner, mais qu'il fallait que le roi vint chercher son pardon lui-même.

— Ce qui fait qu'il viendra.

— Naturellement.

— Voilà tout ce que nous voulions savoir, — dit Maurevers, qui fit un pas de retraite; — du moment où le roi vient ici, c'est qu'il n'a nul souci d'autre chose.

— Comment! — dit Henriette qui joua un petit reste d'effroi et d'indignation, cet affreux capitaine italien n'a pas renoncé à son projet!

Rémy se mit à rire et répondit :

— Tu espères bien que non.

Et les deux mauvais sujets s'en allèrent, Rémy répétant : « Tu seras reine! »

A la même heure, Geronima l'Italienne disait la même chose à Gabrielle d'Estrées, duchesse de Beaufort.

— Maintenant, — dit Maurevers, — nous voilà bien tranquilles. Allons prévenir Gaëtan.

Rémy le prit par le bras, et ils descendirent toute la rue Saint-André-des-Arts et arrivèrent au bord de l'eau en causant.

— Tu veux donc être de l'aventure? — disait Rémy.

— Certainement, j'en suis. Il me faut ma part.

— Et moi la mienne.

— Oui, mais toi, tu donnes des indications qui valent mieux qu'un coup d'épée. Tandis que moi...

— Toi, tu es mon ami.

— Soit. Mais Gaëtan est un singulier homme. Il veut que chacun ait sa part de péril et de gloire.

— Cependant, songe à une chose.

— Laquelle?

— C'est que l'aventure échoue.

— Eh bien!

— Que les gardes du roi l'arrêtent.

— Je serai pendu ou roué, et cela m'est bien égal, — dit froidement Maurevers.

— Mais on sait que tu es mon ami.

— Bon!

— Et que je suis le cousin d'Henriette. Cela me compromet et la compromet.

Maurevers haussa les épaules.

— Soit tranquille, — dit-il, — rien de tout cela n'arrivera.

. . . .

Ils gagnèrent le pont Saint-Michel, passèrent auprès de Notre-Dame, traversèrent ensuite le pont au Change, la place du Châtelet, et s'engagèrent dans la sombre et tortueuse rue du Grand-Hurleur.

Il y avait là un bouge infect dans lequel le chevalier du guet et ses sergents n'avaient peut-être jamais pénétré.

C'était un cabaret et un tripot tout à la fois.

On y buvait et on y jouait derrière des rideaux de

laine rouge, à la lueur de maigres chandelles, sur des tables graisseuses, avec des cartes qui avaient perdu leur couleur primitive. On parlait toutes les langues, surtout l'allemand et l'italien.

Chaque nuit voyait se renouveler une querelle, qui finissait souvent par mort d'homme. On jetait le cadavre dans la rue, et la partie continuait.

Ce repaire d'enfer avait un nom céleste. Il avait pour enseigne : *A la Colombe!*

Ce fut là que Maurevers et Rémy pénétrèrent.

Une douzaine d'hommes échauffés par le vin et le jeu causaient bruyamment.

Au milieu d'eux, une sorte de matamore, le poing sur la hanche, le verbe haut, pérorait avec la hardiesse d'un homme sûr de lui. Comme on le craignait, on l'écoutait.

Ce fut à ce moment que Maurevers et Rémy entrèrent.

Le matamore, qui n'était autre que le seigneur Gaëtan, tressaillit.

— Tout va bien, — dit Maurevers.

— Alors tout tient?

— Tout tient.

Gaëtan se leva :

— Mes drôles, — dit-il en s'adressant à ses compagnons de jeu, — j'ai pour ce soir un rendez-vous d'amour. Bonsoir!

Et il empocha un monceau d'or qu'il avait devant lui.

— Tu ne nous donnes pas notre revanche? — dit un des joueurs.

— Demain ; ce soir, je suis pressé.

Et il sortit sur les pas de Maurevers et de Rémy.

— Où sont tes hommes? — demanda Maurevers.

— Cachés dans la maison où Gratienne va rejoindre son petit page chaque nuit, — répondit Gaëtan. — Quelle heure est-il?

— Près de minuit.

— Tout doit être prêt, — dit Gaëtan. — Geronima est une fille de tête. Partons... Le roi ne sait rien? — ajouta-t-il.

— Rien absolument.

— A merveille!

Maurevers tendit la main à son compagnon.

— Adieu, Rémy, — dit-il. — Ces choses-là ne sont point tes affaires. Tu auras ta part.

Mais Rémy ne bougea.

— J'ai réfléchi que je m'ennuierais, moi qui n'aurais rien à faire, pendant que vous besogneriez.

— Et alors?

— Alors, je vais avec vous.

— Ah! ah!

— Moi aussi, je désire plonger mes deux mains dans la caisse de Zamet.

Et Rémy suivit les deux bandits.

. . . .

Le sieur Gaëtan et ses deux compagnons tournèrent le coin de la rue du Grand-Hurleur, et gagnèrent la rue aux Ours. C'était là, on le sait, que notre ami le page Olivier avait un logis mystérieux pour recevoir Gratienne, la camérière de madame Gabrielle.

— Ah! çà, — dit Rémy, chemin faisant, — pourquoi donc, pour aller chez Zamet, prenons-nous la rue aux Ours?

— Je vous l'ai pourtant expliqué tout à l'heure, — répondit Gaëtan.

— Eh bien, je ne me souviens pas de l'explication.

— C'est bien simple pourtant, — reprit l'italien.

— Ah!

— Le page Olivier a une chambrette rue aux Ours. C'est là que Gratienne vient le trouver.

— Bon...

— Deux de mes hommes logent en la même maison et au même étage.

— Fort bien.

— De leur fenêtre, ils voient celle du page. Quand cette fenêtre s'éclaire, c'est que le page est chez lui. Quand deux ombres, au lieu d'une, paraissent derrière les rideaux, c'est que Gratienne est arrivée.

— Et Gratienne arrivée, — dit Rémy, — c'est que Geronima vous attend.

— C'est cela. — Puis l'italien dit encore : — Tous mes hommes sont disséminés aux environs de la rue aux Ours; il me suffira d'un coup de sifflet pour les réunir.

— A merveille!

— Mais une fois encore, je vous le répète, il est nécessaire que Gratienne soit arrivée chez Olivier.

— Silence! — dit Maurevers qui marchait un peu en avant.

En même temps, ses deux compagnons le virent s'effacer sous le porche d'une maison.

— Bon! — dit Gaëtan, — voici le guet. Faisons comme Armand. Depuis quelque temps, les sergents du chevalier sont curieux en diable, et veulent toujours savoir ce qu'on peut faire dans les rues quand le couvre-feu est sonné.

Et Rémy et Gaëtan imitèrent Maurevers et se jetèrent dans l'ombre d'une porte.

On entendait au loin, en effet, le pas mesuré et lourd des sergents. Mais il est probable qu'ils ne songeaient guère aux truands ni aux mauvais garçons, ce soir-là, car ils causaient fort paisiblement entre eux, et ils passèrent auprès de Gaëtan et de ses deux compagnons sans les voir.

Le guet s'éloigna. Alors l'italien, Rémy et Maurevers se mirent en route.

Une ombre se dressa devant la porte de la maison où ils allaient, au moment où ils arrivaient.

— Gaëtan! — dit une voix.

— Piétro! — répondit le capitan.

L'ombre s'avança et devint un corps.

— Les oiseaux sont dans leur nid, — dit un homme en italien.

— Tu en es sûr?

— Je viens de les voir entrer.

— Et tes hommes?

— Ils sont prêts.

Gaëtan traversa la rue et vit, en effet, de la lumière à la croisée du logis d'Olivier.

— Alors, partons! — dit-il. Piétro appuya un doigt sur sa bouche et fit entendre un coup de sifflet. A ce bruit, des deux côtés de la rue, des ombres s'agitèrent silencieuses sous le porche des maisons, qu'elles abandonnèrent pour se venir ranger autour de Gaëtan. — Marchons! — répéta-t-il, — et qui a confiance en moi me suive!

Piétro s'approcha de Gaëtan, tandis que la petite troupe se mettait en route en si bon ordre, qu'on eût dit une ronde de sergents du guet :

— Capitaine, — lui dit-il, — j'ai observé fidèlement vos instructions. Aucun d'eux ne sait où nous allons.

— Nous leur dirons tout à l'heure.

. . . .

Les bandits regardaient curieusement Rémy et Maurevers, qu'ils ne connaissaient pas. Mais Gaëtan jugea inutile de satisfaire pour le moment leur curiosité.

Ils gagnèrent ainsi le bord de la rivière et se mirent à suivre un petit sentier boueux qui passait sous les ponts, serpentait au bord de l'eau, et n'était fréquenté d'ordinaire que par les mariniers.

En ce moment, les horloges des églises voisines sonnèrent minuit.

Alors Gaëtan se retourna vers sa petite troupe :

— Mes amis, — dit-il, — je crois qu'il est temps de vous dire de quoi il s'agit.

— Oh! — répondit un des bandits, — nous irons au bout du monde avec vous. Ainsi, que nous importe.

— Avez-vous entendu parler de monsieur Zamet? — reprit Gaëtan.

— Monsieur Zamet! — exclamèrent-ils tous.

— Oui. — Ce nom était magique. Qui ne connaissait monsieur Zamet, l'homme qui prêtait de l'argent au roi et dont les coffres étaient si pleins, que les plus grands seigneurs s'inclinaient devant lui, comme des laquais. — Eh bien! — reprit Gaëtan, — nous lui allons faire une visite. — Tous tressaillirent. — Seulement, — ajouta froidement l'Italien, — nous n'allons pas agir comme tout le monde et entrer par la porte, mes amis.

— Et par où entrerons-nous? — demanda Piétro.

— Par la fenêtre. Ensuite nous manquerons peut-être un peu de courtoisie avec ce bon monsieur Zamet. Je vous avouerai même que je compte le tuer. — On eût entendu voler une mouche autour du capitaine, tant les bandits l'écoutaient avec attention et se suspendaient, pour ainsi dire, à ses lèvres. — Après quoi, — acheva Gaëtan avec une grande simplicité, — nous pillerons sa caisse.

Un frisson d'enthousiasme parcourut la petite troupe qui se remit en route sur les pas de Gaëtan.

— Voilà certes des soldats bien dressés, — murmurait Rémy à l'oreille de Maurevers.

Au bout d'un quart d'heure, la masse imposante de l'hôtel Zamet se détacha toute noire sur le ciel gris.

— Par ici! — dit Gaëtan. Et il remonta du bord de l'eau et se mit à faire le tour de l'édifice, qui était plongé dans les ténèbres et le silence. Puis, arrivé à l'entrée de la ruelle, il commanda halte à ses hommes. — Vous voyez bien cette fenêtre où il y a une lumière? dit-il.

— Oui, — répondit Piétro.

— Eh bien! quand j'apparaîtrai à cette fenêtre et vous appellerai, vous viendrez. — Les bandits s'arrêtèrent au coin de la ruelle, et Gaëtan, Rémy et Maurevers s'avancèrent seuls sous la croisée. — Nous sommes un peu en retard, — dit Gaëtan, — mais j'aime autant cela. Nous serons bien sûrs que tout le monde dort.

— Excepté Geronima.

— Oh! elle a tout préparé, elle nous attend. Voyez la lumière. — Gaëtan fit quelques pas encore. — Et voyez l'échelle, — dit-il.

En effet, l'échelle qui avait servi à Gratienne pour descendre et rejoindre Olivier, était encore apposée contre le mur.

— Pourquoi avez-vous laissé vos hommes là-bas? — demanda Rémy.

— Parce que je veux auparavant prendre toutes nos précautions. Il est inutile de faire du bruit avant le moment solennel.

Et Gaëtan posa un pied sur l'échelle. Cependant, avant de monter, il fit entendre un petit cri qui ressemblait fort à celui d'un oiseau de nuit. Ce cri était un signal convenu entre Geronima et lui.

Ordinairement, à peine ce cri s'était-il fait entendre, que Geronima se montrait à la fenêtre. Cette fois, elle ne répondit pas.

— Peut-être la duchesse ne dort-elle pas encore? — dit Rémy.

— A minuit passé, c'est impossible. — Et Gaëtan renouvela son appel. Geronima ne parut point. — Oh! oh! — dit Gaëtan, — qu'est-ce que cela veut dire?

Un soupçon passa par l'esprit de Maurevers:

— Êtes-vous sûr de Geronima? — fit-il.

— Si j'en suis sûr! — dit Gaëtan. — Elle passerait pour moi au travers des flammes éternelles.

— Donc elle est incapable de vous trahir?

— Je le crois bien!

— Alors, dit Rémy, c'est qu'il vient de surgir quelque obstacle imprévu. Il faut attendre.

— Non pas, — dit Gaëtan. — Restez ici et attendez-moi.

— Mais Zamet est peut-être prévenu...

— C'est impossible.

— Enfin, Geronima...

— Je vais bien voir de quoi il s'agit, — dit Gaëtan, qui remit le pied sur l'échelle. — D'ailleurs, on me connaît à l'hôtel Zamet. La duchesse tolère que je vienne voir Geronima.

Et Gaëtan gravit deux degrés.

Maurevers l'arrêta encore.

— Peut-être, — dit-il, — la duchesse s'est-elle aperçue que le breuvage que Geronima lui donnait contenait un narcotique.

— Alors Geronima m'aurait prévenu.

Et cette fois Gaëtan ne voulut plus rien entendre, et il continua son ascension.

. . . .

Maurevers et Rémy, demeurés au bas de l'échelle, le virent enjamber l'appui de la croisée qui était ouverte. De l'appui de la croisée, Gaëtan sauta dans la chambre que Gratienne et Geronima occupaient habituellement.

La chambre était vide. Geronima n'y était pas.

Seulement la lampe brûlait auprès de la croisée, comme les nuits précédentes, ce qui voulait dire que Gaëtan pouvait monter.

La porte qui séparait cette chambre de celle de la duchesse était fermée.

Gaëtan s'arrêta un moment et hésita à aller plus loin. Où donc était Geronima!

Il s'approcha de la porte et regarda par le trou de la serrure.

Le lit de la duchesse était presque en face de cette porte.

Gaëtan vit la duchesse endormie, car la veilleuse était toujours sur le guéridon. Mais il ne vit pas Geronima.

Cependant si la duchesse dormait c'est qu'elle avait pris le narcotique.

Gaëtan frappa doucement à la porte. On ne lui répondit pas.

Alors il se décida à ouvrir; et quand la porte fut ouverte, il vit ce qu'il n'avait pu voir par le trou de la serrure.

Au pied du lit, par conséquent à gauche de la porte, Geronima était accroupie dans un grand fauteuil, et son immobilité était complète.

— Geronima! — dit encore tout bas Gaëtan, espérant que sa voix éveillerait la jeune fille.

L'Italienne ne répondit pas.

Le jeu du tarot était tombé sur le tapis; une bouteille vide, qui se trouvait sur le guéridon, attestait que la duchesse avait pris le narcotique.

Gaëtan s'avança vers Geronima et lui posa la main sur l'épaule. Geronima ne s'éveilla point. Il l'appela de nouveau, mais inutilement. Alors il se prit à la secouer, ce fut peine perdue!

Gaëtan avait la sueur au front. Il revint dans la chambre de Gratienne, se pencha à la fenêtre et appela Maurevers. Celui-ci monta lestement et Rémy le suivit.

— Eh bien, où est Geronima? — demanda Maurevers en enjambant la croisée.

— Là, — dit Gaëtan.

— Tout est prêt!

— Je n'en sais rien. — Rémy et Maurevers s'aperçurent alors que Gaëtan était fort pâle. — Geronima est endormie, — dit-il, — et je ne puis la réveiller.

Tous deux pénétrèrent dans la chambre de la duchesse à la suite de Gaëtan.

Celui-ci reprit Geronima dans ses bras et la secoua de plus belle. Mais Geronima ne rouvrit point les yeux.

— C'est bizarre! — dit Maurevers.

— Étrange! — répéta Gaëtan.

Rémy s'approcha de la duchesse, dont un bras pendait hors du lit. Il prit ce bras et le releva de façon à le replacer sur la poitrine. La duchesse ne s'éveilla point.

— Eh bien! — dit Rémy, — vous êtes étonné de peu de chose, seigneur Gaëtan.

— Ah! vous croyez?

— Geronima a fait prendre un narcotique à la duchesse, n'est-ce pas?

— Cela est certain.

— Eh bien! elle en aura pris aussi.

— Mais pourquoi?... mais comment? Je ne sais.

Maurevers dit :

— Je flaire un piège.

— Moi aussi, — fit Rémy, — et nous ferons bien de battre en retraite.

Gaëtan hésitait. Rémy fit un pas vers la porte, mais il s'arrêta :

— Suis-je sot de m'en aller ainsi! — dit-il.

Et il revint vers le lit de la duchesse, qui dormait toujours.

— Que vas-tu faire? — demanda Maurevers.

Rémy tira sa dague, qu'il avait au flanc :

— Avant de m'en aller, — dit-il, — je vais faire quelque chose pour ma cousine Henriette : je vais la débarrasser d'une rivale et la rapprocher ainsi du trône.

Et Rémy leva sa dague sur la belle Gabrielle, qui souriait dans son sommeil...

Gaëtan fit un bond vers Rémy et lui arracha le poignard.

— Non, — dit-il, — non!

— Que faites-vous? — s'écria Rémy stupéfait.

— Je ne veux pas que vous tuiez cette femme.

Rémy se prit à rire.

— Et pourquoi donc? — fit-il.

— J'ai juré qu'on ne verserait pas son sang.

— A qui?

— A Geronima.

Rémy haussa les épaules.

— Mon cher seigneur, — dit-il, — vous êtes fou!

— C'est possible, — dit l'Italien.

— Et je vais vous le prouver : que venions-nous faire ici?

— Assassiner Zamet, — dit Gaëtan.

— Bon, et ensuite!

— Et piller sa caisse.

— C'est parfait! Mais n'est-il pas convenu aussi que nous mettrons, en nous retirant, le feu à la maison.

— Sans doute.

— Alors cette femme, qui est sous l'influence d'un narcotique, ne pourra pas se sauver et brûlera.

— Cela m'est égal, — dit l'Italien; — j'ai juré qu'il n'y aurait pas le sang versé, mais je n'ai pas dit que je sauverais madame Gabrielle de l'incendie.

Rémy haussa les épaules une seconde fois.

Il n'y a qu'un Italien, — dit-il, — qui puisse être superstitieux ainsi. Mais je veux bien respecter le serment que vous avez fait.

— Ah! — fit Gaëtan.

— A une condition, toutefois.

— Laquelle?

— C'est que, puisque nous sommes ici, nous allons mettre notre plan à exécution.

Gaëtan hésitait encore. Maurevers intervint.

— Mon cher Gaëtan, — dit-il, je crois que Rémy a raison, nous n'avons rien à craindre.

— Cependant Geronima est endormie.

— Je ne sais pas ce que cela veut dire, — poursuivit Maurevers; — mais il est bien certain que si un piège vous était tendu au moment où Rémy allait frapper la duchesse de Beaufort, nous aurions vu du nouveau.

— C'est juste, — dit Rémy.

— Eh bien! allons, — dit Gaëtan; — je vais appeler mes hommes. — Et il retourna dans la chambre de Gratienne et se pencha à la croisée. Mais, en ce moment, il entendit le pas lent et mesuré d'une ronde de nuit. Une troupe de sergents du guet passait dans la ruelle. Gaëtan souffla vivement la lampe et revint vers ses deux compagnons. — Attendons un moment, — dit-il.

La ronde passa, puis s'éloigna, et le bruit de ses pas s'éteignit. Alors Gaëtan revint à la fenêtre et siffla. Mais on ne lui répondit pas.

Il se pencha en dehors, et, comme il s'apprêtait à siffler une fois encore, il sentit ses cheveux se hérisser et la sueur perler à son front.

L'échelle qui tout à l'heure était appliquée contre le mur avait disparu. Sans doute les sergents l'avaient emportée.

Gaëtan appela ses deux compagnons. Tous deux ne purent se défendre d'un léger frisson. Mais Maurevers était un homme de résolution.

— Puisque le vin est tiré, il faut le boire, — dit-il.

— Que voulez-vous dire? — fit Gaëtan.

— Nos hommes, entendant la ronde de nuit, auront pris la fuite, — poursuivit Maurevers.

— Soit.

— La ronde de nuit a emporté l'échelle; mais nous trouverons toujours un moyen de sortir d'ici... dussions-nous attacher les draps de lit à la croisée.

— C'est ce qu'il faut faire, — dit l'Italien.

— Oui, quand nous aurons assassiné Zamet et pillé sa caisse. — Et il se dirigea vers cette porte qui mettait en communication l'appartement de madame Gabrielle avec la chambre à coucher de Zamet. La draperie soulevée, Maurevers appliqua son œil au trou de la serrure. L'obscurité la plus profonde régnait dans la chambre de Zamet. — Il est couché et il dort, — dit-il.

La porte était simplement fermée au verrou; elle s'ouvrit sans aucun bruit.

Alors Rémy prit la veilleuse qui brûlait sur le guéridon de madame Gabrielle, et il entra le premier. Maurevers et Gaëtan le suivaient la dague au poing.

Un silence profond régnait dans la chambre, et les rideaux du lit étaient hermétiquement fermés.

Cependant, avant de les écarter, Rémy se tourna vers Gaëtan.

— Où est la caisse? — dit-il.

— Dans l'alcôve.

— Bien.

Et Rémy fit un pas encore vers le lit.

Mais soudain une porte s'ouvrit, et un flot de lumière pénétra dans la chambre, que la veilleuse n'éclairait que très-imparfaitement.

Un homme entra, un flambeau à la main. A la vue de cet homme, les trois bandits reculèrent. C'était Zamet. Zamet, qui leur dit en souriant :

— Vous veniez pour m'assassiner, n'est-ce pas? — Et, au lieu de trembler, il s'avança vers eux, toujours calme, et ajouta : — Vous vouliez m'assassiner pour me voler. Faites-moi grâce de la vie et prenez mon argent. — En même temps il tendit une clef à Gaëtan. C'était la clef de sa caisse. Le calme de Zamet était effrayant. Gaëtan et ses deux compagnons furent tentés de prendre la fuite. Zamet poursuivit : — Je suis assez riche en terres et autres biens pour supporter une perte d'argent. Faites-moi grâce de la vie et prenez tout ce que vous trouverez ici...

Les trois bandits ne bougeaient, et aucun n'étendait la main pour s'emparer de cette clef que Zamet leur tendait si gracieusement.

Tout à coup un éclat de rire moqueur se fit entendre, et les rideaux du lit s'ouvrirent brusquement.

Alors Gaëtan, Rémy et Maurevers, épouvantés, se trouvèrent face à face avec une dizaine d'hommes armés et l'épée nue, cachés jusque-là dans le fond de l'alcôve.

L'un deux fit un pas en avant et dit :

— Enchanté de vous rencontrer une seconde fois, cher monsieur Rémy.

Et, d'un bond, il se plaça entre la porte qui leur avait livré passage et les trois bandits.

— Maudit Gascon ! — murmura le cousin d'Henriette d'Entragues en reconnaissant Galaor.

Galaor était tombé en garde et il portait la pointe de son épée au visage de Rémy, lui disant :

— Je crois que vous me devez une revanche, cher seigneur.

— On perd toujours les deux parties avec moi, — répondit le cousin d'Henriette d'Entragues, qui avait retrouvé son sang-froid et sa présence d'esprit.

Le lansquenet Fritz était sorti de l'alcôve à la tête de ses hommes et ils entouraient Gaëtan et Maurevers.

Ce dernier avait mis l'épée à la main. Mais l'Italien, qui était lâche, était tombé à genoux et demandait grâce.

Zamet riait.

— Cher monsieur Zamet, — cria Galaor, — il doit vous être parfaitement indifférent, n'est-ce pas, qu'on fasse du bruit chez vous ?

— Tout à fait égal, — répondit Zamet.

Ces paroles étaient sans doute convenues d'avance, car elles furent un signe pour Fritz.

L'Allemand avait un pistolet à sa ceinture, il le prit, ajusta Maurevers et fit feu. Maurevers frappé, en pleine poitrine, tomba.

Rémy poussa un cri de rage et s'élança sur Galaor l'épée haute.

— Assassin ! assassin ! — disait-il.

Gaëtan, toujours à genoux, demandait grâce et joignait ses mains suppliantes.

— Cher monsieur Zamet, — cria encore Galaor, — puisque ce drôle a si peur de mourir, accordez-lui la vie et confiez-le à Fritz. Il l'enfermera quelque part, en attendant qu'il soit jugé par le parlement.

Maurevers se tordait sur le parquet, qu'il inondait de son sang. Galaor et Rémy se battaient pendant ce temps-là avec furie. Mais Rémy perdait de son sang-froid, tandis que Galaor possédait le sien tout entier.

— Cher seigneur, — dit-il, — vous aviez fait un beau rêve, peste ! gouverneur d'une province, cent mille écus pour payer vos dettes et cousin d'une reine de France. Mordioux ! comme on dit à Nérac, vous avez de l'appétit.

— Et je digère bien, à l'occasion, — répondit Rémy qui porta à Galaor la même botte secrète que la nuit précédente.

Mais cette fois le coup fut paré.

— On ne m'y prend pas deux fois, cher seigneur, — poursuivit Galaor en riant. Maintenant, je crois, nous sommes d'égale force, qu'en pensez-vous ? Et il se fendit et son épée atteignit la poitrine de Rémy, dont les vêtements se couvrirent de sang. — Touché ! — dit Galaor.

— C'est une égratignure, — répondit Rémy ivre de rage. Et il se fendit à son tour.

Mais Galaor fit un bond de côté et esquiva le coup. En même temps, Rémy entraîné par son élan, glissa, perdit l'équilibre et tomba sur un genou.

— Rendez-vous, ou vous êtes mort ! — dit Galaor.

— Jamais ! — répondit Rémy.

— Au fait, vous avez peut-être raison, — dit le Gascon — c'est une économie d'éviter la hache du bourreau.

Et il porta à son tour à Rémy, qui s'était relevé à la hâte, un second coup d'épée si vigoureux, que sa rapière disparut tout entière jusqu'à la garde dans la poitrine du cousin d'Henriette...

Cette fois, Rémy tomba tout d'une pièce, comme un arbre déraciné, en vomissant un flot de sang.

Tandis que ce combat avait lieu, Fritz, qui avait toujours dans sa poche la fameuse corde avec laquelle il avait voulu pendre Galaor, s'en était servi pour garrotter Gaëtan.

Galaor se tourna alors vers Zamet. Le financier s'essuya le front, et son visage exprimait cette joie inquiète qui suit un grand danger évité.

— Monseigneur, — lui dit-il, — je crois que celui-là est mort.

Et il poussa du pied Maurevers qui ne bougeait plus.

Rémy vociférait en se tordant, et ses lèvres étaient bordées d'une écume sanglante.

Le coup de pistolet qui avait atteint Maurevers avait mis en émoi les gens de Zamet, accourus de toute part.

— Jetez-moi cette charogne par la fenêtre, — dit Galaor. Et il désignait Maurevers. Puis se penchant sur Rémy, il le prit dans ses bras et le souleva, disant : — Peut-être ai-je eu la main assez heureuse pour ne point le blesser mortellement. Ce sera une chance dont la belle Henriette me tiendra compte. — Et regardant Zamet. — Il faudrait le mettre au lit, — dit-il, — mander auprès de lui un chirurgien, et en prendre le plus grand soin.

— Pourquoi faire ? — demanda Zamet, qui, le danger passé, devenait impitoyable.

— Histoire de plaire au roi, — répondit Galaor.

— Ah !

— Et de ne pas faire tort au bourreau, qui, certainement, a des droits sur cette tête.

— Misérable ! — hurlait Rémy, — c'est toi qui seras pendu en grève.

Les laquais de Zamet exécutèrent les ordres de Galaor. Ils jetèrent Maurevers par la fenêtre, et portèrent Rémy sur le propre lit du financier.

Alors, Galaor dit à Fritz, en lui montrant le seigneur Gaëtan, ivre d'épouvante.

— Conduis-moi donc cet aventurier au Châtelet, et recommande qu'on en ait soin.

Fritz poussa Gaëtan par les épaules.

L'Italien avait les mains liées derrière le dos.

Mais Zamet fit un signe, et se tournant vers Galaor :

— Voulez-vous m'accorder une grâce ? — dit-il.

— Parlez.

— Il sera toujours temps, — reprit Zamet, — de conduire cet homme au Châtelet. De main matin, par exemple.

— Qu'en voulez-vous donc faire ici ? — demanda Galaor.

— J'ai un cachot dans l'hôtel, — reprit Zamet.

— Ah !

— Et il me serait bien agréable d'y voir enfermer un drôle qui a voulu m'assassiner et piller ma caisse.

— Comme vous voudrez, — dit Galaor.

Zamet prit un flambeau.

— Si monsieur Fritz me veut suivre, — dit-il, — je lui vais montrer le chemin.

X

Le lendemain de cette nuit où le sieur Zamet l'avait échappé si belle, nous eussions retrouvé Galaor chez Nancy.

L'ancienne camérière de la reine Marguerite écoutait gravement le récit que lui faisait Galaor des événements de la nuit.

— Ainsi, — disait Nancy, — vous avez été soigné par mademoiselle d'Entragues et vous l'avez trahie ?

— Fallait-il pas laisser brûler madame Gabrielle ? — dit Galaor avec étonnement.

Nancy haussa les épaules :

— Il ne faut jamais, — dit-elle, — se mêler de ce qui ne vous regarde pas.

— Ah ! par exemple ! est-ce donc vous, madame, qui parlez ainsi ?

Nancy eut un de ces sourires de la jeunesse qui disaient toute la finesse de son esprit.

— J'ai une maxime, — dit-elle.

— Ah !

— Je fais du bien à mes amis, et je laisse mes ennemis s'arranger et même se dévorer entre eux, si bon leur semble.

— Mais...

— Suivez-moi bien, — poursuivit Nancy.

— J'écoute, — dit Galaor.

— Vous venez chercher fortune à Paris. En route, vous vous arrêterez à Blois. Là, vous voyez madame Marguerite, et vous accomplissez des prodiges en son honneur.

— Heu ! — fit modestement Galaor.

— Vous vous donnez donc à la reine et vous devenez son serviteur.

— Bon !

— Une fois à Paris, vous éprouvez le besoin de sauver madame Gabrielle qui a ruiné la reine dans l'esprit du roi, est-ce logique ?

— Non, je l'avoue.

— Or, — poursuivit Nancy, — supposons toujours que vous ne vous soyez mêlé de rien...

— Soit.

— Madame Gabrielle morte, le roi finissait par savoir que mademoiselle d'Entraigues n'était point étrangère à sa mort ; et il prenait cette dernière en grande haine.

— Eh bien !

— Madame Marguerite revenait au Louvre dame et maîtresse et le seigneur Galaor jouissait alors d'une faveur sans égale.

— Tout cela est parfaitement raisonné, — dit Galaor — mais...

— Mais quoi ?

— Au lieu de réfléchir à tout cela, je n'ai vu qu'une femme en danger de mort, et j'ai voulu la sauver.

— Vous n'avez rien sauvé du tout.

— Ah ! par exemple !

— Ecoutez-moi toujours. Ce misérable qui répondait au nom de Maurevers est mort.

— Oui, certes.

— Mais Rémy, dit le chirurgien, guérira de ses blessures.

— Juste assez à temps pour s'en aller en place de Grève, — dit Galaor, — car le roi que j'ai vu ce matin, me l'a formellement promis.

Nancy haussa les épaules.

— Le roi promet toujours, — dit-elle, — mais il tient quand il peut, c'est-à-dire rarement. Or, savez-vous ce qu'il adviendra de tout cela ?

— Non.

— Le roi s'en ira trouver mademoiselle d'Entragues et lui reprochera sa conduite. Mademoiselle d'Entragues, qui pleure avec ingénuité, lui prouvera qu'elle était étrangère au complot, et en rejettera toute la responsabilité sur son cousin.

— Mais elle ne pourra nier que j'ai entendu celui-ci s'en entretenir avec elle.

— Elle le niera si bien que le roi, qui vous a cru, finira par la croire et ne vous croira plus, et vous tomberez en disgrâce.

— Après ? — dit froidement Galaor.

— Ce qui n'empêchera pas madame Gabrielle de courir les mêmes dangers.

— Comment cela ?

— Le seigneur Gaëtan sera condamné par le parlement, n'est-ce pas ?

— J'en suis sûr.

— Mais il laissera derrière lui Geronima.

— Bon !

— Et Geronima le vengera. — Galaor regardait Nancy avec un étonnement croissant. Celle-ci reprit : — Où avez-vous laissé le roi ?

— Chez Zamet.

— C'est-à-dire aux pieds de Gabrielle.

— Naturellement.

Nancy n'eut pas le temps de faire à Galaor une autre question, car on gratta doucement à la porte. C'était le page Olivier qui arrivait.

— Madame, — dit-il à Nancy, — le roi est rentré au Louvre.

— Eh bien ?

— Et il vous mande auprès de lui sur-le-champ.

— Moi seule ?

— Oui.

— Où est le roi ?

— Dans son cabinet.

— C'est bien, j'y vais. — Olivier fit un pas vers la porte mais Nancy le retint. — Mon mignon, — dit-elle, — le roi est-il de belle humeur ?

— Non, madame. Il a le sourcil froncé, au contraire.

— En vérité ! et est-il seul ?

— Le serrurier Aventure Bonhomet est avec lui.

— Ah ! bon, — dit Nancy, — je sais de quoi il s'agit. — Quand le page fut parti, Nancy fit jouer le panneau de boiserie qui dissimulait le tuyau acoustique, et le montrant à Galaor : — Tenez, — dit-elle, — mettez-vous là ; vous pourrez entendre tout ce que le roi et moi dirons.

Et elle enferma Galaor dans sa chambre, et descendit chez le roi.

Que s'était-il passé pour que le roi eût ce visage irrité dont avait parlé le page Olivier ? C'est ce que nous allons raconter en peu de mots.

Le roi avait passé une fort mauvaise nuit. Quelque confiance qu'il eût en Galaor, dans lequel il se sentait revivre, et bien que ce dernier eût, à sa connaissance, emmené à l'hôtel Zamet, une douzaine de lansquenets recrutés par Fritz, le roi n'était nullement tranquille sur le sort de madame Gabrielle.

Au petit jour, il quitta le Louvre par la poterne du bord de l'eau et se rendit en toute hâte chez Zamet. Là, il apprit ce qui s'était passé.

Gaëtan était enfermé, garrotté dans une sorte de cul de basse fosse. Le cadavre de Maurevers, jeté par la fenêtre, avait été ramassé par le guet. Rémy jurait et blasphémait sur son lit de douleur. Enfin Galaor et Zamet étaient parvenus à réveiller madame Gabrielle, qui écoutait, en jetant des cris d'effroi, le récit des événements de la nuit.

En voyant entrer le roi, Zamet avait fait un signe à Galaor.

Ce signe voulait dire :

— Il faudra nous esquiver le plus tôt possible.

Aussi, lorsque le roi eut promis de faire pendre Gaëtan et de faire décapiter Rémy, Galaor et Zamet se dirigèrent-ils prudemment vers la porte, laissant la belle Gabrielle tête à tête avec son royal amant.

L'occasion de verser un torrent de larmes était trop belle pour que la duchesse la laissât échapper.

— Oui, — dit-elle, tandis que le roi la consolait de son mieux, — si on en veut à ma vie, c'est que vous ne faites nul cas de moi et ne tenez aucune de vos promesses.

Là-dessus, la belle Gabrielle démontra si bien au roi qu'il était de son intérêt, de celui du royaume, de celui de son fils, le petit César, qu'elle devînt reine de France, que le roi se laissa gagner et que, pour la dixième fois, il promit de hâter son divorce avec madame Marguerite.

Une heure après, le roi était au Louvre et envoya quérir Aventure Bonhomet, le célèbre serrurier de la rue de l'Arbre-Sec.

Si on se souvient de la lettre écrite par Nancy à la reine, on n'a pas oublié que l'ancienne camérière disait que le roi avait commandé à Bonhomet une clef pour ouvrir le coffre mystérieux. Ce coffre renfermait, disait-elle, la correspondance de madame Marguerite avec le vicomte de Turenne.

Bonhomet avait promis de livrer la clef sous trois jours et le roi, en sortant de chez madame Gabrielle, s'était souvenu que les trois jours étaient expirés.

Donc Bonhomet, mandé par le roi, était arrivé avec la fameuse clef.

Cependant le roi n'avait pas voulu ouvrir le coffre avant d'avoir parlementé avec Nancy qui, seule, au Louvre, osait représenter les intérêts de madame Marguerite. Nancy arriva.

Le roi fit un signe au serrurier, qui se tint à l'écart puis, il emmena Nancy dans l'embrasure d'une croisée; et lui dit d'un ton sec :

— Veux-tu partir aujourd'hui même pour Dijon? Nancy regarda le roi et attendit. — Il est de certaines choses qui me répugnent, — poursuivit le monarque.

— Ah! — fit Nancy.

— Et je préférerais que tu m'apportasses le consentement de madame Marguerite à notre divorce.

— Comment cela, — fit Nancy qui prit un air ingénu.

— J'ai la clef du coffre.

— Bon!

— Et je suis convaincu que ce coffre contient certains papiers qui détermineront le parlement à déclarer nul mon mariage.

— Le Parlement n'est pas l'église, — dit Nancy.

— Oui; mais le pape fera comme le Parlement. — Nancy ne répondit pas. — Je te l'ai dit, — reprit le roi, — ce moyen me répugne fort. J'aimerais bien mieux que ton éloquence aidant, madame Marguerite évitât tout esclandre.

— Cela vaudrait mieux, en effet, mais...

— Mais quoi? — demanda Henri.

— Madame Marguerite est fille de roi et veut mourir femme de roi.

Le roi eut un accès de colère et frappa le parquet du pied.

— S'il en est ainsi, — dit-il, — nous allons voir!

Et il fit résonner un timbre qui se trouvait à la portée de sa main.

Au bruit le page Olivier parut.

Comme c'était l'heure de ce qu'on appelait le grand lever, il y avait déjà force seigneurs dans les antichambres.

Le roi demanda leurs noms à un page.

— Il y d'abord le duc d'Épernon, — répondit ce dernier.

— Et puis?

— Monsieur de Sully.

— Ensuite?

— Monsieur d'Estorabiac et six autres du même rang.

— C'est bien. Fais entrer tout le monde.

Le page ouvrit les deux battants de la porte et les seigneurs entrèrent.

— Messieurs, — leur dit le roi, — je vais faire ouvrir devant vous, un coffre dans lequel se trouvent des papiers de la plus haute importance; et je veux que l'existence de ces papiers puisse être constaté solennellement.

Sur ces mots, le roi ouvrit une porte qui conduisait au couloir mystérieux. Le page Olivier le précédait portant une torche, car le corridor était obscur. Nancy suivait Bonhomet qui avait sa clef à la main. Les autres personnages venaient ensuite.

Sur l'ordre du roi, Bonhomet introduisit la clef dans la serrure. La clef tourna. La porte de fer s'ouvrit, laissant voir l'intérieur du coffre. Mais alors le roi poussa un cri de colère.

Le coffre était absolument vide et Nancy demeura impassible.

XI

Le célèbre financier ne s'était point trop avancé en disant à Galaor la nuit précédente, qu'il avait un véritable cachot dans son hôtel.

Ce cachot était situé à trente ou quarante pieds sous terre, au bas de l'escalier des caves.

A cette époque, tout petit gentilhomme s'arrogeait, sur ses terres, le droit de haute et basse justice.

Il n'était pas un hobereau qui n'eût une potence en haut de son colombier, pas un seigneur qui ne voulût avoir sa prison.

Zamet n'était pas gentilhomme, mais le roi lui avait baillé des lettres de noblesse et l'avait fait baron. C'en était assez pour qu'il eût des prétentions à rendre la justice.

Quand il avait fait bâtir son hôtel, il avait voulu avoir son cachot. Ce cachot avait même déjà servi. Le sieur Zamet s'était passé la fantaisie d'y faire enfermer quarante-huit heures durant, un de ses valets de chambre qui lui avait volé une épingle montée en diamant. Or donc, Zamet fut heureux de montrer le chemin de ce cachot à Galaor et à Fritz, qui poussaient devant eux Gaëtan les mains liés derrière le dos.

Ce cachot, du reste, était tout à fait construit sur le modèle des cabanons de Vincennes. L'air y arrivait par un soupirail; les murs voûtés en étaient humides; un peu de paille servait de lit au prisonnier, et les rats y pullulaient. Ce fut dans ce réduit qu'on enferma le seigneur Gaëtan.

Le capitaine, qui n'avait pas cessé de trembler depuis une heure, se trouva heureux d'être quitte à si bon marché. On aurait pu le tuer, on se contentait de l'enfermer. Il est vrai qu'on pouvait le juger et le pendre. Mais quand le jugerait-on? Quand le pendrait-on? Il avait du temps devant lui, et pour un prisonnier, du temps, c'est de l'espérance.

En le laissant seul, on eut l'humanité de lui délier les mains. La porte était solide, garnie d'une bonne serrure et d'un triple verrou; les murs étaient épais; toute évasion par conséquent impossible. Quelques heures après on lui apporta à manger.

Ce fut un valet de Zamet, transformé en guichetier, qui fut chargé de ce soin.

Le valet était bavard; Gaëtan, remit de son épouvante, le questionna.

Le valet répondit à ses questions.

Une chose préoccupait Gaëtan: Qu'était devenu Geronima? Le valet le lui apprit.

Geronima était encore inanimée, sous l'action du narcotique, et on l'avait couchée dans le lit de la camérière Gratienne. Mais le roi avait dit qu'il entendait qu'elle fût jugée, ainsi que lui, Gaëtan, et il avait ordonné qu'on la veillât de près.

Gaëtan, eut un vague espoir, l'espoir que Geronima viendrait tôt ou tard partager sa captivité.

Quelques heures après, cet espoir se réalisa. En effet, la porte du cachot se rouvrit, et ce même domestique, qui avait accepté les fonctions de geôlier, poussa Geronima, tremblante et jetant des cris plaintifs, sur la paille du cachot où gisait le seigneur Gaëtan. Les deux amants se trouvaient réunis.

Il y eut entre eux une grande effusion de douleurs et de larmes; puis ils finirent par se calmer et envisagèrent la situation avec un peu plus de sang-froid.

Geronima apprit à Gaëtan que madame la duchesse de Beaufort demandait sa tête et celle de Rémy, mais que c'était surtout sur ce dernier que pesait le plus gros de sa colère, à cause de sa parenté avec Henriette d'Entragues, dont le roi était amoureux. Il y avait donc quelque chance pour que Gaëtan trouvât grâce devant ses juges. Quant à elle, Geronima, il se pouvait faire qu'on ajoutât foi à ses dénégations, car elle avait soutenu qu'elle ignorait le projet de Gaëtan et affirmé que c'était lui qui l'avait contrainte à avaler le contenu de la bouteille qui renfermait le reste du narcotique, et si elle rentrait en grâce auprès de madame Gabrielle, il était hors de doute qu'elle finirait par obtenir le pardon de son amant.

Les deux amoureux passèrent ensemble le reste de la journée ; vers le soir la porte du cachot s'ouvrit.

— On nous apporte à manger, — dit Gaëtan.

Mais à son grand étonnement, au lieu du valet ce fut Zamet lui-même qu'il vit apparaître.

Zamet le salua avec un sourire moqueur et lui demanda de ses nouvelles. Gaëtan se jeta à genoux, et implora sa grâce.

— Oh ! non pas, — dit Zamet, — vous serez pendu, cher seigneur, et cela sous peu de jours, car le parlement s'assemble demain pour vous juger : mais madame Gabrielle est une femme d'habitude, et elle ne peut se passer de Geronima plus longtemps. Et s'adressant à l'Italienne : — Allons, gitana, — dit-il, — suivez-moi. Madame de Beaufort désire connaître l'avenir...

Geronima et Gaëtan échangèrent alors un regard d'enfer.

En effet, madame la duchesse de Beaufort avait obéi à cette tyrannie qu'on appelle l'habitude.

Après avoir, tout d'abord, ressenti une violente colère contre Geronima que Galaor accusait hautement de complicité avec Gaëtan, et avoir consenti, malgré les dénégations de l'Italienne, à ce qu'elle fût jetée dans le même cachot que son amant, la duchesse, disons-nous, s'aperçut, le soir même, que Geronima lui manquait.

Gratienne, — à qui elle osa l'avouer, jeta les hauts cris ; mais Gabrielle lui ferma la bouche avec ces paroles :

— Je veux savoir, — dit-elle, — si le roi tiendra ses promesses, et si je serai reine !

— Geronima ne le sait pas plus que vous, — dit Gratienne.

— Mais si, grâce à ses cartes, elle lit dans l'avenir. — Gratienne, qui était peu crédule, haussa les épaules. Gabrielle reprit : — Je veux qu'on m'aille chercher Geronima.

— Mais, madame, elle est en prison.

— Eh bien ! elle en sortira.

La duchesse était hautaine : quand elle ordonnait, besoin était de courber la tête.

Gratienne s'en alla trouver Zamet, de qui maintenant dépendait la liberté de Geronima, et lui fit part du désir de la duchesse. Zamet se récria ; mais il finit par céder, à la condition que Geronima, sa consultation donnée, rentrerait dans son cachot.

Gratienne alla rapporter à sa maîtresse les paroles du financier, et madame Gabrielle accepta.

. . . .

Zamet, comme on l'a vu, descendit donc au cachot où Geronima et Gaëtan étaient enfermés, et il revint avec l'Italienne.

Celle-ci reprit ses cartes et, comme si de rien n'était, elle recommença sa besogne quotidienne.

— Serai-je reine ? — demanda Gabrielle.

— Oui, — répondit Geronima.

— Quand ?

— Avant un mois.

— Tu m'as déjà dit cela, — reprit la duchesse, — et pourtant j'ai failli mourir.

— Ma prédiction est la preuve de mon innocence, — dit Geronima.

— Comme cela ? — fit Gratienne, qui n'avait pas quitté la chambre de la duchesse.

Geronima lui jeta un venimeux regard. Puis se tournant vers la duchesse :

— Si j'avais été complice de Gaëtan, je ne vous aurais pas prédit que vous seriez reine, en dépit d'un grand danger qui vous menaçait.

— Ah ! tu avais vu ce péril dans tes cartes ?

— Oui, madame.

Gratienne avait sur les lèvres un dédaigneux sourire. Mais Geronima ne paraissait pas y prendre garde ; et elle tournait et retournait toujours son jeu de tarot. Tout à coup elle jeta un cri.

— Qu'est-ce ? — fit la duchesse anxieuse.

— Il y a une mauvaise carte dans votre jeu, madame, — poursuivit l'Italienne.

— Une mauvaise carte ?

— Oui.

— Que signifie-t-elle ?

— Qu'un événement qui se prépare pourrait bien vous porter malheur.

— Et m'empêcher d'être reine ?

— Oui, madame.

— Et quel est cet événement ? — dit la duchesse toute pâle et tremblante.

— La mort d'un homme.

— Et... cet homme ?

— Je ne sais pas son nom.

Mais Gratienne poussa un grand éclat de rire.

— Ah ! madame la duchesse, — dit-elle, — si vous croyez cet bohémienne, elle vous en dira bien d'autres.

— Madame, dit Geronima qui prit un ton inspiré, — n'écoutez pas cette femme ; elle ne possède pas comme moi la science de l'avenir.

— Quel est cet homme qui doit mourir et dont la mort me portera malheur ? — répéta la duchesse frémissante.

— Je ne sais pas, — dit Geronima.

— Cherche bien.

L'Italienne se mit à tourner de nouveau ses cartes :

— Je vois l'homme, — dit-elle, — mais je ne vois pas son visage.

— Ah !

Gratienne se mit à rire :

— Je le vois, moi, — dit-elle.

Geronima lui jeta de nouveau un regard de vipère.

— Ah ? tu le vois ? — fit-elle.

— Je sais même son nom, — poursuivit Gratienne.

— Parle ! — dit la duchesse dont le front était baigné de sueur.

— Et, — reprit Gratienne d'un ton moqueur, — il dépend de vous, madame, d'empêcher sa mort.

— En vérité !

— De détourner, par conséquent, le malheur qui vous menace.

— Son nom ? son nom ? — s'écria Gabrielle.

— Comment ! — dit Gratienne, — vous ne l'avez pas deviné, madame ?

— Non.

— C'est le seigneur Gaëtan, qui doit être pendu sous deux jours.

Geronima pâlit, et si l'œil enflammé qu'elle tourna sur Gratienne eût été empoisonné, Gratienne serait morte sur-le-champ.

La belle Gabrielle eut un éclair de raison, un sourire vint même à ses lèvres.

— Tu dis vrai, Gratienne, — fit-elle, — et je crois que cette fille se moque de moi. — En ce moment Zamet entra. — Mon cher Zamet, — acheva Gabrielle, — je vous rends Geronima ; — faites-en ce que vous voudrez !

L'Italienne suivit Zamet, la tête haute ; mais au moment de sortir elle laissa tomber sur Gabrielle un regard plein de haine.

— Madame, — dit Gratienne qui surprit ce regard, — prenez garde à vous, cette femme me fait peur !

Geronima fut donc reconduite dans le cachot de Gaëtan. Celui-ci eut comme un accès de joie en la voyant revenir. Joie égoïste, du reste, car si Geronima était ramenée en prison, c'est qu'elle n'avait point trouvé grâce devant madame de Beaufort. Quand la porte se fut refermée, quand ils furent seuls l'Italienne se jeta à son cou.

— Je crois que je te sauverai ! — dit-elle.

Et elle lui raconta son entrevue avec madame Gabrielle et l'épouvante qu'elle avait habilement jeté dans cet esprit superstitieux.

— Crois-tu donc, — lui demanda Gaëtan, — que la duchesse te fera appeler de nouveau ?

— J'en suis sûre.

— Et tu arriveras à lui persuader que ma mort peut lui porter malheur.

— Oui, certes.

Gaëtan secoua la tête.

— Derrière la duchesse, — dit-il, — il y a le roi qui ne me fera pas grâce.

— Le roi fait tout ce que veut madame Gabrielle.

— Mais Zamet jettera les hauts cris si je ne suis point pendu.

— Zamet est moins puissant que le roi.

— Tu te trompes.

— Oh !

— Zamet a de l'argent ; le roi n'en a pas toujours. Le banquier prêtera au roi quelque vingt ou trente mille écus en échange de ma tête.

— Oh ! — dit Geronima, — si cela arrivait, la duchesse mourrait de ma main.

— Tu la tuerais ?

— Peux-tu me le demander ?

— Comment ?

— Je lui plongerais mon stylet dans le cœur, — dit la vindicative Italienne.

— On ne tue pas toujours avec un poignard.

— Je tuerais, moi.

— Et j'ai un moyen plus sûr à t'indiquer, — continua Gaëtan.

— Lequel ?

— Tu sais où est mon logis ?

— Oui, rue du Grand-Hurleur.

— Si jamais tu es libre, vas-y.

— Bon !

— Tu trouveras, dans l'unique bahut où je serre mes hardes une petite boîte en ivoire qui renferme une pommade de couleur blanche : on dirait de la graisse. Tu prendras cette boîte.

— Après ?

— Le jour où tu voudras tuer la duchesse en quelques heures, tu frotteras avec cette pommade la lame d'un couteau.

— Ah !

— Puis, tu feras en sorte que la duchesse coupe avec ce couteau soit un fruit, soit un aliment quelconque qu'elle portera à ses lèvres.

— Et elle mourra

— En quelques heures, et nul ne pourra songer à t'inculper de sa mort.

— Mais rassure-toi, — dit Geronima, — tu auras ta grâce.

. . . .

— Vingt-quatre heures s'écoulèrent.

On apporta à manger aux deux prisonniers ; et le lendemain à la même heure, ce fut Zamet qui reparut.

Le financier avait cédé de nouveau aux obsessions de la duchesse qui demandait à cor et à cris que Geronima lui fit les cartes.

— Je te le disais bien, — murmura l'Italienne à l'oreille de Gaëtan.

Et elle suivit Zamet.

Cette fois madame Gabrielle ne voulut ni du financier, ni de Gratienne ; elle voulut être seule avec Geronima et s'enferma avec elle. Geronima reprit ses cartes, son attitude cabalistique, son accent inspiré et se mit à déchiffrer l'avenir de plus belle.

— Vois-tu toujours cet homme ? demanda la superstitieuse duchesse.

— Oui, madame.

— Et cet homme, c'est Gaëtan ?

— Je ne sais pas.

— Petite, — dit Gabrielle en posant sa main sur l'épaule de Geronima, — si tu me trompes, si tu as recours à ce moyen pour sauver la vie à ton amant, tu as tort, car je lui ferai grâce, si bon me semble.

Geronima ne sourcilla point.

— Madame, — je vous jure que je ne vois pas le visage de cet homme, et que je ne puis savoir si c'est de Gaëtan qu'il s'agit.

— Mais enfin, que vois-tu ?

— Un homme qu'on va pendre.

— Ah !

— Et cet homme étend la main vers vous avec un geste de menace.

— Ciel ! — fit Gabrielle avec terreur. — Et tu m'assures que cet homme n'est pas Gaëtan.

— Je n'en sais rien, madame ; il y a, vous dis-je, entre lui et moi un nuage qui m'empêche de voir la figure.

— Peut-être le verras-tu demain ?

— C'est probable, car aujourd'hui déjà le brouillard est moins épais qu'hier.

Madame Gabrielle eut beau questionner Geronima. L'astucieuse et prudente Italienne se renferma dans ses allégations vagues, se bornant à affirmer qu'il y avait un gibet entre madame Gabrielle et le trône.

— Ma petite, — dit encore la duchesse, — le roi me doit venir voir ce soir. Je tâcherai qu'il te fasse grâce à toi et à ton amant, et que ce soit la dernière nuit que tu passes dans le cachot de Zamet.

Geronima dissimula sa joie.

— Madame, — dit-elle, — Gaëtan est coupable, mais je suis innocente. Seulement, en dépit de son crime, j'aime encore le misérable, et je ne me plains pas de partager sa captivité.

— Vrai ? — fit Gabrielle, — tu n'étais pas sa complice ?

— Que je meure à l'instant, si j'ai menti ! — dit l'Italienne qui n'avait pas peur d'un faux serment.

— Je te crois — dit la duchesse.

En ce moment on gratta à la porte, et le roi entra. En voyant l'Italienne, Henri eut un geste de colère :

— Encore cette bohémienne ici ! — dit-il. Et il appela Zamet, qui entra sur le champ. — Fais-moi reconduire en prison cette misérable fille, et que je ne la revoie jamais ! — dit-il.

Geronima suivit Zamet ; mais elle s'en alla avec un sourire de Gabrielle.

Ce sourire semblait lui promettre la grâce de Gaëtan.

En effet, à peine Gabrielle se trouvait-elle seule avec le roi, qu'elle se prit à fondre en larmes.

XII

Tout homme, fût-il roi, a son côté faible, son défaut de cuirasse, comme on dit.

Ce défaut de la cuirasse, chez le roi Henri, était une aversion bien déterminée pour les larmes.

Quand une femme pleurait, il se sentait sans force et sans colère. Madame Gabrielle avait usé et abusé de ce moyen persuasif.

Le roi, la voyant pleurer, se jeta à ses genoux et lui dit :

— Mais qu'avez-vous donc, mon cœur ?

— Je suis la plus infortunée des femmes, — répondit Gabrielle.

— Pourquoi ?

— Parce qu'un malheur épouvantable me menace.

— C'est Geronima qui vous l'a dit ?

— Oui.

— Eh bien ! rassurez vous, — dit Henri en riant, — Geronima, pas plus que moi, n'est maîtresse de l'avenir.

Gabrielle hocha la tête.

— Vous ne croyez pas aux cartes, vous ? — dit-elle.

— Certes, non.

— Mais j'y crois, moi.

— Les cartes de Geronima, si elles sont si clairvoyantes, — reprit le roi avec une pointe d'ironie, — auraient pu vous apprendre, il y a deux jours, le danger que vous alliez courir.

Gabrielle haussa les épaules :

— Puisque ce péril s'est trouvé évité, les cartes ne pouvaient le prévoir.

— Alors, celui dont elle vous menace est certain ?

— Oui, sire.

— Rien ne le saurait détourner ?...

— Une seule chose.

— Ah ! — Et le roi se mit à rire : — On m'en a déjà ouché deux mots, — reprit-il, — Gratienne m'a conté cela tout à l'heure. — Gabrielle regarda avidement le roi. Le roi poursuivit : — Il paraît qu'un homme qu'on doit pendre vous portera malheur.

— Hélas ! — murmura la duchesse, qui eut un redoublement de larmes.

— Et cet homme, cela va sans dire, c'est le seigneur Gaëtan, l'amoureux de Geronima.

— Je ne sais pas.

— Bon ! je sais cela aussi. Il y a un brouillard entre les cartes et l'homme, n'est-ce pas ? Encore une indication de Gratienne. Demain le brouillard s'éclaircira, et le pendu vous apparaîtra sous les traits du seigneur Gaëtan. C'est fort ingénieux, — acheva le roi, riant de plus belle. Mais comme Gabrielle pleurait toujours : — Ma mie, — reprit Henri, — Dieu m'est témoin que je vous voudrais contenter ; mais j'ai déjà donné ma parole à Zamet.

— Que Gaëtan serait pendu ?

— Oui. — Gabrielle ne se contenta plus de pleurer, elle poussa des cris. Ce que voyant et entendant, le roi perdit patience et se mit en colère. — Ventre saint-gris ! — s'écria-t-il, — les femmes vous rendraient fou, si on n'y prenait garde ! — Et il s'élança vers la porte et sortit hors de lui, se bouchant les oreilles pour ne point entendre les cris perçants de la duchesse. Dans l'antichambre, il rencontra Galaor. Galaor l'avait accompagné chez Zamet ; mais en courtisan qui sait son métier, il avait laissé le roi pénétrer seul chez Madame Gabrielle. Le roi le prit par le bras et lui dit : — Viens, sortons d'ici, j'étouffe de colère. — Galaor ne répondit pas, mais il suivit le roi. Ils gagnèrent le grand escalier et descendirent dans la cour de l'hôtel. Là, le grand air fit du bien au roi. Il regarda Galaor et lui dit : — Je suis, en vérité, un roi bien malheureux, mon pauvre ami.

— Comment cela, sire ?

— Je me trouve placé entre Zamet, à qui j'ai donné ma parole, et Madame Gabrielle qui veut me la reprendre.

— Sire, — dit Galaor avec ce fin sourire qui rappelait celui du roi Henri dans sa jeunesse, — je suis quelquefois un homme de bon conseil.

— Ah ! vraiment ?

— Et si Votre Majesté me voulait dire à propos de quoi elle a donné sa parole à Zamet ?

— C'est bien simple : j'ai promis à Zamet que l'Italien serait pendu.

— Gaëtan ?

— Oui. Et Madame Gabrielle prétend que les cartes de Geronima lui ont prédit que si Gaëtan était pendu, cela lui porterait malheur.

Galaor continuait à sourire :

— Il y a un moyen d'arranger tout cela, — dit-il.

— Comment ?

— Si Votre Majesté suit mon avis, Zamet et Madame Gabrielle seront satisfaits tous les deux.

— Voyons ? — dit le roi.

— Justement, — dit Galaor, — voilà M. Zamet qui traverse la cour. Appelons-le.

— Zamet ! — cria le roi.

Le banquier s'approcha tête nue.

— Monsieur Zamet, — dit Galaor, — vous tenez à ce que le seigneur Gaëtan soit pendu ?

— Si j'y tiens ? — répondit Zamet. — Songez, cher seigneur, que si le roi faisait grâce à ce misérable, il recommencerait au premier jour ses criminelles tentatives.

— Je suis de cet avis, — dit Galaor ; — mais Madame Gabrielle...

— Madame Gabrielle croit tout ce que lui dit cette bohémienne de Geronima. Mais nous savons bien, nous qui sommes des hommes, que les cartes ne signifient rien.

— Cependant, Madame Gabrielle pleure...

— Comme une fontaine, — dit le roi.

— Le roi m'a donné sa parole, — dit Zamet.

— Soit ; mais tenez-vous à ce que Gaëtan soit pendu ?

— Énormément.

— Cependant, il est peut-être gentilhomme.

— Eh bien !

— En ce cas, on pourrait le décapiter...

— Oh ! le genre de mort m'est indifférent.

— Et Madame Gabrielle n'aurait plus rien à dire.

— Ventre-saint-gris ! — s'écria le roi en frappant sur l'épaule de Galaor, — tu es un garçon d'esprit, mon drôle !

— J'ai de qui tenir, — répondit modestement Galaor, qui s'attachait à établir de plus en plus que le roi n'était pas étranger à son origine. — Et il tira de sa poche de mignonnes tablettes que la belle Idoline lui avait donné le matin même. Le roi regarda Galaor et ne savait ce qu'il voulait faire de ces tablettes. Galaor lui dit : — Sire, si monsieur Zamet est prudent, je vous jure que madame Gabrielle sera de belle humeur dans dix minutes.

— Comment cela ? — fit le roi.

— Qu'ai-je donc à faire ? — demanda Zamet.

Galaor déchira un feuillet des tablettes et tendit au roi un poinçon de plomb en lui disant :

— Que Votre Majesté daigne écrire à madame la duchesse de Beaufort que Gaëtan ne sera point pendu.

— Simplement ? — dit le roi.

— Simplement.

— Mais... moi ?... — fit Zamet.

— Attendez, dit Galaor, vous allez voir.

Le roi écrivit :

« Ma mie,

« Vos beaux yeux en pleurs m'ont touché ; il n'est rien, » mon cœur, que je vous puisse refuser. Cet abominable » Gaëtan ne sera point pendu. »

Le roi lut ces trois lignes à Galaor.

— Parfait ? — dit celui-ci.

— Est-ce tout ?

— Non, — dit Galaor, j'ai ouï dire que Votre Majesté devait s'en aller courrir un cerf à Fontainebleau.

— C'est vrai.

— Eh bien ! j'aimerais assez que Votre Majesté y allât demain.

— Pourquoi ?

— A[illegible] de ne pas revoir madame Gabrielle avant trois ou quatre jours.

— Bon!

— Et d'éviter ainsi qu'elle lui demandât la grâce de Gaëtan.

— Ceci est fort juste, — dit le roi.

Et il écrivit :

« Ma mie, je ne vous pourrai voir avant dimanche » prochain, jour de Pâques, attendu que je vais à Fontainebleau faire mes dévotions, et je vous conseille bien de les faire à Paris, en la paroisse Saint-Germain-l'Auxerrois, qui est celle, je crois, que vous » affectionnez particulièrement.

» HENRI »

— Bon! — dit Zamet, — je commence à comprendre.

Le roi avait plié son poulet. Galaor le prit et le tendit à Zamet.

— Quand à vous, cher monsieur Zamet, — dit-il, — je vous conseille de porter vous-même ce billet à madame la duchesse de Beaufort.

— Fort bien, — dit Zamet en s'inclinant.

— Peut-être la duchesse vous demandera-t-il à mettre Gaëtan en liberté.

— Oh! oh! — fit Zamet qui fronça le sourcil.

— Mais, — continua Galaor, — vous lui répondrez que cela vous est impossible, attendu que le roi désire que Gaëtan soit jugé et condamné; mais que vous vous portez garant, vous-même, que le roi tiendra sa promesse et que Gaëtan ne sera point pendu. Zamet fit de nouveau le signe qu'il comprenait parfaitement. — A présent, — acheva Galaor, — prenez bien garde à ce que je vais vous dire, monsieur Zamet. Si vous laissez deviner à madame Gabrielle que Gaëtan sera décapité, elle en fera part à Geronima. Les cartes de celle-ci prédiront les choses les plus sinistres...

— Je m'en doute, — dit Zamet.

— Et un nouveau déluge de larmes de madame de Beaufort, qui fera tout exprès le voyage de Fontainebleau, achèvera de sauver Gaëtan.

— Soyez tranquille, — dit Zamet, — je serai muet et impassible.

Le roi reprit Galaor par la main :

— Viens nous-en, dit-il, il faut que je rentre au Louvre, car monsieur de Sully va venir travailler avec moi. — Et le roi, qui avait son carrosse à la porte, y fit monter Galaor et congédia d'un geste amical Zamet, qui allait s'acquitter de son message. En moins d'un quart d'heure, le carrosse royal entrait dans la cour du Louvre et le roi gagnait son cabinet, disant : Je suis certainement en retard, et Sully va me gronder. Monsieur de Sully n'était point venu. Cependant il était neuf heures du soir, et à neuf heures précises, chaque jour, monsieur de Sully arrivait avec une charge de paperasses sous le bras. Un sage que le roi appela lui donna l'explication de ce mystère. Monsieur de Sully était indisposé. Il suppliait le roi de l'excuser. — Pauvre Sully, — dit le roi, — je suis bien marri de le savoir malade; mais d'un autre côté, je ne suis pas fâché de me coucher de bonne heure ce soir, car les larmes de Gabrielle m'ont donné un violent mal de tête. Bonsoir, Galaor. — Galaor allait faire un pas de retraite, lorsque le page de service présenta une lettre au roi. — Qu'est-ce que cela? — fit le roi.

— Une lettre apportée par un inconnu qui a beaucoup insisté pour qu'elle fût remise au roi sur l'heure.

Henri ouvrit le billet et tressaillit. Si la suscription était d'une main inconnue au roi, l'écriture de la lettre lui était, au contraire, familière. Un nom flamboyait au-dessous de la dernière ligne :

Henriette.

Le roi eut une bonne pensée; il voulut jeter la lettre au feu sans la lire.

Mais son cœur battit en ce moment, [illegible] fut trop forte.

Il lut :

« Sire,

» Je suis désespérée et j'ai voulu mourir. Voici deux » jours que je vous attends à l'heure accoutumée et que » vous ne venez pas.

» Hélas! j'en sais maintenant la raison.

» Un misérable, qui porte le nom de mon père, a » voulu commettre le plus grand des crimes.

» Je frissonne, en pensant que Votre Majesté me » peut croire son complice...

» Sire, à genoux, au nom du Dieu tout-puissant, de » qui vous tenez votre couronne, je vous supplie de me » venir voir une dernière fois.

» HENRIETTE. »

Le roi passa la main sur son front. Puis il tendit la lettre à Galaor.

— Que ferais-tu à ma place, toi ici? — dit-il.

— Moi, — dit Galaor, — je me coucherais et je dormirais jusqu'à demain?

— Et demain?

— Demain j'irais à Fontainebleau.

— Sans la revoir?

— Oui, sire.

Le roi regarda Galaor :

— On voit bien, dit-il, que tu n'es pas amoureux.

— C'est ce qui fait que je vois clair, — répondit Galaor d'un ton impertinent.

Ce qui n'empêcha point le roi de prendre sa toque, son épée et son manteau.

Le roi eut bonne envie de se fâcher de la franchise de Galaor; mais il se souvint qu'à l'âge du Gascon, il ne marchandait pas la vérité à ceux qui la lui demandaient et se tournant vers lui :

— Veux-tu m'accompagner encore?

— Oh! de grand cœur, — répondit Galaor. — D'autant mieux...

— D'autant mieux? — fit le roi.

— D'autant mieux que je pourrai peut-être rendre quelque service à Votre Majesté.

— Comment cela, mon mignon?

— Si Votre Majesté était trop crédule, par exemple.

— Trop crédule!

— Et si elle était tentée de croire que madame Henriette est complètement innocente.

— Tu crois donc qu'elle était la complice de ce misérable Rémy.

— Je ne le crois pas, sire, j'en suis sûr.

— Oh!

— Et si Votre Majesté daigne me le permettre, je le lui prouverai.

— Eh bien! — dit le roi, chez qui la tentation de revoir Henriette d'Entragues était trop forte pour qu'il pût y résister, — tu me diras cela en route.

— Pourquoi pas tout de suite? — fit Galaor, qui espérait encore décider le roi à rester.

— Parce que les murs ont des oreilles.

Galaor courba la tête et suivit le roi.

Ils sortirent de nouveau du Louvre, non point par le grand'porte et les escaliers d'honneur, ce qui eût mis en rumeur tout le palais, mais par le couloir obscur, le petit escalier et la poterne si chers à feu madame Catherine.

Quand ils furent au bord de l'eau, le roi siffla. C'était le signal convenu depuis longtemps avec le jeune sire d'Estourbiac qui, chaque nuit, se convertissait en batelier.

Mais comme pendant deux nuits de suite, d'Estourbiac avait vainement attendu le roi, qui n'était point venu, ce soir-là il n'était point à son poste.

— Le ciel s'en mêle, sire, — dit Galaor. — Il ne veut pas que Votre Majesté aille chez madame Henriette.

— Ventre-saint-gris! je me moque du ciel, — répondit le roi. — Viens, nous irons faire le tour par le pont au Change. — Galaor soupira et se tut. Le roi le prit par le bras et se mit à marcher d'un pas rapide. Et comme ils arrivaient au pont au Change et que Galaor n'avait encore soufflé : — Ah! çà, — dit le roi, — mais ne prétendais-tu pas tout à l'heure que madame Henriette était la complice de son cousin?

— Oui, sire.

— Tu te faisais même fort de me le prouver.

— Oui, sire.

— Eh bien! parle.

— Oh! ce n'est pas la peine, — dit froidement Galaor.

— Hein?

— Votre Majesté ne me croirait pas.

— Pourquoi, si tu dis vrai? — Galaor haussa les épaules. — Mais parle donc, — fit le roi.

— Votre Majesté le veut absolument?

— Sans doute.

— Soit, — dit Galaor. — Alors, je prie le roi de rassembler ses souvenirs.

— Voyons?

— Qui donc a découvert le complot tramé contre Zamet et madame Gabrielle?

— C'est toi.

— Où l'ai-je découvert?

— Ma foi, — dit le roi, — je n'en sais rien.

— Eh bien! je vais le dire à Votre Majesté. L'autre soir, fuyant du Louvre pour n'être point pendu par Fritz, je passais, comme nous passons ce soir, sur le pont au Change.

— Fort bien.

— Deux hommes me heurtent, une querelle s'engage. Nous descendons sur le pont, je dégaîne et l'un de ces deux hommes me loge sa rapière dans l'épaule.

— Bon!

— Je tombe sans connaissance. Mes adversaires se consultent, et l'un deux émet l'avis qu'il me faut transporter quelque part.

— Ah!

— Cet adversaire, c'était Rémy.

— Oui, je sais cela.

— Savez-vous où ils m'ont transporté?

— Non.

— Chez madame Henriette.

— Et c'est là que tu as appris?...

— Le complot, sire, que Rémy racontait en détail à sa cousine.

— Devant toi?

— Non. Mais j'écoutais derrière une porte.

— Oh! est-ce possible! — fit le roi qui hocha la tête d'un air de doute.

— Votre Majesté en veut-elle la preuve?

— Parle.

— Après le départ de Rémy, Votre Majesté est arrivée. Le roi tressaillit.

— Ah! tu sais aussi cela? — dit-il.

— Vous voyez bien, sire, que madame Henriette savait que madame Gabrielle devait être brûlée vive la nuit suivante.

— Tout cela est rigoureusement logique, — murmura le roi d'un ton dépité, tandis qu'ils atteignaient la rue Saint-André-des-Arts.

— Donc, — reprit Galaor, qui une fois encore espéra la victoire, — si j'étais roi...

— Que ferais-tu?

— Je m'en retournerais au Louvre.

— Non, de par Dieu! — dit Henri.

— Votre Majesté veut aller chez madame Henriette?

— Oui, pour lui reprocher sa perfidie.

Galaor hocha la tête. Puis il dit encore :

— Assisterai-je à l'entretien?

— Non. Tu m'attendras dans la rue. — Galaor poussa un soupir. — Que crains-tu? — fit le roi.

— Oh! rien, — dit Galaor.

Et il retomba dans son mutisme.

Ils arrivèrent ainsi à la porte de l'hôtel d'Entragues. Une silhouette de femme se montrait derrière les rideaux d'une croisée. *C'était elle* sans doute.

— Oh! les femmes! — murmura le roi, — quelle perfidie!

Et il souleva le marteau. Galaor s'assit sur une borne voisine, et tandis que la porte s'ouvrait et se refermait sur le roi, le Gascon se dit :

— Je crois que madame Nancy avait raison. J'ai eu tort de me mêler de ce qui ne me regarde pas. Madame Henriette va prouver au roi, clair comme le jour, que je ne suis qu'un intrigant et un imposteur.

XIII

Il se passa deux grandes heures.

Après être resté longtemps assis sur la borne, Galaor se mit à arpenter le carrefour de long en large.

Il faisait froid, et le Gascon soufflait dans ses doigts pour les réchauffer.

— Galaor, mon ami, — se disait-il, — je gage que si madame Nancy était là, elle te donnerait un bon conseil. « Un conseil qui consisterait à prendre tes jambes à ton cou et à t'en aller partout ailleurs qu'au Louvre. » Voici deux heures que le roi est chez madame Henriette. On ne reste pas deux heures chez une femme à qui on n'a que des reproches à faire, si ces reproches ne doivent pas être suivis d'une réconciliation. « Cependant, tu ne t'en iras pas, parce que tu es brave, que tu ne crains rien, et que, ayant déjà risqué d'être pendu, tu ne vois pas ce qui te pourrait arriver de pire. » Et Galaor resta en effet. Enfin, la porte de l'hôtel se rouvrit et le roi reparut. Galaor s'était rassis sur la borne, et il attendit que le monarque vint à lui. Le roi était radieux. Il avait l'œil émerillonné, une fleur de sourire aux lèvres, quelque chose de délibéré et de rajeuni dans la démarche. On ne l'avait pas vu autrement au soir d'une bataille couronnée par la victoire. — Hum! pensa Galaor, — madame Henriette aura bien fait les choses; je ne suis plus bon qu'à jeter aux chiens.

— Viens, — lui dit le roi d'un petit ton moqueur. Galaor se mit à marcher auprès de son auguste compagnon sans souffler mot. Ce silence fatigua le roi, qui avait retrouvé ses jambes de quinze ans. — Eh bien! — dit-il, — tu ne me demandes pas ce qui s'est passé?

— Je le devine, sire.

— Oui-dà!

— Madame Henriette vous aura dit qu'elle ne savait pas le premier mot du complot!

— Tu te trompes.

— Vraiment.

— Elle m'a même avoué qu'elle savait tout.

— Allons donc!

— Ce qui ne l'empêche pas d'être un ange.

— Je crois, Dieu me pardonne, — fit Galaor d'un ton railleur, — que Votre Majesté, à ses moments perdus, compose des énigmes et des mystères, avec l'intention de les faire représenter quelque jour par les confrères de la Passion.

— Galaor, mon ami, — répondit le roi, — qui ne fronça pas même le sourcil, je suis de trop belle humeur pour me fâcher de tes gasconnades. — Galaor salua. — Mais je vais te prouver à mon tour que madame Henriette est un ange.

— Voilà qui sera curieux, — dit Galaor.

— Tu ne sais pas que lorsque je me suis affolé d'Henriette, elle était fiancée à son cousin Rémy.

— Je sais cela, sire.

— Ce Rémy est un misérable sans foi ni loi.

— C'est mon opinion, sire.

— Figure-toi que Henriette en avait une épouvante indicible. Il l'avait menacée de la tuer.

— Bon!

— Et l'autre soir, après lui avoir confié le complot, il s'est caché avec son complice Maurevers dans une pièce voisine, menaçant sa cousine de me poignarder si elle me prévenait du danger que courait Gabrielle.

— Parfait! — dit encore Galaor.

— J'ai beau être le roi Henri le Batailleur, — poursuivit le roi, — quand je suis en galante aventure, je n'ai au côté qu'une rapière de cour trop mince pour me défendre contre deux assassins. Ainsi donc, si Henriette n'a rien dit, c'est qu'elle tremblait pour mes jours.

— Et, ayant ainsi justifié la dame de son cœur, Henri attendit une nouvelle objection de Galaor. — Eh bien — fit le roi, — que penses-tu de cela?

— Je pense absolument ce que pense Votre Majesté, — dit Galaor.

— Vraiment!

— Madame Henriette est un ange.

— N'est-ce pas?

— Et Votre Majesté a mille fois raison de l'aimer de tout son cœur. Aussi...

Galaor s'arrêta.

— Eh bien? — fit le roi.

— Aussi je viens de prendre une résolution, sire.

— Laquelle?

— Celle de m'en aller chercher fortune partout ailleurs qu'à la cour de France.

— Et pourquoi cela, mon mignon?

— Parce que madame Henriette, qui a prouvé aujourd'hui à Votre Majesté qu'elle est un ange, lui prouvera demain que je suis le pire des drôles, et bon tout bonnement à servir d'amusement à la foule, en haut d'un des gibiers de la place de Grève.

— Tu te trompes, mon mignon.

— Bah! — fit Galaor, — vous croyez, sire?

— Si je le crois! Mais madame Henriette te tient pour le plus loyal des gentilshommes.

— En vérité!

— Elle m'a même chargé de te dire toute son admiration pour ta belle conduite.

— Diable! — fit Galaor.

— Et il est convenu que je t'emmènerai demain souper chez elle.

Galaor ne répondit pas au roi, mais il se tint le monologue suivant, *in petto :*

— Mon ami Galaor, quand le roi sera couché, tu feras bien de t'esquiver du Louvre et de mettre avant le jour une dizaine de lieues entre Paris et toi. L'amitié de madame Henriette est encore plus dangereuse que sa haine.

Ils revinrent au Louvre. Le roi était si gai qu'il avait fredonné tout le long du chemin. Quand ils eurent franchi la poterne et gravi le petit escalier, le roi tendit la main à Galaor.

— Bonsoir, — dit-il. — A demain.

— Adieu, sire, — fit Galaor. Il avait bonne envie de revenir sur ses pas, et de sortir du Louvre sur-le-champ et pour n'y plus rentrer. Mais un souvenir traversa son esprit: — Mordieux! — se dit-il, — je ne puis pourtant pas m'en aller sans dire adieu à Idoline.

Et il monta sans bruit à l'étage supérieur, où se trouvait la chambre de la jolie camérière.

Galaor avait fait au roi une belle morale en pure perte; il avait haussé les épaules avec dédain en voyant Sa Majesté se laisser prendre de nouveau aux artifices de madame Henriette. Mais, comme on va le voir, Galaor n'était ni plus vertueux ni plus fort, lui qui prêchait la force d'âme et la vertu.

Il monta donc à l'étage supérieur, enfila le corridor au bout duquel se trouvait la chambre d'Idoline et frappa doucement.

Bien certainement on s'attendait à sa visite, car la porte s'ouvrit sur-le-champ.

Il n'y avait pas de lumière dans la chambre, mais deux bras mignons s'enroulèrent autour du cou de Galaor et une voix fraîche et douce lui dit:

— Comme vous venez tard!

Ce qui fit que, bien qu'il se trouvât dans l'obscurité la plus profonde, Galaor eut comme un éblouissement et se dit que pour l'amour d'une belle fille comme Idoline, on pouvait bien braver la haine de madame Henriette.

Ce qui fit encore que Galaor ne souffla mot de la velléité qu'il avait eut de fuir, qu'il attendit le jour aux genoux d'Idoline et que le soleil montait lentement à l'horizon que les deux amoureux faisaient encore des rêves couleur de rose. Mais il n'est rêve charmant qui ne finisse.

On gratta à la porte. C'était Nancy.

Nancy entra en souriant et dit:

— Je savais bien que Galaor était ici.

Idoline crut devoir rougir un peu, et Galaor prit un air d'orgueilleuse modestie.

— Le roi vous demande à tous les échos du Louvre, — lui dit Nancy.

— Le roi?

— Oui; il ne peut plus se passer de vous, et comme il part pour Fontainebleau...

— Allons donc! — fit Galaor, qui se souvenait que la nuit précédente le roi avait paru renoncer à son voyage.

Notre héros rajusta donc sa toilette un peu fripée, embrassa Idoline à la hâte, baisa la main à Nancy, et se rendit chez le roi.

Henri était en habit de chasse.

— La nuit porte conseil, — dit-il en voyant entrer Galaor.

— Vraiment! — fit ce dernier.

— J'ai peu dormi et beaucoup réfléchi, — continua Henri.

— Ah!

— J'ai réfléchi que si je restais au Louvre, madame Gabrielle viendrait encore pleurnicher, en apprenant que Gaëtan sera décapité.

— C'est probable, — dit Galaor.

— Que, d'un autre côté, Henriette pourrait fort bien venir à Fontainebleau. — Galaor s'inclina. — Et je te vais charger d'un billet pour elle.

Galaor tressaillit et ne put se défendre d'une légère grimace. Mais il prit le billet que lui tendait le roi.

— Et quand lui porterai-je cela? — dit-il.

— Mais sur-le-champ.

Galaor fit un pas vers la porte.

— Attends, — dit le roi, — ce n'est pas tout...

— Ah!

— Tu vas porter ensuite cet autre message au président de la grand'chambre criminelle.

— Pour qu'on juge Gaëtan.

— Gaëtan seulement, — dit le roi. Un sourire vint aux lèvres du Gascon:

— Cela devait être, — dit-il, — Votre Majesté ne pourrait envoyer à l'échafaud le cousin de la femme qu'il aime.

— Oui, mais je le bannis du royaume. — Galaor haussa imperceptiblement les épaules. — Attends, — dit encore le roi, — si madame Henriette consent à me rejoindre à Fontainebleau, car je pars à l'instant, tu l'accompagneras.

— Ah! sire!

— Cette mission te déplaît?

— Non... mais...

— Mais quoi ?

— Votre Majesté, tout occupée de ses amours, ne pense guère aux amours des autres.

Le roi se mit à rire.

— C'est donc que tu voudrais rester au Louvre.

— Peut-être...

— A moins que Nancy ne m'accompagne, et qu'elle n'emmène Idoline avec elle.

— Voilà qui est différent, — fit Galaor.

— Eh bien ! — dit le roi, — quand tu reviendras de chez madame Henriette, quand tu auras porté mes deux messages, si tu ne trouves plus au Louvre Nancy et Idoline, tu n'auras aucune raison, n'est-ce pas, pour refuser d'accompagner à Fontainebleau mademoiselle d'Entragues ?

— Non, certes, — dit Galaor.

Et il s'en alla accomplir les deux messages du roi.

Ce dernier était prêt à partir. La cour était remplie du personnel ordinaire des chasses royales. Veneurs et fauconniers étaient à cheval, et le roi avait déjà le pied à l'étrier, lorsqu'une litière franchit la grande porte et, de cette litière, sortit Zamet tout essoufflé.

— Ah ! sire, — dit-il, en accourant vers le roi, — si vous saviez !...

— Qu'est-ce donc ? — fit Henri en fronçant le sourcil.

— Mon prisonnier s'est évadé.

— Gaëtan ? — exclama le roi.

— Non, Rémy.

— Ah bah !

— Il a noué les draps de lit à la croisée et s'est échappé cette nuit.

Le roi ne sourcilla point.

— C'est fâcheux, — dit-il. — Mais après tout, il vaut mieux que ce soit lui que Gaëtan. — Zamet était stupéfait de voir le roi accueillir cette nouvelle avec autant d'indifférence. — Vois-tu, — reprit Henri, — Rémy est un gentilhomme et Gaëtan n'est qu'un aventurier. Chaque fois que tombe une tête de gentilhomme, il se fait un grand bruit par le royaume. Tant mieux quand on peut éviter ce bruit. Personne, au contraire, ne trouvera mauvais qu'on se débarrasse de l'Italien.

— Mais ce misérable est capable de tout, — s'écria Zamet, faisant allusion à Rémy. — Il recommencera ses tentatives criminelles.

— Bah ! — dit le roi d'un petit air mystérieux et fat, — sa cousine Henriette m'a promis qu'il serait sage à l'avenir.

Et le roi, sur cette confidence, sauta lestement en selle.

XIV

Que se passait-il, durant ce temps-là, dans le cachot de Gaëtan ?

Geronima était revenue, lui disant :

— Tu auras ta grâce, madame Gabrielle, épouvantée, me l'a promise. — Et l'Italienne avait raconté à son amant comment elle avait abusé de la crédulité de la duchesse en lui montrant, dans ses cartes, un pendu qui devait lui porter malheur et l'empêcher d'être reine. — Attendons à demain, — lui dit-elle, — et tu verras que les portes de ce cachot s'ouvriront et que tu ne seras point pendu.

Geronima se trompait en disant « à demain, » car il n'y avait pas encore une heure que les deux amants étaient réunis, lorsque la porte du cachot se rouvrit.

Zamet parut de nouveau.

— Bohémienne, — dit-il, — suis-moi ; madame la duchesse de Beaufort veut te voir.

— Espéreras-tu, maintenant ? — s'écria Geronima, avec un accent de triomphe, en regardant le capitan.

Et elle suivit Zamet.

Gabrielle était tout à la joie. Elle venait de recevoir des mains de Zamet le billet par lequel le roi l'avertissait que Gaëtan ne serait point pendu.

Cependant, elle ne montra point ce billet à Geronima.

— Reprends tes cartes, — lui dit-elle d'un ton d'autorité. La chose était facile, car l'Italienne ne se séparait jamais de son jeu de tarot, qu'elle portait toujours suspendu dans un sac de cuir à sa ceinture. — Il faut absolument, — lui dit la duchesse, — que tu voies quel est le pendu.

Geronima ne sourcilla point. Elle étendit ses cartes sur le parquet, les mêla, les rangea ensuite deux par deux, puis quatre par quatre, puis trois par cinq et cinq par huit, le tout aussi gravement que si elle eût réellement vu, dans ses divers assemblages, un coin de la destinée. Puis tout à coup elle s'écria :

— Je le vois !

— Qui, le pendu ?

— Oui, madame. — Et Geronima sut donner à sa voix une conviction profonde. Puis elle continua, tandis que Gabrielle l'écoutait avec anxiété : — Je le vois... je vois le gibet... je vois le bourreau... la foule est immense.

— Vois-tu son visage ?

— Non, pas encore... il tourne le dos.

— A-t-il toujours la main étendue sur moi ?

— Oui.

— Avec un geste de colère ?

— Oui.

— Mais quel est donc cet homme ! — s'écria Gabrielle, qui avait la sueur au front. Geronima jeta un cri. — Tu le vois ? — fit la duchesse.

— Oui.

— Qui donc est-ce ?

— Gaëtan !

Et Geronima tomba aux pieds de la duchesse en murmurant :

— Grâce ! grâce !

Alors le visage de Gabrielle se rasséréna tout à fait.

— Ne crains rien, — dit-elle.

— Mais, madame...

— Gaëtan ne sera point pendu ! — Et Gabrielle mit sous les yeux de Geronima le billet du roi. En même temps Zamet entra. — Mon bon Zamet, — dit la duchesse, — n'est-ce pas que Gaëtan ne sera point pendu ?

— Assurément non, madame.

— Et que le roi lui a fait grâce ?

— Je ne sais que ce que le roi vous a écrit, madame.

— Et si je te demandais une grâce, à toi, mon bon Zamet ? dit la duchesse.

— Parlez, madame.

— Je ne voudrais pas que Geronima retournât en prison.

— Elle peut rester auprès de vous, — dit Zamet.

L'œil de Geronima brilla de joie. Elle se croyait sûre désormais de la vie de son amant.

La soirée s'écoula, puis la journée du lendemain. Geronima avait obtenu la faveur d'aller voir Gaëtan et de lui apprendre la bonne nouvelle.

Pendant cette journée, on apprit la nouvelle du départ du roi pour Fontainebleau. Mais Gabrielle était radieuse ; les cartes de Geronima étaient pleines de promesses mirifiques, et la favorite se voyait déjà sur le trône de France.

L'Italienne avait repris ses fonctions habit[illegible]s auprès de madame de Beaufort. Elle coucha, la [illegible] suivante dans un cabinet voisin de sa chambre à [illegible].

Gratienne, qui essaya d'en détourner la duchesse, fut vertement réprimandée et dut se retirer dans sa chambre.

[illegible] — murmura la camérière, — puisqu'il en [illegible] tant pis pour la duchesse s'il lui arrive malheur! Et elle se sauva par la croisée, comme à l'ordinaire, pour aller rejoindre le page Olivier.

Le lendemain matin, la duchesse dormait encore lorsqu'il se fit dans l'hôtel de Zamet une grande rumeur.

— Qu'est-ce que tout ce vacarme? — demanda Gabrielle éveillée en sursaut.

Geronima accourut à elle tout en larmes!

— Madame, madame... — disait-elle, — ah! mon Dieu! si vous saviez...

— Qu'est-ce donc?

— Les soldats du Châtelet.

— Eh bien?

— Ils viennent chercher Gaëtan.

— Pourquoi faire?

— Pour le conduire au Parlement, où on va le juger.

— Qu'importe, — dit Gabrielle, — puisqu'il ne sera pas pendu.

Et elle essaya de rassurer Geronima. Mais Geronima continua à se lamenter.

Zamet avait beau se joindre à la duchesse et affirmer à l'Italienne que Gaëtan ne serait pas pendu, elle versait des larmes et poussait des cris.

Elle voulut aller au Châtelet; elle pénétra dans la salle du parlement, elle assista au jugement de Gaëtan.

Un juge demandait, en ce moment, à ce dernier s'il n'était pas gentilhomme.

— Je suis aussi noble que le roi, — répondit le capitan avec emphase.

Ce fut son arrêt de mort.

Tout à coup, Geronima poussa un cri terrible et tomba inanimée sur les dalles de la salle de justice.

On venait de prononcer la condamnation de Gaëtan.

L'arrêt disait qu'il serait décapité dans les trois jours, à quatre heures de relevée, en place de Grève.

Le roi tenait sa promesse: il faisait grâce à Gaëtan de la corde et du gibet, pour l'amour de madame Gabrielle, à qui il ne savait rien refuser.

. . . .

Franchissons maintenant un espace de temps de deux jours.

Depuis deux jours, Geronima est comme une folle.

Elle ne pleure plus, mais son œil brille d'une flamme sombre. Elle ne songe plus à interroger l'avenir.

L'avenir pour elle, c'est la vie de Gaëtan.

La duchesse de Beaufort a expédié courrier sur courrier à Fontainebleau. Elle a écrit au roi lettre sur lettre pour lui demander la grâce de Gaëtan.

Le roi n'a pas répondu; les courriers ne sont point de retour:

Le temps marche; il est dix heures du matin, et c'est à quatre heures que la hache du bourreau doit abattre la tête de l'Italien Gaëtan.

Geronima, sombre et fatale, se promène comme une bête fauve dans l'hôtel Zamet.

Le financier a tenu sa parole à Galaor; il est demeuré impassible. Il pousse même la dissimulation jusqu'à feindre de croire que la grâce de Gaëtan arrivera au dernier moment.

Enfin on entend le bruit d'un cavalier qui entre dans la cour.

La duchesse et Geronima courent à la fenêtre. Ce cavalier, couvert de poussière, qui arrive de Fontainebleau, c'est Galaor.

Galaor serre la main à Zamet, accouru pour le recevoir.

Zamet lui dit avec anxiété:

— Vous n'apportez pas, au moins, la grâce de ce misérable?

— Non, — dit Galaor. — Mais il faut que je cause tête à tête avec la duchesse. Et Galaor monta à la chambre de Gabrielle et lui dit: — Madame, il faut que je m'entretienne seul à seul avec vous.

— Vous venez de Fontainebleau?

— Oui.

— Vous m'apportez un message du roi?

— Oui.

— Donnez donc, — dit la duchesse; — donnez vite.

— Non, quand nous serons seuls. — Sur un signe de la duchesse, Geronima et Grollonne sortirent. Alors Galaor dit à Gabrielle: Les cartes de l'Italienne vous prédisaient que si Gaëtan était pendu, cela vous porterait malheur, n'est-ce pas?

— Oui, — dit la duchesse.

— Gaëtan ne sera point pendu.

— Mais il sera décapité?

— Oui. Ce qui n'est pas la même chose.

— C'est vrai, — dit la duchesse. — Mais cette pauvre Geronima?

— C'est un malheur... Mais le roi s'est montré inflexible.

Et Galaor tend à la duchesse une lettre du roi.

Cette lettre est ainsi conçue:

« Mon cœur,

» Je suis marri de ne vous pouvoir accorder ce que » vous me demandez avec tant d'instance, mais votre » propre bien me commande de vous refuser. Vous » savez si je vous aime, ma mie, et vous devinez le cha» grin que j'éprouve; mais une bohémienne, car il y en » a partout, même à Fontainebleau, par qui je me suis » fait faire les cartes ce matin même, affirme que votre » bien dépend de la mort de ce misérable Gaëtan. Je » vous baise la main.

« Votre Henri. »

Cette lettre échappa aux mains de la duchesse.

Puis, regardant Galaor:

— Ainsi le roi s'est fait faire les cartes?

— Oui, madame.

— Ce matin.

— Ce matin même et par une femme qui est, dit-on, d'une grande habileté.

Une femme aussi superstitieuse que la duchesse ne peut demeurer indifférente à une semblable confidence.

Et, oubliant un moment Gaëtan et Geronima:

— Mais contez-moi donc cela, monsieur Galaor, — dit-elle.

— Volontiers, — répond Galaor. La duchesse est devenue tout oreilles; elle ne pense plus à Gaëtan, elle se soucie peu des larmes et des gémissements de Geronima. — Figurez-vous, madame, — dit Galaor, — que vos deux courriers d'hier avait un peu ému le roi: « Pauvre Gabrielle, disait-il en se mettant à table pour souper, je lui voudrais accorder la vie de ce drôle; mais est-il possible de laisser impuni le crime qu'il a commis? Que dira Zamet si je ne fais un exemple? J'ai ordonné qu'il fût décapité et non pendu, c'est tout ce que je puis faire. » Le roi, comme vous le pensez bien, madame, passa une assez mauvaise nuit. Ce matin, au petit jour, il était sur pied, car nous devions courir un cerf à la première heure. Comme il endossait son justaucorps de chasse, il entendit des lamentations dans la cour du château et vit une vieille femme houspillée par les pages qui la voulaient mettre dehors. — Qu'est-ce que cela? dit le roi. — Au costume de la vieille, il était facile de voir que c'était une bohémienne. Elle avait même un jeu de tarot suspendu à sa ceinture. Le roi se mit à gourmander les pages. — Eh! — dit-il, — laissez donc cette brave femme en paix. Que veut-elle? — La vieille leva la tête, prit le roi pour un seigneur ordinaire et lui dit: — Je cherche à gagner ma vie, mon cher seigneur. — Quel est ton métier, bonne femme? — Je dis la bonne aventure. — Veux-tu me la dire? — Oui, monseigneur. — Et le roi ordonna qu'on lui amenât la vieille. Tout ce que je vous raconte là, madame, est la pure vérité, — dit Galaor.

— Continuez, — dit Gabrielle qui frappa sur un timbre. Au bruit Geronima entra. La duchesse était calme, souriante, et on eût dit que ce papier qu'elle chiffonnait sous ses doigts était la grâce de Gaëtan. — Apporte-moi mon verre de sirop, — lui dit la duchesse, — je meurs de soif. Continuez, monsieur Galaor.

Galaor poursuivit :

— Arrivée dans la chambre du roi, la vieille ne le reconnut pas et continua de le prendre pour un seigneur ordinaire. Le roi lui donna une pistole et lui tendit la main. Elle prit la pistole, mais elle repoussa la main en disant : — Je ne vois l'avenir que dans les cartes. — Va pour les cartes, — dit le roi. Elle étala son jeu de tarot sur le parquet et s'écria tout à coup : — Vous êtes le roi. — C'est vrai. — Ah ! mon Dieu ! — continua-t-elle, — vous avec un grand souci. — Un très-grand, — fit encore le roi. — Il y a de par le monde une femme qui vous aime fort, — poursuivit la bohémienne. — Comment est-elle ? — Blonde, et elle est sur le point de devenir mère. Et elle pleure toutes les larmes de son corps. — Cela doit être, — murmura le roi en souriant. — Elle pleure, — reprit la bohémienne, — parce que vous lui refusez quelque chose. — De plus en plus vrai. Faut-il le lui accorder ? — La bohémienne se mit alors à bouleverser ses cartes en tous sens, à les mêler, à les séparer, à en faire de petits paquets qu'elle réunissait ensuite. Son œil brillait, son geste était nerveux et rapide, une émotion subite gonfla sa poitrine. — Non, non ! — s'écria-t-elle tout à coup, — ne le faites pas. — Hein ? — dit le roi. — Si vous l'aimez, — continua-t-elle avec une sorte d'épouvante, — ne le faites pas. Elle en mourrait. — Le roi tressaillit. La vieille bouleversait toujours ses cartes. Tout à coup elle s'écria : — Je vois un homme grand, brun, au regard méchant. Il a le langage traînant. Ce n'est pas un homme de ce pays. — Et que fait cet homme ? — Il est placé à cette heure entre la femme que vous aimez et un autre homme qui tient une hache. Chacun d'eux de l'homme et de la femme cherche à l'attirer. — C'est bien cela, — dit le roi. La bohémienne tourna encore une carte et acheva : — Qu'elle ne l'attire pas davantage, car cet homme la tuera !

A ces dernières paroles de Galaor, la duchesse jeta un cri perçant.

— Oh ! — dit-elle, — je ne veux pas mourir. Que le bourreau fasse donc sa besogne !

Comme elle parlait ainsi, on gratta doucement à la porte.

Au lieu de Geronima, ce fut Gratienne qui entra. Gratienne apportait sur un plateau d'argent un hanap rempli de vin épicé, et auprès du hanap des gâteaux et des fruits.

— Ah ! madame, — dit-elle, — le roi ne vous a donc pas accordé la grâce de Gaëtan ?

— Non, — dit Gabrielle avec indifférence.

— Geronima se désole.

— Pauvre Geronima ! — dit la duchesse sans plus s'émouvoir. Et elle avala quelques gouttes de vin et mangea un gâteau. Puis, comme on entendait un bruit de crécelle dans le lointain : — Qu'est-ce que cela ? — dit-elle.

— C'est vendredi saint, madame.

— Oh ! mon Dieu ! je l'oubliais. J'avais pourtant dit que j'irais entendre les ténèbres au Petit-Saint-Antoine.

Galaor échangea un regard avec Gratienne.

— Il faut y aller, madame, — dit-il.

— Vous me le conseillez ?

— Ce sera un moyen de vous arracher aux obsessions de Geronima, qui ne peut manquer de revenir se jeter à vos pieds, — dit Galaor.

— Vous avez raison, — dit Gabrielle.

— Et je m'offre à vous servir de cavalier, — ajouta Galaor.

En ce moment, un autre bruit traversa l'espace. C'était celui d'une cloche qui sonnait un glas funèbre.

— Une cloche ! — dit la duchesse.

— Oui, madame.

— Mais c'est vendredi saint ; et, à pareil jour, il n'y a plus de cloches.

— C'est vrai, madame, car elles sont parties pour Rome, et n'en reviendront que dimanche, — dit Galaor en riant, — mais il en est resté une.

— Laquelle ?

— Celle que vous entendez, naturellement.

— Et que sonne-t-elle ?

— C'est la cloche du Châtelet qui annonce qu'un homme va mourir.

— Ah ! mon Dieu ! — s'écria Gabrielle, — est-il donc déjà quatre heures ?

— Moins le quart. Gaëtan n'a plus que quelques instants à vivre.

— Partons vite, en ce cas, partons ! — dit la duchesse pour ne pas entendre les cris de Geronima. — Demande ma litière, Gratienne.

— Oui, madame.

Mais, comme Gratienne sortait, Geronima entra l'œil en feu, écumante :

— Madame, madame ! — s'écria-t-elle, — Gaëtan va mourir ! — Gabrielle détourna la tête. — Ne le sauverez vous pas ? — s'écria l'Italienne avec un rugissement.

— Je ne le puis, — dit Gabrielle.

Et elle écarta Geronima, prit le bras de Galaor et sortit, laissant l'Italienne dans la chambre.

Alors celle-ci étendit la main vers cette porte que Gabrielle venait de franchir.

— Toi aussi tu mourras, — dit-elle.

Et, s'approchant du plateau où se trouvaient encore les fruits apportés par Gratienne, elle s'empara du couteau d'or qui était placé auprès.

Lorsque madame Gabrielle, duchesse de Beaufort, fut hors de l'hôtel de Zamet, elle vit un grand rassemblement populaire. On eût dit une mer de têtes qui envahissait Paris.

Il y en avait sur le bord de l'eau des deux côtés ; il y en avait dans les rues, aux fenêtres, sur les toits. Tout le monde voulait voir passer le condamné ; car, après le jugement de l'Italien, on avait respecté le privilége dont Zamet se montrait si fier, et reconduit Gaëtan dans le cachot qu'il occupait précédemment.

Les archers venaient de chercher Gaëtan pour le conduire à la place de Grève.

De là, cette houle vivante répandue aux alentours de l'hôtel.

Les laquais qui précédaient la litière de Gabrielle eurent grand'peine à s'ouvrir un passage au milieu ; enfin, ils y parvinrent.

— Allons, vite ! — criait la duchesse à ses porteurs, — j'ai hâte de m'éloigner. Je ne voudrais pas rencontrer le regard de ce malheureux.

Les laquais distribuaient par ci par là, des coups de canne et ne parvenaient pas à écarter la foule.

Mais enfin une trouée se fit, et la litière put gagner la rue des Lions-Saint-Paul. De cette rue au couvent du Petit-Saint-Antoine, il n'y avait que quelques pas.

Durant le trajet, Galaor remarqua que la duchesse était fort pâle.

— Seriez-vous souffrante, madame ? — lui dit-il.

— Non, — répondit-elle, — mais je suis assaillie des plus tristes pressentiments.

— Quelle folie !

— Avez-vu Geronima tout à l'heure ?

— Oui.

— Son visage m'a fait peur.

— Madame, — dit Galaor, — oserai-je me permettre de vous donner un conseil ?

— Parlez...

— Geronima est une fausse sorcière. Ses cartes n'ont jamais prédit la vérité.

— Vous [illegible]

— Et quand elle vous disait que dans ses cartes elle voyait un pendu qui vous portera malheur...

— Eh bien ?

— Elle mentait et ne songeait qu'à sauver son amant.

— Oh ! — dit la duchesse avec un accent de conviction profonde, — elle m'a prédit bien des choses qui se sont déjà réalisées ...

— Et qui se réaliseront encore, — dit Galaor avec une pointe d'ironie dans la voix.

Gabrielle tressaillit.

— Que voulez-vous dire ? — fit-elle.

— Mais, — continua Galaor, — il n'est besoin ni de cartes, ni de sorciers pour prédire ces choses-là... — Geronima ne vous a-t-elle pas dit que vous serez reine ?

— C'est vrai.

— Eh bien ! — dit Galaor, — à moins que Dieu ne vous rappelle à lui d'ici là, je puis vous prédire, moi qui ne suis pas sorcier, que d'ici à un mois...

— Dites-vous vrai ? — s'écria la duchesse avec impétuosité.

— Dame ! — fit Galaor, — le roi s'en occupe... Il a envoyé hier un messager à Rome.

— Ah !

— Et un autre à madame Marguerite.

— En vérité !

— Le premier va chercher l'autorisation du saint père et le second le consentement de la reine au divorce.

Ces affirmations de Galaor relevèrent un peu les appréhensions de la duchesse.

Elle était presque souriante en entrant dans l'église. Mais les chants monotones des *Ténèbres* et le bruit lugubre des crécelles, auquel se mêlait toujours le bruit lointain de cette cloche accompagnant les derniers moments du condamné l'eurent bientôt rejeté dans sa noire mélancolie.

Tout à coup la cloche se tut.

Gabrielle serra vivement le bras de Galaor, qui s'était dévotement agenouillé auprès d'elle.

— C'est fini, n'est-ce pas ? — dit-elle.

— Oui.

— Il est mort ?

— Oui, madame.

— Oh ! j'ai peur... j'ai peur... — fit-elle.

Elle était si pâle en ce moment que Galaor craignit qu'elle ne se trouvât mal.

— L'air de cette église est froid et malsain, — dit-il, — venez, madame.

Et il l'entraîna défaillante hors de l'église.

Gabrielle remonta en litière sans dire un mot.

— Chez monsieur Zamet, — cria Galaor aux porteurs.

La foule qui encombrait tout à l'heure les rues s'était dispersée.

La litière seule donc rentra à l'hôtel sans encombre.

Gabrielle, en descendant, s'appuya sur le bras de Galaor :

— Venez, dit-elle ne me quittez pas... j'ai peur... Oh ! j'ai peur... il me semble que Geronima va m'apporter la tête sanglante de son amant. — Gabrielle, conduite par Galaor, rentra dans son appartement. Gratienne n'y était pas, Geronima non plus. L'assiette de fruits était toujours sur un guéridon. — Ma tête est en feu et j'ai une soif ardente, — murmura Gabrielle en se laissant tomber sur un siége. — Donnez-moi cette orange, — ajouta-t-elle en étendant la main vers le guéridon. Galaor prit l'assiette et la lui présenta. La duchesse s'empara de l'orange et voulut la dépouiller avec ses doigts. Mais le fruit n'était probablement pas assez mûr et l'écorce résista. Alors, obéissant à un mouvement d'impatience, la duchesse prit le couteau qui était sur l'assiette, trancha le fruit en deux et en porta une moitié à ses lèvres. Mais à peine avait-elle exprimé quelques gouttes du fruit sur sa langue que Gabrielle jeta un cri terrible. — Mon Dieu ! mon Dieu ! — s'écria-t-elle.

— Qu'avez-vous, madame ? — demanda Galaor épouvanté.

— J'ai bu du feu ! — répondit Gabrielle qui se renversa vivement en arrière, jetant loin d'elle le reste de l'orange.

A ce moment les draperies fermées du lit s'écartèrent et on vit apparaître la tête fatale de Geronima, dont les yeux brillaient d'un sombre éclat.

— Duchesse de Beaufort ! — cria l'Italienne, — mes cartes disaient vrai, et la mort de Gaëtan t'a porté malheur, car tu es empoisonnée !

Galaor jeta un cri et tomba sur l'Italienne l'épée haute.

FIN DU BEAU GALAOR.

Paris — Imprimerie J. Vo[illegible] rue [illegible]

CATALOGUE DES PUBLICATIONS LITTERAIRES DU SIECLE.

PARIS, 14, RUE CHAUCHAT.

AVANTAGES RÉSERVÉS AUX ABONNÉS DU JOURNAL LE SIECLE.

Tout Abonné au SIÈCLE a droit, outre la prime gratuite, à une remise de cinquante pour cent sur le prix marqué de tous les ouvrages que renferme ce Catalogue. Les demandes des départements doivent être affranchies et contenir leur montant en un mandat sur la poste ou à vue à l'ordre de M. le Directeur Gérant du SIÈCLE. On devra ajouter à la demande le prix du port, qui est, par chaque volume, de 1 franc pour ceux de la première catégorie ; de 80 centimes pour ceux de la deuxième ; de 60 centimes pour ceux de la troisième ; de 40 centimes pour ceux de la quatrième.

Première Catégorie.

Musée littéraire.

[illegible] série. — Les Sept Péchés capitaux : l'Orgueil, l'Envie, la Colère, la Luxure, la Paresse, l'Avarice, la Gourmandise, E. SUE. Prix : 6 fr.

19e série. — Les Catacombes de Paris, E. BERTHET ; la Gorgone, DE LA LANDELLE ; Gabrielle, Mme ANCELOT. Prix : 6 fr.

20e série. — Marcel, FÉLICIEN MALLEFILLE ; Les Frères de la Côte, E. GONZALÈS ; Le Conseiller d'État, F. SOULIÉ ; Le Notaire de Chantilly, L. GOZLAN ; Hermione Sénéchal, Hélène Raynal, PAUL FERNEY. Prix : 6 fr.

21e série. — Le Chemin le plus court, ALPH. KARR ; Ésaü le lépreux, E. GONZALÈS ; Blanche Mortimer, A. PAUL. Prix : 6 fr.

22e série. — Une Bague à bord, DE LA LANDELLE. [illegible] chauffeurs, E. BERTHET ; Le Bossu, P. FÉVAL. Prix : 6 fr.

23e série. — Les Excentricités de sir Georges, Nicette, ADRIEN PAUL ; Une Vengeance, Mme LEONIE D'AUNET ; Les Mendians de Paris, Mme CLÉMENCE ROBERT ; ? (Nouvelle ; Thérèse, ADRIEN PAUL. Prix : 6 fr.

24e série. — Le Chevalier de Floustignac, A côté du bonheur, A. PAUL ; les Émigrans, E. BERTHET ; Un Corsaire sous l'Empire, F. GIRARD ; L'Or est une chimère, la Traite des blanches, Sans Famille, MOLÉRI. Prix : 6 fr.

25e série. — Thadeus le Ressuscité, MICHEL MASSON et AUGUSTE LUCHET ; La Belle novice, EMMANUEL GONZALÈS ; Le Marquis de Monclar, Madame Leblanc, MOLÉRI ; Le Nouveau monde, OSCAR COMETTANT. Prix : 6 fr.

26e série. — Frère et Sœur, A. LUCHET ; Ivanhoe, WALTER SCOTT (trad. Victor Perceval) ; La Dryade de Clairefont, E. BERTHET ; Les Proscrits de Sicile, E. GONZALÈS. Prix : 6 f.

27e série. — Les Géans de la mer, DE LA LANDELLE ; Le Vengeur du mari, EMMANUEL GONZALÈS. Prix : 6 fr.

28e série. — Fragments de voyages autour du monde GABRIEL LAFOND (DE LURCY) ; Les Brigands, EMILE NORMAND ; Nouvelles Diverses, Huit jours au Monténégro, ADRIEN PAUL. Prix : 6 fr.

29e série. — L'Homme des bois, ÉLIE BERTHET ; En Amérique, en France et ailleurs, OSCAR COMETTANT ; Bernard le potier de terre, Étienne Giraud, MOLÉRI ; Les Duels de Valentin, ADRIEN PAUL. Prix : 6 fr.

30e série. — Une Belle de Jeu, Les Finesses de d'Argenson, ADRIEN PAUL ; La Famille Guillaume, Suzanne, MOLÉRI ; Le Gentilhomme verrier, ÉLIE BERTHET ; Le Chasseur d'hommes, EMMANUEL GONZALÈS. Prix : 6 fr.

31e série. — Robin Hood, PIERCE EGAN (traduction de Victor Perceval) ; Marceline Vauvert, FULGENCE GIRARD. Les Sabotiers de la forêt Noire, EMMANUEL GONZALÈS ; Les Martyrs de la Pologne, LOUIS NOIR. Prix : 6 fr.

32e série. — La Belle argentière, Vte PONSON DU TERRAIL ; Les Anabaptistes des Vosges, les Marquards, une Noce dans le Polder, ALFRED MICHIELS ; Sur nos Grèves, Giulia Falconi, FULGENCE GIRARD. Prix : 6 fr.

33e série. — Le Serment des quatre Valets, Vte PONSON DU TERRAIL ; Souvenirs d'un simple Zouave, LOUIS NOIR. Prix : 6 fr.

34e série. — La Reine des barricades, Vte PONSON DU TERRAIL, Jeanne de Valbelle, CASIMIR BLANC, Mémoires d'un Ange, EMMANUEL GONZALÈS ; Les Chasseurs de chamois, ALFRED MICHIELS. Prix : 6 fr.

35e série. — Comment on aime, ÉTIENNE ENAULT, Le Brouillard sanglant, LOUIS NOIR ; Les Sept baisers de Buckingham, E. GONZALÈS et MOLÉRI ; Le Curé du Pecq, Jean Lebon, GUSTAVE CHADEUIL. Prix : 6 fr.

36e série. — Jacques la Hache, LOUIS NOIR ; [illegible] drames bourgeois, MOLÉRI ; La Double vue, ÉLIE BERTHET ; Les Trois fiancées, EMMANUEL GONZALÈS. Prix : 6 fr.

37e série. — Le Colon d'Algérie, E. BERTHET ; Les Amours du Vert-Galant, La Mignonne du roi, Une Princesse russe, Le Serment de la veuve, Giangurgolo, Jacqueline, L'Épave, Mes Jardins de Monaco, E. GONZALÈS ; La Terre promise, Un Don Juan sur le retour, Partie et Revanche, MOLÉRI. Prix : 6 f.

38e série. — Le Beau Galaor, Vte PONSON DU TERRAIL ; L'Hôtesse du Connétable, E. GONZALÈS ; La Contessina, VICTOR PERCEVAL ; Le Calvaire des Femmes, M.-L. GAGNEUR. Prix : 6 f.

39e série. — La seconde jeunesse du roi Henri, PONSON DU TERRAIL ; l'Épée de Suzanne, E. GONZALÈS ; Campagne du Mexique, L. NOIR ; les Cyniques, etc., J. VILBORT. Prix : 6 fr.

40e série. — Chroniques de la marine française, FULGENCE GIRARD ; Contes d'une nuit d'hiver, ALFRED MICHIELS ; le Dragon rouge, LÉON GOZLAN ; la Tour du télégraphe, ÉLIE BERTHET. Prix : 6 fr.

42e série. — Jean Bart et Charles Keyser, — les Grands de Portugal, l'Usurier sentimental, — la plus heureuse des femmes, — l'École de la vie, DE LA LANDELLE. Prix : 6 fr.

43e série. — *Les Drames de l'honneur* : — l'Enfant trouvé, — Histoire d'une conscience, — Mademoiselle de Champrosay, ÉTIENNE ENAULT ; — Les crimes inconnus, E. BERTHET. Prix : 6 fr.

Deuxième Catégorie.

ŒUVRES CHOISIES D'EUGÈNE SUE.

Tome Ier. — 1re PARTIE. — Mathilde, mémoires d'une jeune femme. Prix : 4 50.

Tome 2e. — 1re PARTIE. — Paula Monti ou l'Hôtel Lambert. — Le Marquis de Létorière, Crâo. — Thérèse Dunoyer. — Arthur, journal d'un inconnu. Prix : 4 50.

Tome 2e. — 2e PARTIE. — Latréaumont. — Jean Cavalier ou les Fanatiques des Cévennes. — Le Colonel de Surville ; Rodolphin-Arabian. Prix : 4 50.

Tome 3e. — 1re PARTIE. — La Salamandre. — Atar-Gull. — Plik et Plok. — La Vigie de Koat-Ven. Prix : 4 50

Tome 3e. — 2e PARTIE. — La Coucaratcha. — Le Commandeur de Malte. — Le Morne-au-Diable. — Les Aventures de Hercule Hardi, Kardiki. Prix : 4 50.

NOUVELLES ET ROMANS CHOISIS D'ÉLIE BERTHET.

Tome 1er. — 1re PARTIE. — Le Colporteur, le Val d'Andorre, la Croix de l'affût. — La Maison murée, le Pacte de famine, une Passion, le Dernier alchimiste, la Tour Zizim, le Chasseur de marmottes. — Le Roi des ménétriers. — Le Nid de cigognes. — La Mine d'or. Prix : 4 fr. 50

Tome 1er. — 2e PARTIE. — L'Étang de Précigny. — Richard le [illegible], la Ferme de l'Oseraie. — La Belle drapière, le Château d'Auvergne. — Le Réfractaire, le Cadet de Normandie. Prix : 4 50

Tome 2e. — 1re PARTIE. — Bastide Rouge, Roche tremblante. — Mystères de la Famille. — Spectre de Châtillon. — Braconnier, Château de Montbrun. Prix : 4 50

Tome 2e. — 2e PARTIE. — Le dernier Irlandais. — Le Vallon suisse. — Une Maison de Paris. — La Marquise de Norville, la Nièce du Notaire, la Convulsionnaire, le Père Navier, le Marquis de Beaulieu, les deux Mourans. Prix : 4 50

Tome 3e. — 1re PARTIE. — L'Oiseau du désert, Le Dernier de Mer, Le Jure. Prix : 4 fr. 50

NOUVELLES ET ROMANS CHOISIS D'A. DE LAVERGNE.

Tome 1er. — 1re PARTIE. — La Recherche de l'inconnue. — La Famille de Marsal. — L'Aîné de la famille. — Un Gentilhomme d'aujourd'hui. Prix : 4 50

Tome 1er. — 2e PARTIE. — La Duchesse de Mazarin. — La Circassienne. — La Pension bourgeoise, le chevalier du silence, le Comte de Mansfeldt, le Secret de la confession. — Le Cadet de famille. Prix : 4 50

Tome 2e. — 1re PARTIE. — La Princesse des Ursins. — Il faut que jeunesse se passe. — Les Trois aveugles, le Dernier seigneur de village. — La Marquise de Contades, le Livre du mezouar, la Course au clocher, Brancas le Rêveur, — Le Château de la B[illegible]-Saint-Ouen, la Dernière hymne de Santeuil, Anne d'Arcona, Hannah Glenmore, le Brasero. Prix : 4 fr. 50

Tome 2e. — 2e PARTIE. — Le Lieutenant Robert. — Ruines historiques de France. — L'U de Poitrine. — Pauline Butler, les Suites d'une Passion, la Sainte-d'Offémont, le Dernier Maure de Grenade, la Force, le Bourgeois de Bayeux, le jeune Boulders. Prix : 4 fr. 50

Le Fils du diable,	PAUL FÉVAL.	Prix : 4 50
Les Mystères de Londres,	—	Prix : 4 50
Le Veau d'Or, F. SOULIÉ et LÉO LESPÈS.		Prix : 4 50
Ésaü le lépreux, E. GONZALÈS.		Prix : 4 50
Les Géans de la mer, DE LA LANDELLE.		Prix : 4 50

Troisième Catégorie.

EUGÈNE SUE. — L'Orgueil, 2 fr. 50. — L'Envie, la Colère, 2 fr. 50. — La Bonne aventure, 2 fr. 50. — Latréaumont, 2 fr. 50. — Arthur, 2 fr. 50. — Jean Cavalier, 2 fr. 50. — La Vigie de Koat-Ven, 2 fr. 50.

ÉLIE BERTHET. — Les Catacombes de Paris, 2 50. — Les Émigrans, 2 50. — L'Homme des bois, 2 fr. 50. — La Marquise de Norville, la Nièce du Notaire, la Convulsionnaire, le Père Navier, le Marquis de Beaulieu, les deux Mourans, 2 50. — Le Gentilhomme verrier, 2 50. — Le colon d'Algérie, 2 50.

PAUL FÉVAL. — Les Amours de Paris, 2 50. — Le Bossu, 2 50.

DE LA LANDELLE. — La Gorgone, 2 fr. 50. — Les Grands de Portugal, l'Usurier sentimental, 2 fr. 50.

L. GOZLAN. — Le Médecin du Pecq, 2 fr. 50.

Vte PONSON DU TERRAIL. — La jeunesse du roi Henri : la Belle argentière, 2 50, Le Serment des quatre valets, 2 50 ; La Reine des Barricades, 2 fr. 50.

CLÉMENCE ROBERT. — Les Mendians de Paris, 2 fr. 50.

EUGÈNE SCRIBE. — Nouvelles et Proverbes, 2 fr. 50

F. DERIÈGE. — Les Mystères de Rome, 2 fr. 50.

MÉRY. — Héva, la Floride, la Guerre du Nizam, 2 50

M. MASSON et A. LUCHET. — Thadéus le Ressuscité, 2 50.

MOLÉRI. — L'Or est une chimère, la Traite des blanches, Sans Famille, 2 fr. 50. — Les Petits drames bourgeois, 2 fr. 50.

OSCAR COMETTANT. — Le Nouveau Monde, 2 fr. 50. — En Amérique, en France et ailleurs, 2 fr. 50.

G. LAFOND DE LURCY. — Fragments de Voyages autour du monde, 2 fr. 50.

WALTER SCOTT (trad. Victor Perceval). — Ivanhoe, 2 f. 50

PIERCE EGAN. — Robin Hood par V. Perceval, 2 fr. 50.

E. GONZALÈS. — Le Chasseur d'hommes, 2 50. — Les Mémoires d'un Ange, 2 50. — Amours du Vert-Galant, Mignonne du roi, Princesse russe, Serment de la veuve, Giangurgolo, Jacqueline, Épave, Jardins de Monaco, 2 f. 50.

A. DE LAVERGNE. — Famille de Marsal, 2 fr. 50. — Pension bourgeoise, Chevalier du silence, Comte de Mansfeldt, Secret de la confession, 2 fr. 50. Lieutenant Robert, 2 f. 50.

L. NOIR. — Les Martyrs de la Pologne, 2 fr. 50. — Souvenirs d'un simple Zouave, 2 fr. 50. — Jacques la Hache, 2 50.

M.-L. GAGNEUR. — Le Calvaire des Femmes, 2 fr. 50.

FULGENCE GIRARD. — Sur nos Grèves, Giulia Falconi, 2 50. — Chroniques de la marine française, République, 2 50.

E. ENAULT. — Comment on aime, 2 50. — L'Enfant trouvé, 2 50

Quatrième Catégorie

ÉLIE BERTHET. — Le Colporteur, le Val d'Andorre, la Croix de l'affût, 1 fr. 20. — La Maison murée, le Pacte de famine, une Passion, le Dernier alchimiste, la Tour Zizim, le Chasseur de marmottes, 1 fr. 20. — Le Roi des ménétriers, 1 fr. 20. — Le Nid de cigognes, 1 fr. 20. — La Mine d'or, 1 fr. 20. — L'Étang de Précigny, 1 fr. 20. — Richard le fauconnier, la Ferme de l'Oseraie, 1 fr. 20. — La Belle drapière, le Château d'Auvergne, 1 fr. 20. — Le Réfractaire, le Cadet de Normandie, 1 fr. 20. — La Dryade de Clairefont, 1 fr. 20. — [illegible] Rouge, la Roche Tremblante, 1 fr. 20. — [illegible] de la famille, 1 fr. 20. — Le Spectre de Châtillon. — Le Braconnier, le Château de Montbrun. — Le Dernier Irlandais, 1 fr. 20. — Le Vallon suisse. — [illegible] Maison de Paris, 1 fr. 20. — La Double vue, 1 fr. 20. — [illegible] du télégraphe, 1 20. — L'Oiseau du désert, 1 20. — [illegible] de Mer, 1 20. — Le Juré, 1 20. — Les Crimes [illegible], 1 20.

[illegible] SUE. — La Luxure, la Paresse, 1 fr. 20. — L'Avarice, [illegible], 1 fr. 20. — Le Marquis de Létorière, Crâo, Thérèse Dunoyer, 1 fr. 20. — Le Colonel de Surville, Rodolphin-Arabian, 1 fr. 20. — La Salamandre, [illegible], 1 fr. 20. — La Coucaratcha, 1 fr. 20. — [illegible] Malte, 1 fr. 20. — Miss Mary, 1 fr. 20. [illegible] Homme 1 20. — [illegible] Bressier 1 f. 20. [illegible] et Pauvre. [illegible] 1 fr. 20. [illegible] Rouge, 1 f. 20. — Le Faubourg [illegible] 1 fr. 20. [illegible] 1 fr. 20. — La Belle novice, 1 fr. 20. — Les Proscrits de Sicile, 1 fr. 20. — Le Vengeur du mari, 1 fr. 20. — Les Sabotiers de la forêt Noire, 1 fr. 20. — Les Sept baisers de Buckingham, 1 fr. 20. — Les Trois fiancées, 1 fr. 20. — L'Hôtesse du Connétable, 1 fr. 20. — L'Épée de Suzanne, 1 fr. 20.

A. LUCHET. — Frère et Sœur, 1 fr. 20. — Souvenirs de [illegible], 1 fr. 20.

ADRIEN PAUL. — Blanche Mortimer, 1 fr. 20. — Sir Georges, Nicette, 1 20. — Nouvelles, Thérèse, 1 20. — Les Aventures du Chevalier de Floustignac, A côté du bonheur, 1 fr. 20. — Une Belle de jeu, les Finesses de d'Argenson, 1 fr. 20. — Les Duels de Valentin, 1 fr. 20. — Nouvelles diverses, Huit jours au Monténégro, 1 fr. 20.

MAYNE-REID (trad. par Allyre Bureau). — Le Buffalo blanc, 1 fr. 20.

Mme ANCELOT. — Gabrielle, 1 fr. 20.

P. FERNEY. — Hermione Sénéchal, Hélène Raynal, 1 fr. 20

DE LA LANDELLE. — Une Bague à bord, 1 fr. 20. — Jean Bart et Charles Keyser, 1 fr. 20. — La plus heureuse des femmes, 1 fr. 20. — L'École de la vie, 1 fr. 20.

LÉONIE D'AUNET. — Une Vengeance, 1 fr. 20.

FULGENCE GIRARD. — Un Corsaire sous l'Empire, 1 fr. 20. — Marceline Vauvert, 1 fr. 20.

BIBLIOPHILE JACOB. — Pignerol, 1 fr. 20.

MOLÉRI. — Le Marquis de Monclar et un Gentilhomme d'autrefois, Madame Leblanc, 1 fr. 20. — Bernard le potier de terre, Étienne Giraud, 1 fr. 20. — La Famille Guillaume, Suzanne, 1 fr. 20. — La Terre promise, Tambo, un Don Juan sur le retour, Partie et Revanche, 1 fr. 20.

ALEXANDRE DE LAVERGNE. — La Recherche de l'inconnue, 1 20. — L'Aîné de la famille, 1 20. — Un Gentilhomme d'aujourd'hui, 1 20. — La Duchesse de Mazarin, 1 20. — La Circassienne, 1 20. — Le Cadet de famille, 1 20. — La Princesse des Ursins, 1 20. — Il faut que jeunesse se passe, 1 20. — Les Trois aveugles, le Dernier seigneur de village, 1 20. — La Marquise de Contades, le Livre du mezouar, la Course au clocher, Brancas le Rêveur, 1 fr. 20. — Le Château de la B[illegible]-Saint-Ouen, la Dernière hymne de Santeuil, Anne d'Arcona, Hannah Glenmore, le Brasero, 1 fr. 20. — Ruines historiques de France, 1 fr. 20. — L'U de Poitrine, 1 fr. 20. — Histoire et Roman, 1 fr. 20.

ALFRED MICHIELS. — Les Anabaptistes des Vosges, les Marquards, une Noce dans le Polder, 1 fr. 20. — Les Chasseurs de chamois, 1 20. — Contes d'une nuit d'hiver, 1 20. — Contes des montagnes, 1 fr. 20.

CASIMIR BLANC. — Jeanne de Valbelle, 1 fr. 20.

LOUIS NOIR. — Le Brouillard sanglant, 1 fr. 20. — Campagne du Mexique, 1 fr. 20.

G. CHADEUIL. — Le Curé du Pecq, Jean Lebon, 1 fr. 20

V. PERCEVAL. — La Contessina 1 fr. 20. — L. DESNOYERS et V. PERCEVAL, Une femme d'argentière, 1 fr. 20.

Vte PONSON DU TERRAIL. — Le Beau Galaor, 1 fr. 20. — La seconde jeunesse du roi Henri, 1 fr. 20.

J.-M. VILBORT. — Les Cyniques, etc., 1 fr. 20.

ÉTIENNE ENAULT. — Histoire d'une conscience 1 fr. 20. — Mademoiselle de Champrosay 1 fr. 20.

Paris — Imprimerie J. Voisvenel, 14 rue Chauchat

www.ingramcontent.com/pod-product-compliance
Ingram Content Group UK Ltd.
Pitfield, Milton Keynes, MK11 3LW, UK
UKHW012242240726
13966UKWH00003B/1240

9 782012 152977